ちくま学芸文庫

アラブが見た十字軍

アミン・マアルーフ
牟田口義郎　新川雅子 訳

筑摩書房

目次

凡例

一、本書はレバノンの著名なジャーナリスト、アミン・マアルーフが書き下ろした『アラブが見た十字軍』（Amin Maalouf, *Les Croisades vues par les Arabes*, Editions J. C. Lattès, 1983, pp. 303.）の全訳で、序章から4章「トリポリの二千日」までを新川が、以下を牟田口が訳し、文体は牟田口が統一した。

一、原著は章分けまでしかしていないが、訳文では読者の便宜を図って各章に詳細な小見出しをつけた。

一、原著はその独自性ゆえに国際的な評価を得たらしく、翌年英訳が出ている。*The Crusades through Arab Eyes*, Al Saqi Books, London, 1984. 訳書における固有名詞のカタカナ表記および索引作成に際し、大いに参考になった。

一、「原著者まえがき」にあるように、原文では「十字軍」を指す場合は「フランジ」（Franj）となっているが、「十字軍の」という形容詞的用法では「フランク」（franc）が使われている。そこで本訳書では、わが国の学界・読書界で、よりポピュラーな「フランク」に統一することにした。

一、訳文の中に〔　〕でくくった個所は訳者注である。また、アラビア語の固有名詞のカタカナ表記は至難の業なので、なるべく読者にわかりやすいように心がけた。多分に恣《し》意《い》的だが、了承されたい。

原著者まえがき

本書は単純な考えから出発している。すなわち、十字軍が「相手の陣営」で観察、体験、記録されたとおりの、つまり、アラブの側からの十字軍史を語ることである。したがって、その内容は当時のアラブの歴史家や年代記作者の証言にもっぱら頼っている。

彼らは十字軍については語らずに、フランクとの戦争、あるいはフランクの侵略という。フランクを指す単語は地域、作者および時期によってさまざまに表記され、たとえばファランジ、ファランジャ、イフランジ、イフランジャのごとしである。それらを統一するため、ここでは最も簡潔な形「フランジ」を選んだ。これはとくに、西洋人、とりわけフランス人を呼ぶ際に、今でも口語体で使われているからである。

この種の作業では必要とされる文献的・歴史的その他の「注」を山ほどつけて、かえってこの物語を固苦しくすまいとの配慮から、それらは巻末に一括し、各章ごとにまとめることにした。もっと知りたい読者には有益だろうと思うが、本書は一般向けの史談だから、これらの「注」は理解に不可欠のものでは決してない。屋上屋《おくじょうおく》を架《か》すのではなく、これまで顧みられなかった視座から、十字軍の——西洋とアラブ世界を形づくり、今日もなおその関係を決定しているこの動乱の二世紀の——「真のロマン」を書くことを筆者は心がけた。

アラブが見た十字軍

序章　千年の対立ここに始まる

バグダード、一〇九九年八月

ターバンは巻かず、服喪のしるしに頭をまるめ、威厳にみちたカーディー〔法官〕、アブー・サアド・アル゠ハラウィが、大声をあげながら、「信徒の長《おさ》である」カリフ、アル゠ムスタズヒル・ビッラーの「評定《ひょうじょう》の間」に入って来た。うしろには、老若を問わぬ一群の仲間が続いている。彼らはがやがやと、師の言葉の一語一語に相づちを打っているが、師と同じく、坊主頭に長い、みごとなあごひげというのは、まったく様にならない光景だ。何人かの高官がなだめようとしたが、彼はさげすんだ調子で押しのけ、広間の中央に敢然と進み出て、壇上の導師としての熱弁を振るい、身分の上下も考慮せず、満場の列席者に向かって説教する。

「皆さんのシリアの兄弟たちが、住むにはらくだの鞍の上、あるいは禿鷹の胃袋のなかしかないというのに、皆さんはのうのうと暖衣飽食して苦なく悩みなく、安眠をむさぼろうとしておられるのか。どれほどの血が流されたであろう！　どれほど多くのうるわしき乙女が、恥ずかしさに、両手で顔を隠さなければならなかったであろう！　勇敢なるアラブ人は侮辱に甘んじ、雄々しきイラン人は不名誉を甘受せらるるのか」。

〈それは目に涙させ、心を揺さぶる演説であった〉と、アラブの年代記作者たちは後でしるすことになる。聞く者一同、苦痛にうめき、悲嘆にくれた。しかし、アル＝ハラウィは彼らのむせび泣きを欲したのではない。

「人間が手にする最悪の武器は（と彼はいい放つ）、剣が戦をあおっている時に、涙を流すことなのである」。

彼が炎暑のシリア砂漠を、しかも夏、三週間かけてダマスカスからバグダードへやってきたのは、憐みを乞うためではなく、信徒に襲いかかったばかりの惨禍をイスラムの最高権威に伝え、殺戮を阻止するための一刻も早い介入を要請するのが目的だった。

「ムスリム〔イスラム教徒〕はいまだかつてこのような辱めを受けたことがなかった（とアル＝ハラウィは繰り返す）。祖国がこのように野蛮な侵略を受けたこともなかったのだ」。彼に従っている男たちはみな、侵略者に荒らされた町から逃れてきた人びとであった。その中にはエルサレムのほんのひと握りの生存者もまじっている。彼は、彼ら自身の口から、一カ月前に体験した惨劇を語ってもらおうと、いっしょに連れてきたのである。

フランクが四十日間の攻囲の果てに聖都を奪ったのは、史実の上ではイスラム暦四九二年シャアバーン月の二十二日金曜日、西暦でいえば、一〇九九年七月十五日のことであった。国を追われてきた人びとは今もそのことを話すたびに体は震え、目は一点を見つめて、あたかも、鎧を着た金髪の武者が路上にあふれ、剣を振るって男女、子どものののどをかっ切り、家や寺院《モスク》を荒らし回っているのを、まだ目の前で見ているようだ。

二日後、虐殺が終わった時に、城壁内にムスリムの姿は一人もなかった。中には混乱にまぎれ、寄せ手が押し破った城門をくぐり抜け、脱出した者もわずかながらいたが、他は何千という死体となって家の戸口や寺院の周辺にできた血の海の中に投げ出されていた。この中には導師《イマーム》や法学者《ウラマー》、神秘主義派《スーフィー》の苦行僧も多数いたが、彼らは聖地で敬虔な隠遁生活を送るために故国を離れてやってきた人びとであった。最後まで生き残った者には最悪の仕事が与えられる。死体を背負って運び、広い空き地に埋葬もせず、墓もない所にただ山積みにしてから焼き払うのだ。その後で彼らもまた殺されるか、奴隷として売り払われた。

エルサレムのユダヤ人の運命も悲惨きわまるものであった。戦いが始まって数時間、一部は自分たちの居住地域、すなわち市の北側のユダヤ区の防衛に加わった。しかし、家々を取り囲んでいる壁の一部が崩され、金髪の騎士が通りに侵入し始めると、彼らは狂乱状態に陥った。居住区の全員が、しきたりどおりシナゴーグ〔ユダヤ教の寺院〕に集まり、祈りを捧げる。するとフランクは出口を全部ふさぎ、次いで、周りに薪を積み上げ、火を放つ。脱出を試みた者は近くの路地でとどめを刺され、他は焼き殺された。

この惨劇の数日後に、パレスティナを脱した難民の最初の一団がダマスカスに到着した。彼らは最古の聖典の一つであるカリフ、ウスマーンのコーランを肌身離さず持って来ていた。次いでエルサレムの脱出組もシリアの首都に近づいた。はるか遠く、長方形の城壁の上にそそり立つウマイヤ寺院の三本のミナレット〔光塔〕のシルエットが目に入ると、彼らは祈禱用のじゅうたんを広げてその上にひれ伏し、もはやこれまでと思った命を永らえさせたもうた全能の神に感謝した。

「亡命は恥にあらず」

ダマスカスの大法官として、アブー・サアド・アル＝ハラウィは難民たちを温かく迎え入れた。この高官は、アフガニスタンの出ながら、町でもっとも敬われていた人物である。彼はパレスティナの難民たちに惜しみない同情と慰めの言葉を注いだ。彼によれば、イスラム教徒は住み家から逃げ出さざるを得なかったからといって、恥じることはない。イスラムの最初の難民は預言者ムハンマド（マホメット）自身ではなかったか。彼は住民に憎まれて、出生の地メッカを捨てざるを得ず、メディナに避難したのだが、新しい教えはその町で温かく迎えられたのであった。そして祖国を偶像崇拝から救うために、彼が聖戦、すなわちジハードを起こしたのは、この亡命先からではなかったか。したがって、難民は自分たちが名誉ある聖戦の兵士（ムジャーヒディーン）であることを知るべきである。このためムハンマドの遷都（ヒジュラ）がイスラム暦の始まりとされているのである。

多くの信者にとって、亡命は占領下に置かれた場合には至上命令ですらある。スペイン出身のアラブで大旅行家のイブン・ジュバイルは、フランクの侵略開始から約一世紀後にパレスティナを訪れるが、〈郷土愛のとりこになった〉ムスリムが占領地でのうのうと暮らしているのに愛想をつかし、次のように述べる。

ムスリムにとっては、ほんの一時の滞在以外、無信仰の町に留まることについて、どんな言いわけも神の前ではできない。ムスリムは、イスラムの地にあれば、キリスト教徒の国ぐにで味わう苦痛や苦労から免かれている。たとえばそれは、愚鈍極まる者の口から預言者を冒瀆する言葉が出るのを聞いたり、身を浄めることができなかったり、あるいは豚や、掟に反した物に囲まれて暮らすことなのだ。心せよ、彼らの国に踏み入らぬよう、心せよ！　そのような過ちを犯したら、神の許しと憐みを乞わなければならぬ。キリスト教国に住むだれもが目にするおぞましきもののひとつ――それはムスリムの捕虜が足枷によろめきつつ重労働に使われ、奴隷扱いにされており、同じくムスリム女性の捕虜も鉄の鎖をつけている光景だ。こうした眺めに胸は張り裂けそうだが、憐みは何の役にも立たない。

イブン・ジュバイルのこのような言葉は、教義の面からみれば行きすぎているものの、一〇九九年七月というこの月に、ダマスカスに集まった何千ものパレスティナおよび北シリアの難民たちの態度をよく反映している。なぜなら、もちろん心ならずも家屋敷を棄てたにせよ、彼らは、占領者が完全に撤退するまでは、二度と故郷の土を踏むまいと心に決め、同時に、イスラム世界各地の同胞を目覚めさせようと決意したのだ。

そうでなくては、どうしてアル＝ハラウィの後に従い、バグダードへ行ったりするものか。ムスリムが、困難に際して依存するのは預言者の後継者カリフであり、不平不満を訴える相手も「信徒の長《おさ》」ではなかったのか。

バグダードで、難民たちの失望は、希望の大きさに比例して行く。カリフのアル＝ムスタズヒル・ビッラーは彼らにまず深い同情と憐みの気持を伝えてから、宮廷の七人の高官に対して、この忌わしい事件についての調査を実施するよう言い渡した。しかし、その後この賢人会議について、だれも二度と耳にすることがなかったということを、この際明らかにしておかなければなるまい。

イスラム世界と西洋の間に以後千年にわたって続く敵対関係の発端となったのが、このエルサレムの略奪であった。それほどの出来事でありながら、当座は何の反撃も見られない。東アラブが侵略者に向かって立ち上がり、ダマスカスの法官がカリフの宮殿で発した聖戦《ジハード》への呼びかけが抵抗の厳粛な第一歩として記念されるには、以後半世紀ほどを待たなければならない。

侵略の当初、西からの脅威の規模をアル＝ハラウィのようにひと目で見やぶったアラブはほとんどいない。それどころか、新しく発生した状況にいち早く適応した者さえいた。大半はつらくともあきらめて、生き延びることだけを考えた。またある者は一応冷静な観察者の立場に身を置き、この予期せぬ異常な出来事を理解しようとつとめている。この中で最も興味を引かれる人物はダマスカスの年代記作者、イブン・アル＝カラーニシである。名門の出で高い教養を身につけたこの若者は、初期の目撃者であり、一〇九六年、フランクが中東にやって来たときは二十三歳であった。彼は、事件について見聞きしたことを丹念に書きとめることに専心した。彼の年代記は、感情を極力抑えた書き方で、侵略者の進撃が彼の町で感得されたままを物語っている。

彼にとって、万事はダマスカスに最初の知らせが届いた、その苦悩の日々から始まる……。

I　侵略（一〇九六〜一一〇〇年）

フランクが為すことをよっく見よ。われらムスリムが聖戦を行う熱意をいささかも持ち合わせておらぬのに、彼らフランクはおのが教えのためかくも激しく戦うのを。

サラディン

1　フランク来たる

トルコのスルタン、クルジュ・アルスラン

この年、マルマラ海を渡ってくる無数のフランク部隊出現の報が相次いで届き始めた。人びとは恐れをなした。こうした情報は、これらフランク部隊に最も近く領土をもつクルジュ・アルスラン王によって確認された。

ここでイブン・アル＝カラーニシがいう「クルジュ・アルスラン王」は、侵略者の到来時まだ十七歳にもならなかった。フランクの接近を知らされた最初のムスリム指導者、この若きトルコ人スルタンは、やや切れ長の目の持ち主で、彼らに最初に敗北を与えると同時に、これら恐るべき騎士たちにより、最初に打ち負かされた人物となる。

一〇九六年の七月以来、クルジュ・アルスランはフランクの群衆が大挙してコンスタンティノープルをめざしていることを知り、たちまち最悪の事態を懸念した。もちろん、こうした連中がねらう真の意図は皆目わからなかったが、オリエントへの彼らの到来は、彼

にとっては、まったく良からぬことの前兆なのである。

彼が治めるスルタン国は小アジアの大部分を占めており、トルコ人がつい先ごろ、ギリシア人から奪ったばかりの領土であった。事実、クルジュ・アルスランの父シュレイマーンが、その奪取を行った最初のトルコ人で、そのためこの地域は何世紀か後に、トルコと呼ばれるようになる。この若いムスリム国の首都ニケーアには、ビザンツ教会の力がセスクより数多く、都の守備隊はトルコ騎兵で編成されていたとはいえ、住民の大半はギリシア人であり、クルジュ・アルスランは領民たちの本心について間違った考えをもたなかった。要するに、彼らにとって、彼はいつまでも野蛮な集団の首領なのである。彼らが認める唯一の君主は、祈りの際にその名を必ずそっとつぶやくバシレウス（ギリシア語で王、皇帝を指す）、アレクシオス・コムネノス、世にいう「ローマ皇帝」に外ならない。しかし、実際には、アレクシオスはむしろ、ローマ帝国の継承者を自任するギリシア人たちの皇帝であったといえよう。この特質はアラブ側にも認められていて、彼らは十一世紀でも、また二十世紀の今日でも、ギリシア人を指して、「ローマ人」を意味する「ルーム」という語を使う。また、クルジュ・アルスランの父によってギリシア人帝国から分捕られた領土は、同じく「ルーム・スルタン国」と呼ばれた。

当時アレクシオスは、近東で最も威信の高かった人物の一人である。この五十代の小柄な男は、油断ならぬ目つきと手入れの行き届いたひげ、金の縁どりのあるゆったりした青の長衣に身を包んだ優雅な身のこなしで、クルジュ・アルスランを大いに魅了した。この男が、ニケーアから徒歩で三日足らずの距離にあり、ビュザンティウムの華麗な面影を残すコンスタンティノープルを支配している。それは、若いスルタンの心の平静を少なからずかき乱すに足りる距離であった。遊牧の戦士のだれもと同じく、彼もまた征服と略奪を夢見ていた。ビザンツの伝説的な富がすぐ手の届くところにあると思うと、悪い気はしない。

しかし、同時に脅威も感じる。アレクシオスがニケーアを奪回する夢を決して捨てていないことを彼はわきまえていた。それは、ニケーアがギリシア人の町であるばかりでなく、とりわけ、トルコ兵士がコンスタンティノープルからこんなに近い距離に常駐していることは、帝国の安全にとって恒久的な危険であるからだ。

ビザンツとフランク

ビザンツ軍は、内紛のため久しく分裂状態にあって、独自で国土回復の戦いをやることはできそうもなかったが、アレクシオスが外人部隊の助けをいつかは求めるだろうということを、だれ一人知らぬ者はなかった。ビザンツ帝国は西洋の騎士たちの助けにすがることについて、一度もためらっていないのだ。重装備の傭兵として、あるいはパレスティナへの巡礼として、オリエントを訪れるフランクの数は多く、したがって、一〇九六年という時点では、彼らはムスリムにとって、全然未知の人間ではなくなっていた。

その二十年ほど前に――それはクルジュ・アルスランが生まれる以前のことで、彼は軍の長老たちから聞かされていたのであるが――こうした金髪の冒険家の一人、バイユールのルッセルと名のる男が、小アジアに地方国家をつくった上、コンスタンティノープルにまで進軍したことがある。動転したビザンツ人は、クルジュ・アルスランの父親に支援を仰ぐよりほかに道はなかった。このとき父親のシュレイマーンは、皇帝《バシレウス》の特使から至急援軍を送ってほしいと懇願された時、わが耳を疑ったものである。そこで機を逸せず、トルコ人騎兵隊をコンスタンティノープルに派遣し、首尾よくルッセルを打ち破った。シュレイマーンが金銀、馬、領地などの報酬をたっぷり受け取ったことはいうまでもない。

以来、ビザンツ人はフランクを警戒したが、帝国の軍隊は熟練の兵士がいつも不足していたので、傭兵を募らざるを得なかった。その中には、フランクばかりでなく、トルコ人兵士の数も多く、彼らは、キリスト教帝国の旗の下で戦っているわけだ。一〇九六年七月、クルジュ・アルスランが、何千ものフランクがコンスタンティノープルに接近していることを知ったのは、まさしく、ビザンツ軍に加わったこれらの同族からであった。

このような情報提供者が描写する光景に、彼は少なからず戸惑った。その西洋人たちはこれまで当地で見慣れていた傭兵とほとんど様相を異にしていたからだ。そこにはもちろん数百人の騎士や、武装した相当数の歩兵もいたが、そのほかに、ぼろ着をまとった数千もの女、子ども、老人までいる。それは、まるで侵略者によって故郷を追われた集団とでもいおうか。さらに伝えられたところでは、彼らは全員、十字架の形の布切れを背中に縫いつけている。

若いスルタンは危険の規模を測りきれず、情報係に対して、警戒を強め、この新たな侵略者の挙動を逐一報告するよう命じ、さらに、念のため都を囲む要塞を点検させた。ニケーアの城壁は全長一ファルサク〔約六キロメートル〕以上あり、二百四十の塔が張り出していた。町の西南には、波静かなアスカニオス湖が広がり、天然の要塞になっている。

フランク、ボスポラスを渡る（一〇九六年八月）

しかし、八月の初めになると、脅威の性格がはっきりする。フランクはビザンツの船団に護送されてボスポラス海峡を渡り、炎熱の日ざしをものともせず、海岸沿いに進んでくる。行く先々でギリシア教会を略奪する姿が見られたとはいえ、われらはムスリムを皆殺しにするためにやって来たのだと叫ぶ声が至るところで聞こえた。彼らの隊長はピエールと名乗る隠者だったようで、情報係の推定では、その規模は数万だが、どこへ向かって行くのかは、さっぱりわからない。アレクシオスは、以前傭兵隊用に整備したシヴィトートの陣営に収容することに決めたようだった。そこは、ニケーアから徒歩で一日足らずのところにある。

スルタンの宮殿では上を下への大騒ぎになった。トルコ人の騎兵たちがいつでも馬に跳び乗れる態勢を取っている一方で、フランクのどんな動きも通報するスパイや偵察隊の絶え間ない出入りが見られた。それによると、フランクは毎朝、何千という群れをなして陣営を出ると、近郊へ徴発に出かけ、農家を略奪したり、焼き払ったりする。そしてシヴィトートに戻ると、その日の戦果の分け前をめぐって言い争いをする日々である。そこまでは、スルタンの兵士たちをそれほど驚かすことではなかったし、彼らのあるじを特に憂慮させる事態でもなく、このような日常が、ひと月間、判で押したように続いた。

しかし、九月半ばのある日、フランクは突然これまでのやりかたを変える。もはや近くに獲物がなくなったためか、彼らはニケーアをめざしているようだ。途中、全住民がギリシア正教徒の村のいくつかを通過する時には、ちょうど収穫が終わって納屋に収められたばかりの穀物に手を出し、阻止しようとした農民を容赦なく殺した。幼い子どもたちさえ焼き殺されたという。

クルジュ・アルスランは不意を打たれたようだった。侵入の第一報が届いた時には、敵はすでに都の城壁のもとに達しており、太陽はまだ地平に達していなかったから、城内の人びとは火災の煙がたち昇るのを目にした。直ちに、スルタンは騎兵から成る偵察隊を派遣したが、この一隊はフランクと衝突するや、数の上で圧倒され、粉砕された。辛うじて生きのびた少数の兵が血まみれになってニケーアに戻る。クルジュ・アルスランはおのれの威信が脅威にさらされたと思い、直ぐに打って出たいところであったが、重臣たちに説得され、思いとどまった。ちょうど、夜のとばりが降りようとする頃で、もうフランクは急いで陣営の方へ引き揚げて行く。復讐の時はしばし待たなければならない。

しかし、そう長くはかからなかった。最初の成功ですっかり大胆になったのか、西洋人たちは二週間後、再び襲撃にやってくる。しかし今度は、シュレイマーンの息子は、前以て通報を受けていたので、彼らの進行具合を刻一刻見守っている。フランクの一部隊は、数名の騎士を除けば何千というひどい身なりの野盗の類で、ニケーアへの道をたどった後、人口の密集地域を迂回《うかい》して東へ向かい、不意討ちをかけてクセリゴルドンの要塞を奪った。

フランク、渇きに屈す

若いスルタンは決心した。騎兵隊の先頭に立ち、早駆けでその小さなとりでをめざすと、そこではフランクが勝利を祝って酔いしれており、よもや自分たちの進退がきわまっているとは、夢想だにしていなかった。実は、クセリゴルドン要塞には罠がある。クルジュ・アルスランの兵士たちはよく知っているが、土地不案内の外国人には見抜くことができないもので、つまり、水の補給源が外に、しかも城壁からかなり離れたところにあったから、トルコ兵はいち早くこの水源への接近を阻止する。そのためにはぐるり、城壁の周りに陣取って、じっとしていればよかった。あとの役は、のどの渇きが引き受けてくれる。

包囲された側に地獄の苦しみが始まった。しまいには、愛馬の血や自分の尿を飲むまでになり、雨のしずくを求めて、気が狂ったように十月初めの空を仰ぐ姿が見られたが、どうにもならぬ。一週間たつと、遠征の首謀者のルノー某なる騎士が、命と引き換えに降伏すると伝えてきた。クルジュ・アルスランは、フランクが公けに背教することを求めたが、ルノーが、イスラムに帰依するばかりか、トルコ側について同胞と戦う用意があるといった時は、さすがに驚いた。同じ要求に応じた何人かの同志は、捕虜としてシリアの各都市や中央アジアへ送られたが、その他は首をはねられる憂き目にあう。

若いスルタンはこの戦果に得意満面だったが、冷静さは失わない。しきたりどおり、兵士たちには獲物を分け合う猶予を与えたあとで、翌日から手綱を引き締める。たしかに、フランクは約六千人を失ったものの、残りはその六倍もいるのだし、これを全滅させる機会は今しかないのである。そのため彼は一計を案じた。二人のギリシア人をスパイにしてシヴィトートの陣営に送り込み、次のようにいわせるのだ。「ルノーの一隊は首尾が上々で、ニケーアさえ奪うことができ、その他のキリスト教徒と山分けする気は毛頭ない」と。そのあいだに、トルコ軍は大規模な待ち伏せの準備にかかる。

このデマはまったく注意深く広められたので、予期したとおりの動揺をシヴィトートの陣営にひき起こす。人びとは寄り集まってはルノーとその部下たちをののしり、早くも、ニケーア略奪に加わるため、即時出陣の決定が下った。ところがこの時、あろうことか、クセリゴルドン作戦の生き残り兵の一人がたどり着き、同胞の運命についての真相をばらす。クルジュ・アルスランのスパイは、自分たちの使命は失敗したと思う。なぜなら、フランクの中でも分別のある連中が冷静を説いて回ったからだ。しかし、一時の茫然自失状態が収まると、興奮が再び起こる。群衆はいきり立ってわめく。すぐ出かけよう。略奪に加わるためではなく、「殉教者のかたきを打つためだ」。ためらう者は卑怯者扱いされる。ついに、怒り狂った者の意見が通り、出陣は翌日に定められる。スルタンのスパイは、うそはばれたが目的は達したので喜び合い、あるじのもとに使いを送って、戦いの準備を進めるように伝えた。

スルタンは「待ち伏せ」で快勝したが……

一〇九六年十月二十一日の夜明け、西洋人たちは陣営をたつ。クルジュ・アルスランは程遠からぬところにいる。彼はシヴィトートに近い丘で夜を過ごした。部下たちは十分に身をひそめて配置につく。彼自身のいるところから、遠く、フランクの縦隊が砂塵をあげているのを望むことができる。数百名の騎士が、大部分甲冑《かっちゅう》も身につけずに先を行き、その後には隊伍も乱れた歩兵の一群が従う。進むこと一時間もたたずして、接近する彼らの喧騒がスルタンの耳に届く。彼の背後から昇る陽は、正面から彼らにさす。息をとめ、隊長たちに「用意」の合図。運命を決する時が来た。ほとんど気づかれぬ身ぶり。あちこちにかけられる命令。おもむろに弦を引きしぼる弓部隊。やにわに、何千もの矢がいっせいに放たれ、うなりをあげて飛ぶ。最初の数分間で大半の騎士が倒れ、次いで歩兵が壊滅する。

白兵戦になった時、フランク軍はすでに敗走しており、しんがりの者が走って陣営に逃げ戻ると、そこでは非戦闘員たちがやっと目を覚ましたところであった。ひとりの老神父が朝のミサを行い、女たちは朝餉《あさげ》の用意をしている。そこへ敗残兵がトルコ兵に追われつつ到着したのだから、一同は恐怖のとりこになる。フランクは八方へ逃げ散り、近くの森をめざした者はすぐ捕えられた。もっと気の利いた者は、海を背にした長所をもつ古い要塞にバリケードを築いて立てこもる。

スルタンは無駄な危険をおかす愚を避け、包囲作戦を取りやめた。そこで、急を知らされたビザンツ海軍が救出にやって来て、このため二、三千人が難を逃れる。数日来コンスタンティノープルに戻っていた隠者ピエールも命拾いをした組だが、同志たちには不運が待っていた。年若い女たちはスルタンの騎兵にさらわれて部将たちに分配されるか、奴隷市場に売り払われ、相当数の少年も同じ運命に遭う。その他二万人ほどのフランクは皆殺しになった。

クルジュ・アルスランは歓喜する。彼はあれほど恐るべき敵といわれたフランク軍を壊滅させたところだし、しかも、味方の損失は取るに足らぬ。足もとに積み上げられた大量の戦利品をながめながら、彼は今が人生最高の勝利の時であると思う。しかしながら、ひとつの勝利が勝者にとってこれほど高くついたことは、歴史上あまり例がない。

成功に酔いしれていたクルジュ・アルスランは、次の冬、フランクの新たな集団がコンスタンティノープルに到着したとの情報に耳を貸そうとしない。実際、彼にとっても、彼の最も賢明な部将たちにとっても、何ら心配すべきことはなかったからだ。たとえアレクシオスの別の傭兵隊が再びボスポラスを渡ってこようとも、前回同様に粉砕されてしまうだろう。スルタンの胸の内では、今が当面の主要関心事に立ち戻るとき、つまり、これまで近隣のトルコ人領主たちに対してやって来た食うか食われるかの戦いを再開するときであった。このことにこそ、そしてそれ以外にはなく、彼の運命も、また彼の領国の運命もかかっている。ルーム人との対決とか、フランクという外国からの助っ人との対決とかいうものは、幕間《まくあい》狂言以上の何ものでもない。

セルジューク帝国の内幕

若いスルタンはこうした状況をよく理解できる立場にあった。父シュレイマーンが一〇八六年に命を落としたのは、近隣の領主たちとの際限ない戦いにおいてではなかったか。そのときクルジュ・アルスランはやっと七歳で、本来なら忠実な長老たちの摂政制の下に王位を継ぐところであったが、権力の座から遠ざけられ、命が危ないからとの理由でイランに連れて行かれた。そこで少年は、へつらいと過保護のなか、多勢のまめな奴隷にかしずかれて育ったが、監視は厳重で、祖国を訪ねることは固く禁止される。彼を招いたあるじ、つまり監視役は、彼自身が属するセルジューク族の一員にほかならなかった。

十一世紀において、中国の辺境からはるかフランクの国ぐににかけ、だれ一人知らぬ者のない名があるとすれば、それはまさしくセルジュークだ。長髪を束ねた無数の遊牧騎兵とともに、中央アジアからやってきたセルジューク・トルコは、数年にしてアフガニスタンから地中海に広がる全地域を奪っている。そして一〇五五年以後になると、バグダードのカリフは預言者の後継者、かつ名だたるアッバース朝の子孫であるのに、彼らのいいなりになる操り人形にすぎなくなり、イスファハーンからダマスカス、さらにはニケーアからエルサレムまで、彼らの諸侯たちがわがもの顔に振る舞う。つまり、三世紀ぶりに、中東の全ムスリム圏は、イスラムの過去の栄光を回復する意思を宣言した。一方、一〇七一年、マンジケルト〔マラズゲルド〕の合戦でセルジュークに惨敗したルーム〔ビザンツ〕は、二度と立ち上がることができない。最大の領地を占める小アジアは侵略され、その首都にも危機が迫り、アレクシオス・コムネノスをはじめとする皇帝たちは、西洋の最高権威たるローマ法王の下に絶えず使節を送って、イスラムのこの再興に対する聖戦を呼びかけるよう懇請していた。

クルジュ・アルスランは、これほどの名門の出であることを大いに誇る一方で、トルコ帝国の見かけだけの統一にだまされてはいなかった。セルジュークの親類縁者のあいだには、連帯感のかけらもない。生き残るためには殺さなければならなかった。彼の父は小アジア、あの広大なアナトリア地方を、兄弟の助けもかりずに征服したが、そののち、いとこの一人に殺されたのは、南のシリア方面まで拡張しようとしたためであった。そして、クルジュ・アルスランがイスファハーンに抑留されているあいだに、父が残した領地は分割されてしまう。一〇九二年末、監視役同士の争いのおかげで少年が釈放されたとき、彼の権威はニケーアの城壁の外までにはほとんど及んでいない。時に彼は十三歳にすぎなかった。

その後、クルジュ・アルスランは長老たちの助言のおかげで、戦争、殺人、あるいは、策略などの手段によって、父からの遺産の一部を取り戻すことができた。今振り返ってみると、彼は宮殿で過ごした時間よりも馬にまたがっていた時間の方が多かったことを誇りとすることができる。しかしながら、フランクがやって来たころ、決着はまだ全然ついていなかった。シリアとイランの一族たちは、彼にとってまったく幸いなことに、内紛に明け暮れていたとはいえ、小アジアにおいては、彼の相手側は依然強力なのである。

スルタン対ダニシメンド

とくに東のかた、アナトリア高原の荒れた高地一帯は「賢者ダニシメンド」と呼ばれる不思議な人物に治められていた。この男は素性《すじよう》も明らかでないひと旗組の一人だが、他のトルコ人部将の大半が文盲であったのと違い、無類の博学で裏打ちされている。彼は後に、有名な叙事詩『ダニシメンド王の武勲』の主人公となった人物だ。この詩は、アンカフの南東にあるアルメニア人の町、マラティィヤの征服を主題にしており、同市の陥落は将来のトルコがイスラム化するための決定的な転機になったと、この詩の作者たちは考えている。

さて、一〇九七年初め、フランクの新たな遠征隊のコンスタンティノープル到着がクルジュ・アルスランに伝えられた時、すでにマラティィヤの戦いは始まっていた。ダニシメンドは町を包囲している。一方若いスルタンは、父の死に乗じてアナトリアの北東部全域を占領したこの政敵が、またもや立派な勝利を収めるかも知れぬなどとは思いたくなかった。そこで断固これを阻止しようと、騎兵隊の先頭に立ってマラティィヤの近郊をめざし、ダニシメンドを威圧するため、本営を彼の本営のすぐ近くに置いた。緊張は高まり、小ぜり合いが重なって、次第に血なまぐさくなって行く。

一〇九七年四月には、正面衝突が避けられそうになくなった。クルジュ・アルスランは手ぐすね引く。軍の主力がマラティィヤの城壁の下に集結したそのとき、疲れ切った騎兵が一騎、彼の幕舎の前に到着、息を切らして次のことを伝えた。「フランクがやってくる。

またもやボスポラスを渡ったが、「昨年よりも大軍だ」。クルジュ・アルスランは冷静を保つ。何も心配することはない。フランクとは手合わせずみだから、対処の仕方は心得ている。けっきょく、彼が首都の守備隊強化のため数個の騎兵分遣隊を送ったのは、ニケーアの住民を、とりわけ臨月の若い妃を安心させるためであった。彼自身はダニシメンドを片付けてから戻るつもりだ。

フランクの新手の大軍

このように手配してから、クルジュ・アルスランが改めてマラティヤの戦いに全力を傾けていた五月初め、また一騎の使いが疲れと恐れでふるえながらやって来た。彼の言葉はスルタンの陣営に恐怖をもたらす。フランクはニケーアの城門に達し、城攻めを始めている。しかも、昨年の夏とはちがい、ぼろをまとった野盗の集団ではなくて、重装備をした何千という騎士から成る本物の軍隊である。さらに今回は、ビザンツ皇帝の兵士も加わっている。クルジュ・アルスランは部下を静めようとしたが、自身苦悩にさいなまれる。マラティアを政敵に渡してニケーアを守るべきか。まちがいなく、今からでも首都を救いうるか。両方とも失ってしまうのではないか。忠臣たちに長時間諮ったあげく、解決案が妥協のかたちで生まれた。それは、名誉を知る男ダニシメンドに会いに行って、ルームとその傭兵隊が始めた征服の試みと、小アジアの全ムスリムにのしかかる脅威を知らせ、彼に戦闘停止を提案することである。そう決めるが早いか、ダニシメンドがまだ返事もよこさぬうちに、スルタンはすでに軍隊の一部を首都へ向かわせていた。

期待どおり、停戦が数日後に調印されたので、クルジュ・アルスランは直ちに西への道をとる。しかし、ニケーア近郊の丘に達した時、彼が目にした光景は、全身の血を凍らせる。父から受け継いだあの華麗なる都は、四方を包囲されている。そこでは大勢の兵士が移動やぐらを建てたり、総攻撃に備えて弩砲や投石機を備えつけている。部将たちは断言した。こうなっては、打つ手は何もない。手遅れにならないうちに、国の内陸部へ引き返すことだ。しかし若いスルタンには、首都をこのまま放棄することはとてもできない。彼は一か八か、南側に突破口を開こうといい張る。そこは寄せ手の陣地づくりがいちばん粗雑に見えるのだ。

合戦は五月二十一日の夜明けに始まった。クルジュ・アルスランは乱戦のなかに雄々しく突っ込み、激戦は日没まで続く。損失は敵味方とも甚大であったが、ともに陣地を守り抜いた。スルタンはもうこだわらない。包囲の輪を緩めることはまったく無理と悟ったからだ。こんな不用意な戦闘に全力を投入し続ければ、何週間か、さらには何カ月も、敵の包囲を長びかせるかも知れないが、スルタン国の存在そのものに危険をもたらしかねないのである。

ニケーアの陥落（一〇九七年六月）

何よりもまず、遊牧民の子孫であるクルジュ・アルスランには、自分の力の源泉が何千という忠実な戦士たちに由来するものであり、どんなに魅力があるにせよ、一つの都市の領有にあるのではないことは分かっていた。そこで彼は、やがて新しい首都をはるか東のコンヤに定めることにするのだが、その都は彼の子孫により十四世紀初めまで受け継がれて行く。彼は二度とニケーアを見ることがない。

別れを告げる前に、彼は都の守り手たちに告別の辞を送ってそのつらい決意を告げるとともに、〈各自の利害に従って〉行動することをすすめた。この言葉の意味するところは、トルコ人守備隊にとっても、ギリシア人住民にとっても明白であった。すなわち、都はアレクシオス・コムネノスに引き渡すべきで、フランクの外人部隊に渡してはならぬということである。こうして交渉は、軍を指揮して、ニケーアの西に陣取った皇帝との間で行われる。スルタンの兵士たちは、主人が援軍を率いて戻ってくるかも知れないと期待してか、時間かせぎに出ようとする。しかし、アレクシオスは急いでいる。彼は脅す。西洋人は総攻撃の用意をしているぞ、そうなれば自分には何もできなくなるぞと。昨年、ニケーアの近郊でフランクが何をしたかを思い出して、交渉相手一同はふるえ上がる。彼らの目には、すでに都が略奪され、男は虐殺され、女は犯されている光景がうつる。彼らはもうそれ以上ためらうことなく、運命を皇帝に委ねることを受諾し、これを受けて皇帝は城の明け渡し条件をみずからの手で決める。

六月十八日から十九日にかけての夜、トルコ兵が大半を占めるビザンツ軍は、小型船で静かにアスカニオス湖を渡り、都に入る。守備隊は戦うことなく降伏した。夜明けの最初の光を受けて、皇帝の青と金色の旗が城壁の上にはためく。これを見てフランク軍は攻撃を断念する。これはクルジュ・アルスランにとって、せめてもの不幸中の幸いであった。スルタン国の要人たちは命が救われ、そしてスルタンの若い妃は、生まれたばかりの男子とともに、コンスタンティノープルで、フランクのひんしゅくを買いつつも、王族にふさわしい出迎えをさえ受けることになるのだから。

束の間の海洋帝国

クルジュ・アルスランの若い妃は、チャカという天才的なひと旗組の娘で、彼はフランクの侵入以前大いに名を馳せたトルコ人君侯《アミール》であった。小アジアで略奪を働いた時ルーム人につかまったが、やすやすとギリシア語を覚えて牢番たちを感心させ、数カ月で完全に話すようになった。頭がよく、器用で、弁舌に長けていたから、彼は宮廷の定期訪問者となり、貴族の称号さえ授けられた。しかし、この驚くべき出世にも満足せず、彼はもっと高い、はるかに高いところをねらった。すなわち、ビザンツ皇帝になりたいのだ。

アミール・チャカはこの目的達成のため、極めて周到な計画を練っていた。彼はまず地中海沿岸のスミュルナ〔イズミル〕に居を移し、さるギリシア人の船主の助けを借りて本物の艦隊を建造する。そこには小型帆船《ブリガンティーン》、ガレオン船、大型快走船《ドロモン》、二段型櫂船《ビレーム》もしくは三段型櫂船《トリレーム》など、合計百隻もの軍艦が含まれた。彼は作戦の初期の段階で、とりわけロドス、キオス、サモスを含む多くの島を占領し、エーゲ海沿岸全域を支配下に収める。こうして海洋帝国を手に入れた彼はみずから皇帝《バシレウス》を宣し、スミュルナの宮殿をビザンツの宮廷風に整えて、艦隊にコンスタンティノープルを攻撃させた。受けて立つアレクシオスは、攻撃をはね返し、トルコ艦隊の一部を撃破することに成功するまで、大いに手を焼いたものである。

未来のスルタン妃の父は、くじけるどころか、断固として、艦隊の再建にとりかかる。それは一〇九二年末、クルジュ・アルスランが亡命から戻ったころで、チャカはこのシュレイマーンの若い息子がルーム人に対する立派な味方になるかも知れないと思い、娘を彼に嫁がせた。しかし、少年王の計算は義理の父とは大いに違う。彼にはコンスタンティノープルの征服など、愚かな企てに思えた。その代わりに、彼が目ざしていたのは、小アジアで領土を手に入れようとしているトルコ人諸侯——その筆頭がダニシメンドと野心満々たるチャカであったが——を亡きものにすることであって、このことを彼の側近で知らぬ者はなかった。このため、スルタンはためらわない。フランクの到着の数カ月前に、彼は義理の父を宴席に招き、酒に酔わせた上、みずからの手で刺し殺した——といわれる。

チャカには息子がいて、あとを継いだが、父の頭脳も野心も持ち合わせていなかった。スルタン妃の兄は一〇九七年の夏まで、この海洋国家を管理することで満足していたが、そのとき不意にルーム艦隊がスミュルナ沖に現れ、そこには思いがけざる使者、つまり自分の妹が乗船していた。

彼女は自分に対する皇帝の配慮が何のためかよくわからなかったが、幼時を過ごしたスミュルナへ連れて行かれるあいだに、すべての謎が解けた。彼女は兄に対し、アレクシオスがニケーアを占領したこと、クルジュ・アルスランが敗北したこと、および、ルームとフランクの大軍が無数の艦隊の支援を受けて、やがてスミュルナを攻めにやってくるであろうことを説明する役を担わされていたのだ。チャカの息子は、命を救ってもらいたければ、妹をアナトリアのどこかにいる夫のもとに送り届けるよう依頼されている。

スルタン、ダニシメンドと同盟

この提案が拒否されなかったので、スミュルナ国は存在を終える。ニケーア陥落のあとで、エーゲ海沿岸全域、すべての島、そして小アジアの西部全域が、以後トルコ人の手から奪い取られた。ルーム人はフランクの援軍に助けられ、さらに勢力拡大を決めたようだ。

しかし、クルジュ・アルスランは山奥にこもって、武装を解いたわけではない。当初の驚きが去ると、スルタンは精力的に反撃の準備にかかる。〈彼は部隊を徴集し、志願兵を募り、聖戦《ジハード》を宣言し始めた〉とイブン・アル＝カラーニシは記録している。ダマスカスのこの年代記作者はさらに追加していう。〈クルジュ・アルスランが全トルコ人に救援を求めると、その呼びかけに応ずる者は多数にのぼった〉。

要するに、スルタンの最初のねらいはダニシメンドとの同盟を結ぶことにある。単なる休戦では十分でなく、今や小アジアの全トルコ勢力が単一の軍隊のように結束することが至上命令なのである。クルジュ・アルスランは政敵が応じることを確信する。現実主義の戦略家でありながら熱心なムスリムとして、ダニシメンドはルーム人とその同盟者フランク人の進出に脅威を感じていた。しかし、彼らと戦うならば、自分の領土よりは隣の領土でやった方がよい。そこで善は急げと、数千の騎兵を従えてスルタンの陣営に投ずる。両者は和解し、協議して、作戦を練る。人馬の大群が丘を覆いつくしているさまは、両首長に今さらのように自信を与える。機をつかめば、彼らは逸することなく敵に襲いかかるであろう。

クルジュ・アルスランは獲物を待ちかまえる。ルーム人の中に忍び込んだスパイが貴重な情報をもたらした。フランク人は、ニケーアを越えてさらに進むことに決め、パレスティナまで行きたいとわめいている。その行程さえわかった。南東に進路をとり、スルタンの手に残っている唯一の重要都市コンヤへ向かうというのである。そうなれば、途中通らねばならぬ山岳地帯の沿道で、西洋人は敵の攻撃に側面をさらすことになる。肝心なのはもしトルコの兵士が丘陵の背後に集結すれば、あとはただ待つだけでよい。行程のドリュラエウムという町の近くで、道路が浅い谷にのめりこんで行くところがある。待ち伏せの場所を選ぶことだ。この地に詳しい部将たちはすぐ決める。ニケーアから四日

ドリュラエウムの合戦（一〇九七年七月）

一〇九七年六月末、クルジュ・アルスランは、西洋人がルーム人の小部隊を伴ってニケーアを発ったとの報を得た。時すでに待ち伏せの配置はできている。七月一日未明、フランクは地平線に姿を現す。騎士と歩兵の部隊が静粛に進んでくるが、何が彼らを待ち受けているか、夢にも思っていないようだ。スルタンは敵の斥候に戦略が見破られはしないかと恐れたが、どうやらその心配はなさそうだった。セルジュークの王にとってもう一つうれしかったのは、フランクの一行が当初伝えられたより少数のように見えたことである。もしや一部はニケーアに留まったのであろうか。それは彼にはわからない。いずれにせよ、一見して、彼の方が数の上で優勢だ。これに奇襲という利点を加えると、戦いは自分の方に分があるはずである。クルジュ・アルスランはいらいらしているが、自信たっぷりだ。彼より二十年経験豊かな賢者ダニシメンドも、彼と同様だった。

突撃命令が下ったのは、太陽がまさに丘の背に姿を現した時であった。トルコ兵の戦術は手慣れたものだ。この戦術のために、彼らは半世紀このかた、中東において軍事的優勢

を獲得できたのである。軍はほとんど全体が軽装騎兵から成り、いずれも弓の名手であった。彼らは接近するや、必殺の矢の雨をそそぎ、全速力で退いて、待機している次の隊列と入れ代わる。多くの場合、相次ぐ数波の攻撃で敵のほとんどを倒し、その上で最後の白兵戦に移るのである。

しかし、このドリュラエウムの合戦の日、スルタンは幕僚と共にひとつの丘の突端で観戦したが、悲しいかな、はっきりと見てとれたのは、トルコ伝来の戦術がいつものような効果を発揮していないことであった。ただし、フランク軍は敏捷さを欠き、反復攻撃に対し急いで逆襲する様子もない。だが、彼らは完全に防御の術を身につけていた。フランク軍の強さの秘密は甲冑の厚みにあった。騎士たちはそのような甲冑で全身を覆い、中には馬にも着せている。彼らの進撃は遅々としてはかどらないが、矢の雨からまったくみごとに守られている。この日、数時間の戦闘の後で、トルコの弓兵はたしかに多くの敵、とくに歩兵を倒したが、フランク軍の主要部分は無傷のままだ。白兵戦に持ち込むべきであろうか。それは無謀のようである。すでに戦場をめぐって行われた多くの小ぜり合いでも、草原の兵士たちはこの人間の城塞に対し、まったく無力だった。じらし戦術をきりもなく長びかせるべきであろうか。すでに奇襲の効果が失せた今、主導権は相手の側に移るかも知れない。

同盟軍、惨敗す

何人かの部将がすでに退却を勧めていたとき、遠くに砂塵が巻き上がるのが見えた。それは接近するフランク軍の新手で、第一陣に劣らぬほどの数である。朝方から戦っていた相手は前衛部隊にすぎなかった。スルタンには選択の余地がない。退却を命じなければならぬ。だが、それもできないうちに、第三陣のフランク軍が、トルコ軍の戦線の背後、本営の幕舎を見下ろす丘に現れたとの知らせが届く。

今度ばかりはクルジュ・アルスランも恐怖にとらわれた。彼は愛馬に飛び乗り、山の方へ突っ走る。部隊への支払い用にと持ち運んでいた自慢の財宝も打ち捨てて。ダーシメンドも、また大半の部将も、ぴったりと後に続く。残る最後の切り札、「速さ」に賭けて、多数の騎兵も勝者に追跡を許すことなく立ち去ることができた。しかし、大半の兵士は戦場に残って袋のねずみとなる。そして、年代記作者イブン・アル＝カラーニシが後に書くように、〈フランクはトルコ軍を粉砕した。彼らは殺りくし、略奪し、多数の捕虜を取った上、奴隷にして売り払った〉。

逃亡の途中、クルジュ・アルスランはシリアから援軍にやってきた騎兵の一部隊と出会う。彼は告げた。もう遅い。かのフランクは数では多すぎ、力では強すぎて、彼らを阻むためになすすべはもはや何もないと。この言葉に行動を一致させ、そして、嵐は通過させようと決意して、敗れたスルタンは広大なアナトリア高原の中に姿を消した。彼はこうして、報復まで四年の歳月を待つ。

フランク、シリアをめざす

わずかに自然だけが侵略者にまだ抵抗しているように見える。大地の乾燥、山間部の道の狭さ、木陰もない道路にみなぎる夏の暑さ、これらがいくぶんかフランクの前進を遅らせる。アナトリアの横断にはふつうひと月で十分なのに、ドリュラエウムの合戦後、彼らには百日かかることになる。その間にトルコ軍敗退の報が中東一帯に広がった。ダマスカスの年代記作者はしるす。〈イスラムにとって屈辱的なこの出来事が知らされた時、文字どおりの恐慌状態が起こった。恐れと不安がみるみる広がって行った〉。

恐ろしい騎士たちが今にもやってくるといった風聞が絶えず流れる。七月末、シリア北端のアルバラナ村に近づいているぞとのうわさが走った。立ち向かうため数千の騎兵が集結する。しかし、間違った警告で、フランクは地平に姿を見せない。楽観論者は、侵略者たちは引き返したのではないかと思う。イブン・アル＝カラーニシも、当時人びとが好んでいた星占いの話のひとつをとおして、このような傾向を伝えている。〈この夏、彗星が西の空から現れ、その上昇は二十日間続き、それから消え失せて、二度と姿を見せなかった〉。

しかし、幻想はすぐ吹き払われる。情報はしだいに的確になった。九月半ば以降、フランクの進出ぶりは村から村へとたどることができる。

一〇九七年十年二十一日、シリア最大の都市、アンティオキアの要塞の頂上から叫び声が上がった。「やって来たぞ!」。弥次馬が城壁へ駆けつける。しかし、はるかアンティオキア湖のほとり、平野のはずれに、うっすらと砂塵が見えるだけだ。フランクは徒歩でまだ一日、たぶんもっとかかるところにいて、それに、長い旅の後だから少しは停止し、休もうとするかも知れぬ。それでも慎重を期して、早くも都の五つの重い城門が閉ざされる。

スーク〔市場〕から朝の喧騒が消え、商人も顧客も身動きしなくなる。女たちは何か祈りの言葉をつぶやく。町は恐怖に包まれた。

2　鎧師《よろいし》の裏切り

攻めるに難し、アンティオキア

アンティオキアの領主ヤギ・シヤーンはフランク接近の報を受けた時、町のキリスト教徒が不穏な動きに出るのを恐れ、彼らを追放することにした。

アラブの歴史家イブン・アル＝アシールはフランクの侵入の初めから一世紀以上も後に、当時の人びとの証言をもとにして、この出来事をさらに次のように記している。

最初の日、ヤギ・シヤーンはムスリムに命じて、町を取り巻く堀を清掃させた。翌日は同じ仕事にキリスト教徒だけを送った。夕方まで働かせ、彼らが帰ろうとした時、彼はこういって阻止した。「アンティオキアはお前たちのものだ。しかし、フランクとの問題を解決するまで、この町は余に任せなければならぬ」。彼らは問うた。「われわれの子どもたちや妻たちをだれが保護するのか」。領主は答えた。「お前たちに代わって余が面倒をみる」。事実、彼は追放者の家族を保護し、他人に指一本ふれさせなかった。

一〇九七年の十月、すでに四十年もセルジュークのスルタンたちに仕えてきた老ヤギ・シヤーンは、裏切りという強迫観念にとらわれていた。アンティオキアの前面に集結したフランク軍は、城壁の内部に信頼できる共犯者がいない限り、断じて侵入はできないだろう、と彼は確信している。なぜなら、彼の町は攻撃では奪取できないし、包囲作戦で参らせることはなおさら不可能なのである。鬚に白いものの混じったこのトルコ人領主は、実際六、七千人の兵力しか持ち合わせていなかったが、これに対し、フランクの方は三万人からの戦士をそろえている。だが、アンティオキアはほとんど難攻不落の要塞なのである。

城壁は二ファルサク〔一二キロメートル〕の長さがあり、三百六十は下らぬ監視塔が、三通りの高さで立ち並んでいる。城壁そのものは台石の上に切り石とれんがで堅固に築かれており、東側はハビーブン・ナッジャル山を徐々にのぼり、その頂きには攻略不可能なとりでを載せる。西側にはオロンテス川がある。シリア人はこれをアル＝アーシ〔逆流する川〕と呼んでいる。なぜなら時として、地中海から内陸の方へ逆流しているように見えたからだ。川床はアンティオキアの城壁に沿っていて、越えることはまずできぬ天然の障壁を成している。南側は谷間に張り出し、その傾斜はとても急なので、まるで城壁の延長のようだ。こうしたわけで、寄せ手にとって、町の完全包囲は不可能であり、一方、守り手にとっては、外部と連絡を取るにも、糧食の補給を受けるにも、何ら不便はなかった。城壁内には家屋敷や——庭のほか、広い耕作地もあるだけに、町の食糧の備えは極めて潤沢である。「ファトフ」つまり「ムスリムの征服」以前、アンティオキアは人口二十万を数える〔ビザンツ〕帝国の主要都市であった。しかし、一〇九七年には、人口はもはや四万にすぎず、かつての居住区の一部は農地や果樹園に変わっていた。当時の栄華は失われていたものの、町には依然として人を引きつけるものがある。旅びとはだれでも、バグダードあるいはコンスタンティノープルからやってくる者でさえ、ミナレット〔光塔〕、教会、アーケードのあるスーク〔市場〕、さらには、とりでの方へのぼる斜面の林にちりばめられた豪邸などとともに、目路《めじ》の限り広がるこの都の光景に、ひと目見たときから幻惑されてしまうのであった。

領主ヤギ・シヤーンの決断

ヤギ・シヤーンは、城塞の堅固さと食糧の調達については、いささかの不安も抱いていない。しかし、いかに防衛対策を講じても、もし寄せ手が延々と続く城壁のどこか一カ所に共犯者を見つけ、その男が城門を開けるか、監視塔への接近を図ってやるようなことになれば、——事実、過去にそういうことがあったのだが——まったく無益になりかねない。

治政下のキリスト教徒の大半を追放するという彼の決断は、ここに由来する。

当時アンティオキアでは、中東の他の地域でもそうであったが、ギリシア教会派、アルメニア教会派、マロン派、ヤコブ派など東方教会に属するキリスト教徒は、フランクの到来以後、二重の圧迫に苦しむことになる。ひとつは西洋の同宗者からのもので、この連中は彼らがサラセン人に共感の情をもっているのではないかと疑って下級者扱いする。もうひとつは彼らの同胞のムスリムからのもので、この連中は彼らを侵略者の当然の味方とみるのである。宗教上の帰属と民族上の帰属の間の境界線は存在しないも同然であった。同じ語である「ルーム人」という呼び名は、ビザンツ人も、ギリシア教会派のシリア人も指す。そして後者は、自分たちはいつもビザンツ帝の臣下であると思っている。一方、「アルメニア系」といった場合は、アルメニア教会にも、アルメニア人にも通用する。また、ムスリムが「国」に当たる「アル＝ウンマ」という時、それは同じ信仰をもつ者の共同体を意味している。したがって、ヤギ・シヤーンの心のなかでは、キリスト教徒の追放は、宗教上の差別というよりも、戦時下において、敵国コンスタンティノープルの国民に対してとる処置であった。アンティオキアは長年ビザンツ支配下にあったし、その後もビザンツは、奪回の意図を決して棄てていなかったからだ。

中東のアラブの大都市の中で、アンティオキアは最後までセルジューク・トルコの支配下に落ちなかった。一〇八四年になってもまだコンスタンティノープルに属していた。そのため、十三年後にフランクの騎士たちが来て町を包囲した時、ヤギ・シヤーンは、当然のことながら、ルーム人が、過半数がキリスト教徒の地域民の共謀を得て、その権威を復興させようとしているのだと思ったのである。

この危険に直面して、彼はいささかのためらいもなく、「ナサーラ人」つまり、ナザレびとの信者たち――キリスト教徒はそう呼ばれていたのであるが――を追放した。そして小麦、油、および蜜の配給を取り仕切り、連日城塞を見回り、わずかのおちども厳しく罰した。それで十分だろうか。確かなことは何もない。しかし、こうした処置によって、援軍の到来まで町は持ちこたえるはずだ。では彼らはいつやって来るのか。アンティオキアの住民はしつこく尋ねる。しかし、ヤギ・シヤーンにも、庶民以上に答えるすべはなかった。

シリアの内紛

夏以来――そのころ、フランクはまだ遠くにいたのだが――ヤギ・シヤーンはシリアのムスリム指導者たちの下に息子を派遣し、自分の町に迫っている危険を予告した。ダマスカスで、イブン・アル＝カラーニシが伝えるところでは、ヤギ・シヤーンの息子は聖戦についで語った。しかし、十一世紀のシリアでは、聖戦《ジハード》は、窮地に陥った諸侯が振りかざす口上にすぎない。さる領主が他の領主の救援を引き受けるには、そこに何がしかの個人的利益がなければならぬ。そのとき初めて、彼は大義というおまじないを理解するのである。

さて、一〇九七年のこの秋、ヤギ・シヤーンを除けば、指導者のだれ一人としてフランクの侵入に直接の脅威を感じていなかった。皇帝の傭兵隊がアンティオキアを奪回しようとしているにしても、その町はこれまでビザンツに属していた以上、当然至極なのである。いずれにせよ、ルーム人はそれ以上のことはしないだろう。しかも、ヤギ・シヤーンが窮地に立たされたことは、隣人たちにとって必ずしも不都合なことではなかった。十年このかた、彼は彼らをもてあそび、不和の種をまき、嫉妬をかり立て、同盟を引っくり返したりしていた。その彼がいま、これまでのことは水に流して助けに来てくれと頭を下げる。だから、彼らが馳せ参じないにしても、そのことで彼は驚いてはなるまい。

ヤギ・シヤーンは現実的な男だったから、今度は自分が苦しむに任せられ、お助けを、と頭を下げさせられ、また、これまでの悪知恵、策略、裏切りなどの代償を支払わせられるだろうということはよく弁えている。しかし、彼らが自分の手足をしばって皇帝の傭兵たちに引き渡すことまではするまいと思う。要するに彼は、情け無用の世界で生き延びるために努力して来たにすぎない。

彼が育った世界、つまりセルジューク朝の世界では、血なまぐさい闘争が絶えなかったから、アンティオキアの領主も、この地域の諸侯と同様、立場を鮮明にする以外に道はなかった。もし敗者側に立てば、待ち受けているのは死であり、あるいは少なくとも投獄か、不名誉だ。幸いに勝者の側を選んだとなれば、勝利をしばし味わい、さらには何人かの美しい捕虜を侍らせた後、またもや命の危険を冒す紛争にはまりこむ。生きのびるためには良き馬に賭けるべきであるが、いつも同じ馬にこだわってはならない。いかなる過ちも命取りになるのだし、実際、無事に生涯を終えた諸侯はまれなのである。

アレッポとダマスカスの兄弟げんか

フランクが到来した時、シリアの政治は「兄弟げんか」のため混乱の極にあった。そこには町の講釈師の想像を超えるような、とてつもない人物が二人いて、一人はアレッポの王リドワーン、他はその弟でダマスカスの王ドゥカーク。彼ら相互の憎しみは、たとえ両者に共通の脅威が生じようと、和解を思いつかせることなど、とてもできないほど根深いものがあった。

一〇九七年、リドワーンは二十歳をわずかにすぎたところであったが、すでに謎にみちた人物で、彼をめぐって身の毛もよだつ伝説が流布していた。やせた小男で、目つきはきついが、時にはおどおどしており、イブン・アル＝カラーニシによれば、暗殺教団に属する「星占いの医者」のいいなりになっていたようだ。この一派は当時結成されたばかりで、以後フランクの占領期間を通じて重要な役割を演ずることになる。アレッポのこの王は、理由のないことではなかったが、敵を排除するために教団の狂信者を利用したことで非難を買った。殺人、不信心、妖術などの行為で、すべての人の不信を招いていたが、彼に対する憎しみが最も強かったのは、彼自身の身内の間においてであった。

一〇九五年、王位についた時に、彼は二人の弟を締め殺させた。いつの日か、権力の座を目ざして彼を争うかもしれないと恐れたからだ。三番目の弟は、リドワーンの奴隷のたくましい手が彼ののどを締めるはずだったその夜、アレッポの城塞を脱出して、辛くも一命をとりとめた。こうして生きのびたのがドゥカークで、以来彼は兄に対してやみくもな憎悪を抱くようになる。脱出後、彼はダマスカスに難を逃れ、同地の駐在部隊によって王にかつがれた。この若者は優柔不断で、人に左右されやすく、怒りっぽい上に病弱でもあって、兄がいまだに自分を殺そうとしているとの考えにつきまとわれていた。

この半気狂いの二人の王にはさまれては、ヤギ・シヤーンは仕事がしにくい。すぐ近くの隣人はリドワーンで、その首都、世界最古の都市の一つであるアレッポはアンティオキアから三日以内のところにある。フランク到来の二年前、ヤギ・シヤーンは娘をリドワーンに嫁がせた。しかし、間もなく婿が彼の領土を渇望していることを知り、彼もまた自分の命が心配になり始めた。ドゥカークと同様に、暗殺教団の存在が彼につきまとう。フランクがアンティオキアに進出してきた時、共通の危険が当然のこと、二人の男を接近させたのだが、ヤギ・シヤーンが助けを求めたのは、まずダマスカスの士の方であった。

しかし、ドゥカークはためらう。フランクがこわいのではないのだと断言はするが、その実、アレッポのそばに軍を率いて行って、側面から攻められる機会を兄に与えたくないのである。ヤギ・シヤーンは味方から決断を引き出すことがどんなにむずかしいかわかっていたから、息子のシャムス・アル゠ダウラ（「国の太陽」の意）を派遣することにした。彼は頭が切れ、血気に富み、熱中型で、捕えた獲物は放さぬ——といった若者で、現地に赴くや、絶えず王宮をのし歩いてドゥカークや顧問たちをじらし、追従したり脅したりする。それでも、ダマスカスのあるじが心ならずも、軍を率いて北上するのを引き受けたのは一〇九七年の十二月、アンティオキアの戦いが始まってから二カ月後のことであった。シャムスは同行する。というのも、一週間の道のりの間に、ドゥカークの気持が変わる恐れが十分にあると思えたからだ。

案の定、若い王は先へ進むにつれ、いら立ち始める。十二月三十一日、ダマスカス軍は、すでに三分の二の行程を進んだ頃、フランクの徴発部隊に出くわした。明らかに数の上で勝り、敵を比較的容易に包囲することができたのに、ドゥカークは攻撃命令を下そうとしなかった。このままではフランク軍を一時的に立往生させても、彼らがすぐ立ち直って包囲を破ることをみすみす許すことになってしまう。日が暮れた時、勝者も敗者もなかったが、ダマスカス軍は敵より多くの死者を出している。これでドゥカークはがっくりして、直ちに、シャムスの必死の懇願も聞き入れず、引き返せとの命令を下した。

食糧危機のフランク

　ドゥカークの退却は、アンティオキアに大きな失望を与えたが、守り手はあきらめない。不思議なことに、一〇九八年初めでは、混乱は寄せ手の陣営に見られた。ヤギ・シヤーンのスパイが多数、敵陣に忍び込んでいて、そこにはルーム人憎しの念から志願した者もいたが、大半は領主に良く思われたいために買って出た町のキリスト教徒であった。彼らはアンティオキアに家族を残していたから、その安全を確保したいのである。彼らが送ってくる情報は町の人びとを勇気づけた。籠城側には、まだ十分な食糧があるのに、フランクは飢餓に苦しんでおり、すでに何百人もの死者が出て、軍馬の大半が殺されている。先にダマスカス軍と出くわした遠征隊は、まさしく、いくばくかの羊、やぎなどを求め、納屋を荒らすのがねらいだった。

　空腹に加え、天災が日増しに侵略者の士気をくじく。雨はやむことなく降り、シリア人がアンティオキアにつけた下品な呼び名「厠町《かわや》」のとおりで、寄せ手の陣地は泥沼につかる。次は地震で、揺れがやまない。土地の者は慣れているが、ノランクはこわい。彼らは寄り集まり、天罰にたたられたと思って空を仰ぐ。そのときの祈りは大きなどよめきとなって、町まで聞こえた。そして、神の怒りを鎮めるため、彼らは陣地から売春婦を追放し、酒場を閉じ、骰子《さいころ》遊びを禁じることにしたという。脱走者の数も多く、隊長たちの間からさえ出している。

こうした知らせは、もちろん、守り手の闘志をかき立て、大胆な突撃が繰り返される。イブン・アル＝アシールが後にいうように、〈ヤギ・シヤーンは驚くべき勇気と英知と精神の強さを示した〉。このアラブの歴史家は、情熱に駆られて書き加える。〈フランク人の大半は消滅した。もし到来の時と同じ数でいたならば、彼らはイスラムの全土を占領したであろう〉。こっけいなほどの誇張とはいえ、アンティオキア守備隊の勇気を称えるにふさわしい敬意がこもっているといえよう。事実、彼らは数カ月の長きにわたり、孤軍奮闘、侵略の重圧に耐えて行く。

なぜなら、援軍の見通しが依然立たないからだ。一〇九八年一月、ヤギ・シヤーンは、ドゥカークの無気力に業をにやし、リドワーンに働きかけざるをえなくなる。再び、骨の折れる役目を引き受けたのはシャムス・アル＝ダウラである。その役目は、アレッポの王に平身低頭して申し開きを行う一方、相手のどんな嫌味にも耐えて耳を傾け、その上で、イスラムと親族の絆にかけて、アンティオキアを救うため、どうか軍を送っていただきたいと懇願することにあった。

シャムスは、義理の兄に当たるリドワーンがこの種の論議にはまったく無関心な男で、ヤギ・シヤーンに手を貸すよりは切りたいと思っていることをよく弁えていた。

しかし、そのような思惑以上に事態は急を告げている。食糧が日増しに底をついてきたフランクは、セルジュークの王の領地を襲い始め、アレッポの近郊さえ荒らしまわったので、リドワーンは初めて、自分の縄張りにのしかかる脅威を感じたのだ。そこで、アンティオキアを救うよりはむしろ自衛のため、彼はフランクと対決する軍の派遣を決意した。してやったりと、シャムスは父に使者を送ってアレッポ軍の攻勢の日取りを伝え、寄せ手をはさみ撃ちにするため、総がかりで打って出るよう求めた。アンティオキアでは、リドワーンの介入はまったく予期せぬことであったから、天からの贈りものにも思われた。これは、すでに百日以上も続いている戦いに一大転機をもたらすであろうか。

アレッポ軍、潰走す

一〇九八年二月九日の昼下がり、城塞に立つ見張りがアレッポ軍の接近を告げる。総勢数千の騎兵隊で、これに対し、フランク軍の方は、飢餓で多数の軍馬が殺されたから、七、八百騎をそろえるのがせいぜいであった。この数日来、警戒態勢に入っている籠城側は、すぐにも戦いを始めたいところだ。しかし、リドワーンの部隊は停止して野営の用意にかかり、戦闘命令は翌日に見送られた。そこで準備が夜通し続けられる。今やどの兵士も、どこで、いつ行動すべきかを頭にたたきこんでいる。ヤギ・シヤーンは部下が約束を守ることを信じて疑わない。

しかし、だれも知らなかったが、戦いは始まる前にすでに敗れていた。リドワーンは、フランク戦士の精鋭ぶりを伝え聞いて恐れをなし、思い切って自軍の数の上での優位を利用することもせず、部隊を展開させる代わりに、ひたすら自衛手段に出る。そこで包囲される危険を避けるため、オロンテス川とアンティオキア湖にはさまれた狭い帯状の地帯に宿営させたのである。

夜が明けて、フランク軍が突撃すると、アレッポ軍は麻痺状態に陥る。土地の狭隘さのため、身動きが全くできないのである。馬は後足立ち、落馬した騎兵は起き上がらぬうちに戦友に踏みつけられる。もちろん、伝統的な戦術を使って、弓騎兵の波状攻撃を敵に仕掛けることなど、もはや問題外だ。リドワーンの兵は白兵戦に追いやられたが、鎧の騎士が相手では歯が立たぬ。文字どおりの虐殺。王とその軍隊は、フランクに追跡され、目も当てられぬ惨状のなかで、逃げることしか考えなかった。

アンティオキアの城下では、戦いは異なった展開を見せた。夜明けの光がさし込むや、城兵は門を開いて打って出、寄せ手をたじろがせる。激戦が繰り広げられ、ヤギ・シヤーンの兵士たちは優位に立つ。正午少し前、フランクの陣地を包囲しにかかった時、アレッポ軍潰走の報が届く。その知らせに心ならずも、領主は部下に城内への撤収命令を下す。引き揚げが完了するかしないかのうちに、リドワーン軍を撃破した騎士たちが、無気味な戦勝記念品をたずさえて戻ってくる。アンティオキアの住民たちは、やがて、どっと沸く嘲笑と耳をつんざく口笛を聞く。と思う間もなく、無惨や、切断されたアレッポ兵たちの生首が、投石機で撃ち込まれて地上に落ちる。死の静寂が町中を覆った。

頼むはモースル。石油の町

ヤギ・シヤーンは何か激励の言葉を周囲の者にふりまこうと思ったがそれもできず、今さらのように、自分の都が万力に締めつけられているのを感ずる。二人の敵対する兄弟がともに潰走した後では、もはや、これらシリアの王たちに期待できるものは何もない。ただ、頼るべき当てはひとつだけ残っている。それはアンティオキアから二週間以上のところにいるという不便さはあるが、モースルの総督、強力な武将のカルブーカであった。

歴史家イブン・アル＝アシールの故郷であるモースルは、ティグリス、ユーフラテスという二本の大河に洗われる肥沃な平野、アラブがジャジーラと呼ぶメソポタミアの首都で、政治、経済、文化上の第一級の中心地である。アラブはこの地でとれる滋味豊かな果物、りんご、なし、ぶどう、ざくろなどを自慢する。一方、世界中の人がモースルから連想するのは、ここから輸出されるきめ細かな布地モスリンであろう。フランクの到来時、人びとは早くも、カルブーカのこの領土でもう一つの資源、すなわち石油の泉を利用していた。そのことについてイブン・ジュバイルは数十年後、驚異の目で描写する。褐色の貴重な液体は他日、地球上のこの一地域に巨大な富をもたらすのであるが、すでに旅行者たちの目に次のように映っている。

ティグリス川に近いアル＝カイヤラ（ビチュメン＝瀝青《れきせい》の地という意）と呼ばれる場所に差しかかる。モースルに通ずる道の右手に、雲の影のように黒い窪地がある。神はビチュメンをもたらす大小さまざまな泉を沸き立たせたもうた。時折そのひとつから、ぐつぐつ煮えたぎっている時のように、一部が噴出する。人びとは貯蔵池をつくって採取する。このような源泉の周りに黒い池が広がり、その表面にはうす黒い泡が浮いて縁の方へ寄せられ、タール状になって行く。この物質は、見かけはねばねば、すべすべ、てかてかという三拍子そろった泥のようで、とても臭い。以前耳にし、その描写がまったく奇妙に思えたこの驚異を、われわれはこうして、この目で観察することができたのである。ここから遠からぬティグリスのほとりに、もうひとつ大きな泉があって、その煙は遠くから望まれる。ビチュメンを採るときはそこに火をつけるそうだ。液状の成分が燃え尽きると、残ったビチュメンを切り出して運ぶ。これはシリアまでの全土、アッカなど沿岸の全地帯に知れ渡っている。アッラーは望むものを創りたもう。神は称えるべきかな！

モースルのアターベク、カルブーカ

モースルの住民は、この褐色の液体が治療に効果があるとして、病気になるとやって来ては身をひたす。石油からつくられたタールはれんがの接着剤として建築に役立つ。また、その防水性ゆえに、公衆浴場の壁の塗料に使われたが、こうすると、磨かれた黒大理石のように見える。しかし、後述することになるが、石油がごく一般に使われたのは軍事面においてである。

さて、この有望な資源とは別に、モースルは、フランク侵入の当初には、重要な戦略的役割を演じている。歴代の総督はシリア情勢に立ち入る権利を手に入れていたから、野心的なカルブーカとしては、これを行使したい。そういう彼にとって、ヤギ・シヤーンからの援助要請は、勢力拡大のための絶好の機会なのである。彼はためらうことなく、大軍を集めると約束した。この日以来、アンティオキアはカルブーカの到着を一日千秋の思いで待つ。

この意外な登場人物は奴隷上がりの身であるが、これはトルコの諸侯にとっては何らさげすむべき身分ではない。セルジュークの君侯は事実、最も忠誠に富み、資質にも恵まれた奴隷を責任ある地位に就けるのがふつうだった。部隊長や総督などが奴隷、すなわち、アラビア語でいうマムルークである例は多く、その権威は公式に解放する手続きをとる必要もないほどであった。フランクの占領が成就する以前に、ムスリムの中東全土はマムルークのスルタンが治めることになる。すでに一〇九八年において、ダマスカス、カイロおよび多くの大都市の実力者は、奴隷か、奴隷の息子たちであった。

カルブーカは、中でも最も強力な一人である。ごま塩ひげのこの独裁的な武人は、トルコ語でアターベク、つまり文字どおりでは「父侯」という肩書きをもっている。セルジューク帝国では、王族は死亡率が高く、それは戦闘、殺人、処刑などが原因なのであるが、しばしば未成年の後継ぎを残す。その利益を守るために後見人が指名され、彼は養父の役を全うするため、ふつう子どもの母親と結婚する。こうしたアターベクは当然のこと、権力の真の保持者になり、それを自分の息子に譲ることが多い。こうなると、正統の王子は後見人の操り人形に、時には人質にすぎなくなる。しかし、外見は細心にとりつくろわれて、軍隊は公式には、権限をアターベクに委嘱した三、四歳の子どもに指揮されるわけである。

アターベクの出陣

一〇九八年四月末、三万近い軍勢がモースルの城門に集結した際見られたのは、まさしく、この奇妙な光景だった。勅令が読み上げられる。それによれば、勇敢なる戦士たちはセルジューク家の子孫何某の命令のもと、フランクに対する聖戦《ジハード》の義務を果たしに出陣するのだが、この幼君は産着《うぶぎ》の中から、アターベクのカルブーカに軍の指揮を委ねたのだという。

歴史家イブン・アル＝アシールは、生涯を通じて、何人ものモースルのアターベクに仕えているが、その彼が書くところによれば、〈フランクはカルブーカの軍隊がアンティオキアに向かっていると聞いて恐怖に襲われた。彼らは大いに弱体化し、食糧も底をついていたからだ〉。これに反し、守備隊の方は希望を取り戻し、再び、ムスリム軍の接近に合わせて出撃する準備にかかる。有能な息子、シャムス・アル＝ダウラの助けを受け、ヤギ・シヤーンはこれまでに劣らぬねばり強さで、小麦の備えを確かめ、要塞を視察し、〈神の御許しを得て〉籠城も間もなく終わると請け合って、部隊を勇気づけた。

しかし、彼が誇示した保証は見せかけにすぎず、数週間来、事態は目に見えて悪化していた。町の封鎖は数倍も厳重になり、糧食の補給はさらに困難となり、それにも増して憂慮すべきは、敵陣に関する情報がほとんど届かなくなったことである。フランクは、自分たちの言動いっさいがヤギ・シヤーンに伝わっていることにどうやら気づき、厳罰で臨むことに決めたのだった。領主のスパイたちは、フランクがある男を殺し、串焼きにしてその肉を食らうところを目撃している。スパイどもよ、つかまったらこのとおりだぞ——とわめきながら。スパイたちはふるえ上がって逃げ出してしまい、このためヤギ・シヤーンは、以後包囲陣について大したことをつかめなくなった。思慮深い武人として、彼は状況が極めて憂慮すべきものになったと判断する。

その彼が安心したのは、カルブーカが、こちらへ向かっていることを知ったからだ。五月の半ばころには、彼は大軍を率いて到着するはずである。アンティオキアでは、全住民あげてこの時を待ちこがれた。日ごとうわさが飛び交うが、それは願望を現実とはき違えた住民たちがまき散らすのだ。ひそひそ話をする。それ！　と城壁へ駆けつける。まだひげの生えぬ兵士に、おふくろのような調子で老女たちが尋ねる。答えはいつも決まっていた。「いや、援軍はまだ見えない。だが、もうじき着きますよ」。

エデッサ、フランクの手に（一〇九八年四月）

ムスリムの大軍がモースルから出陣するさまは、まばゆいばかりの光景だった。太陽の下に無数の槍がきらめき、アッバース朝とセルジューク朝の象徴である黒旗が、白衣の騎兵の海の中央ではためく。歩武は堂々として暑さをものともしない。この調子では、二週間足らずでアンティオキアに着くだろう。しかし、カルブーカには気がかりなことがあった。出発の直前に、憂慮すべき知らせが届いたのである。それによれば、フランクの一部隊がエデッサ――アラブ人の間ではアッルハーと呼ばれる――を征服したという。そこはモースルとアンティオキアを結ぶ街道の北に位置するアルメニア人の大都市だ。そこでアターベクとしては、包囲された町に接近すれば、エデッサのフランク軍に背面をさらすことになると思わざるを得ない。挟み撃ちされる危険はないだろうか。

五月初め、彼は主だった部将を集め、進路の変更を決めたと告げる。まず北へ進み、数日でエデッサ問題を片付けたら、後顧の憂いなくアンティオキアの包囲軍と対決できるだろう。部将のなかにはヤギ・シヤーンのあの悲痛な訴えを忘れたのかと、抗議する者もいた。しかし、カルブーカは彼らを黙らせる。一度決めたら、後には引かぬ男なのだ。部将たちは心ならずも彼に従い、その間にも軍はエデッサに通ずる山道に分け入る。

アルメニア人の町は事実、憂慮すべき状況に陥っていた。逃げ出すことのできたほんのわずかなムスリムが、情報を伝えてくれたのである。それによると、ボードワンというフランクの部将が二月、数百の騎士と二千を超える歩兵を率いてやって来た。アルメニア人の老侯、町のあるじのトロスは、彼に訴えてトルコ部隊の度重なる攻撃にさらされる町の守備隊を強化しようとする。しかし、ボードワンは一介の傭兵となるのを拒み、トロスの正統な後継者に指名せよと迫る。高齢で、子がなかったから、彼は引き受けた。養子縁組の公けの儀式がアルメニアのしきたりどおりに行われる。

トロスは白いだぶだぶの長衣を着込んでいる。ボードワンは、上半身裸で、「父親」の衣服の下にすべり込み、身体を相手の身体にこすりつける。次は「母親」つまりトロスの妻の番で、彼女に対し、ボードワンは今度も、衆人の面白げな環視のもとで、長衣と素肌のあいだにすべり込む。この儀式は子どもの養子縁組のために考えられたのだから、「息子」が毛むくじゃらで大男の騎士と来ては何だか場ちがいだと、列席者はひそひそ話し合ったものである。

こう語られた場面を想像して、ムスリム軍の兵士たちは腹をかかえて笑った。しかし、その話の続きは、彼らを震え上がらせる。儀式の数日後、「父と母」は「息子」の煽動による群衆のリンチを受け、「息子」は二人が殺されて行くのを平然と見守っていた。その後、彼はエデッサの「伯爵」を宣言し、フランクの同僚を軍事と行政上のあらゆる重要な地位に就けた。

鎧師の手引き。アンティオキア陥落す(一〇九八年六月)

恐れていた事態が確認されたので、カルブーカは町の攻囲に取りかかる。しかし、部将たちは再び彼を思いとどまらせようとした――エデッサにいる三千のフランク兵が何万もの兵をそろえたムスリム軍に打ってかかることは断じてない。その反面、町自体を守るにはその数で十分だから、城攻めは何カ月にも長びく危険がある。その間にヤギ・シヤーンは、運命に見捨てられ、侵略者の圧力に屈してしまうかもしれない。しかし、カルブーカは耳を貸そうとしなかった。そして、彼が自分の誤りを認め、強行軍で再びアンティオキアへ向かうのは、エデッサの城下で三週間もの時間をつぶした後であった。

包囲された町では、五月初めの希望は混乱の極に変ずる。街中と同じく宮殿でも、モースルの部隊がどうしてこうも遅れるのかがわからない。ヤギ・シヤーンは失意のどん底にあった。

緊張は、六月二日の日没すこし前、フランクが全軍を結集して北東に向かうと歩哨が伝えた時、最高に達した。部将や兵士が納得できることはただひとつ、すなわち、カルブーカがすぐそばまで来たから、寄せ手は迎え撃とうとしているのだ……。たちまち、家や城塞に口伝えで急報が出る。町は再びほっとした。明日になれば、アターベクが町を解放してくれる。明日になれば、悪夢よさらばだ。その夜は涼しく、しめっぽかった。人びとは明かりをすっかり消して、家の戸口で長談義にふけった。そのあげく、アンティオキアは眠りに落ちる。疲れ切り、しかし、安心して。

朝の四時、町の南側で、一本の綱が石をこするかすかな音が聞こえた。大きな五角形の塔の上から一人の男が身を乗り出し、手で合図を送る。男は夜通し一睡もせず、無精ひげのままだ。その名はフィールーズ。イブン・アル＝アシールによれば、〈塔の防衛を担当していた鎧師〉であった。フィールーズはアルメニア系のムスリムで、長年ヤギ・シヤーンの側近を務めたが、このほど闇取引の罪に問われ、重い罰金刑を課せられた。フィールーズは仕返しをしようとして包囲陣と接触を図り、自分が町の南部にある谷間に面した窓への入り口を管理しているから、そこへ誘導する用意があると告げた。さらに、これが彼らを罠に陥れる策略ではないことを証明するために、息子を人質に提供した。これに応えて、包囲陣の方も彼に金と土地を約束した。計画は成った。決行は六月三日の夜明けである。その前夜、守備隊の目をくらますために、包囲陣は遠ざかるふりをしたのだった。イブン・アル＝アシールは次のようにしるす。

――フランク人とこの呪われた鎧師との間に協定が結ばれると、彼らは小さな窓を目ざして這いのぼり、窓を開け、綱の助けを借りて多数の兵をのぼらせる。こうして五百人以上になると、夜明けどき、ラッパを鳴らし始めたが、そのころ守り手は長夜の警戒で疲れ果てていた。ヤギ・シヤーンは起き上がり、何が起こったのかと尋ねた。答えはこうだった。ラッパの音は城塞から来ている。間違いなく乗っ取られたのだ――。

物音は「二人姉妹」と呼ばれる塔から来ていた。しかしヤギ・シヤーンは確かめようともしなかった。万事休すと思ったからである。恐怖に襲われて彼は城門の一つを開けと命じ、若干の護衛を伴って脱出した。やつれ果て、かつての勇気はどこへやら、何時間も、ひたすら馬を走らせる。二百日間の抵抗のすえ、アンティオキアの領主は倒れる。その弱さを非難しながらも、イブン・アル＝アシールは感動を込めて彼の最期を描写する。

彼は家族を、息子たちを、そしてムスリムを捨てたことを悔んで泣き始め、そして、苦悩の果てに意識を失って落馬した。仲間が鞍へ戻そうとしたが、もう立つことができない。瀕死の状態なのだ。彼らはそのため彼を置き去りにして遠ざかって行く。通りがかったアルメニア人の木こりがこれを彼だと見分け、首を斬ってアンティオキアのフランクに届けた。

都自身は火と血のなかにある。男や女子どもは泥にまみれた路地を伝って逃げようとしたが、騎士たちは容赦なく捕えて、その場でのどをえぐる。最後まで生き残った者たちの恐怖の叫びはしだいに消え、やがて、すでに酔っぱらったフランクの略奪者たらの調子はずれの声が取って代わる。煙が焼け落ちた多くの家々から立ち上る。正午には、喪のヴェールが町を包んだ。

シャムスひとり奮戦するも――

一〇九八年六月三日における流血の狂気のなかで、ただ一人の男が頭を冷静に保っている。それは不撓不屈のシャムス・アル゠ダウラだ。都が侵入を受けるや、ヤギ・シヤーンの息子は一隊の戦士とともに山のとりでに柵を築く。フランクは何度も追い出そうと試みたが、そのつど多大の損害を出して撃退される。長い金髪の大男、フランクの部将のなかでも際立つボエモン自身、この種の攻撃のさなかに傷を負ったほどである。彼はこれに懲りてシャムスに使いを送り、通行の安全と引き換えにとりでを去るよう申し入れる。しかし若武者は、見下した調子で拒否する。アンティオキアは、彼がいつかは後を継ぐと思い続けていた封土なのだ。命ある限り戦おう。糧食にも、鋭い矢にも事欠かぬ。ハビーブン・ナッジャルの山頂に堂々とそびえるこの山城は、何カ月もフランクに戦いを挑むことができよう。城壁をよじ登ることに固執すれば、彼らは何千もの犠牲を払うだろう。

最後の抵抗部隊のこの決断は報いられる。騎士たちはとりでを攻めるのをあきらめ、周囲を非常線で取り巻くことにとどめたからだ。そしてアンティオキアの落城から三日後、シャムスと同志たちは、カルブーカ軍が地平に現れたのを認めて歓喜の叫びを上げる。シャムスとひと握りの不屈の闘士たちにとって、イスラムの騎兵隊の出現は何か白昼夢のようであった。彼らは目をこすり、泣き、祈り、そして抱き合う。「アッラーフ・アクバル（神は偉大なり）！」の叫びが絶え間ないどよめきとなってとりでにまで届く。フランクはアンティオキアの城内に引きこもる。包囲する側が包囲される側になったのだ。

シャムスはうれしかったが、その底には苦味がまじっている。援軍の先鋒隊長らを小部屋に通して、彼は質問の矢を浴びせる。なぜこんなに遅いのか。なぜフランクがアンティオキアを占領して住民を殺すだけの時間を、彼らに与えたのか。すると、驚くなかれ、どの相手も自軍の態度をかばうどころか、カルブーカについて悪口雑言の限りを尽くすのだ。カルブーカ、あのから威張り、あのきざ野郎、あの間抜け、あの腰抜け……。

ダマスカス王の陰謀

これは単に個人的な反感ばかりでなくて陰謀そのものが絡んでおり、その仕掛け人はダマスカスの王ドゥカークにほかならず、この男はモースル軍がシリアに入るや、これに合流していたのである。ムスリム軍なるものは一体化した勢力ではさらさらなく、往々にして利害が相反する諸君主の寄せ集めだ。アターベクの領土的野心はだれ一人知らぬ者がなかったから、ドゥカークとしては、真の敵はカルブーカだぞと同類たちを説得するのに、何の手間もかからなかった。

もし不信心者に対する戦闘で勝者となれば、この男は救世主ぶるだろうから、シリアのどの町も彼の権威から逃れられない。その反対に、カルブーカが負ければ、シリア各都市にのしかかる危険は排除される。この脅威にさらされたら、フランクの脅威など、より小さな悪である。ルーム人が傭兵隊の助けで自分たちの町アンティオキアを回復しようとしても、驚くことは何もない。フランクが自分たちの国をシリアにつくることなど考えられないからだ。イブン・アル゠アシールが指摘しているように、〈アターベクはその思い上がりのため、ムスリムたちに悪感情をすっかり抱かせてしまった。そこで、彼らは戦闘の決定的瞬間に彼を裏切ることに決めたのである〉。

一見堂々としたこのムスリム軍は、実は、足は粘土づくりのため、ひと突きでもろくも崩れそうな巨像でしかなかった。シャムスは、アンティオキアの放棄が決まっていることは水に流し、依然として、万事このようなくだらぬことに打ち勝とうとしている。今はまだそんなことで決着をつける時ではないように彼には見えた。

しかし、このような彼の希望はわずかしかもたない。着いた翌日、カルブーカは彼を呼んで、とりでの指揮権を彼から取り上げると告げる。シャムスはかっとなる。自分は勇者として戦ったではないか。フランクの全騎士に立ち向かったではないか。自分はアンティオキアの領主の後継者ではないか。アターベクは、問答無用という。指揮は余が執る、余に従えばよいのだ――。

ヤギ・シヤーンの息子はいまや、ムスリム軍は圧倒的な規模にもかかわらず、勝利は不可能と確信する。唯一の慰めは、敵陣の状況も大して良くないと知っていることだ。イブン・アル＝アシールによれば、〈アンティオキアの占領後、フランクは何も食べずに十二日をすごした。貴族は自分の乗馬を、貧しい者は死肉や木の葉を食べたほどである〉。フランクはこの数カ月来、飢餓を味わっている。しかし、その時は思うままに近郊へ略奪に出かけ、何がしかの糧食を持ってくればよかった。だが、包囲された現状では、それができない。そこでヤギ・シヤーンの貯蔵を当てにしたのだが、それも底をついている。脱走兵の数は前よりも増えた。

モースル軍、戦わずして敗走

一〇九八年の六月、天は、このいずれ劣らず疲労困憊、士気喪失した両軍のいずれに味方すべきかを決しかねていたようだ。しかしこの時、異常な出来事が起こって決断をうながす。西洋人は奇跡だと触れ回るであろうが、イブン・アル＝アシールの記述には、超自然性を思わせるものは何もない。

フランク軍はボエモンが総指揮官であったが、もう一人、策略にたけた修道僧がいた。彼は、クスヤンというアンティオキアきっての建物の中に救世主《メシア》――彼に平和を――の槍が埋蔵されていると、兵士たちに信じ込ませた。彼は次のように言った。「もしお前たちが槍を見つければ戦いに勝つ。そうでなければ、死は免れない」。あらかじめ、彼はクスヤンの地下に一本の槍を埋めておいた。そして三日間の断食と苦行を命じた。四日目、彼は従者と人夫を伴った兵士たちを中に入れさせる。彼らはくまなく掘り返し、その槍を見つけた。そこで修道僧は叫ぶ。「皆の者、喜べ。勝利は目前にある！」。五日目、彼らは五、六人ずつの小隊で城門から出て行く。これを見しムスリム兵はカルブーカにいう。「門の近くに待ち伏せて、出てくるところを片はしからやっつけよう。小人数だからかんたんだ」。しかし、カルブーカは答える。「いや、全部が出払うのを待て。そうしたら、最後の一兵まで殺せよう」。

アターベクの計算は見かけほど愚かではなかった。このような規律を欠いた部隊と、脱走の機会を今か今かとうかがっている部将たちが味方では、彼は包囲をこれ以上引き延ばせない。もしフランク軍が決戦を望んでいるにせよ、過度の大攻勢をかけて相手をこわがらせてはならぬ。もしそうすれば、敵は恐れをなして、また城内に逃げ返ってしまうだろう。ただし、カルブーカが予期しなかったことは、彼が時間かせぎのために下した決断が、彼の破滅を求める連中によって、たちまち悪用されてしまうことであった。

フランク軍が展開している間に、ムスリム軍の陣営では脱走者が出はじめた。彼らは裏切り者、卑怯者とののしり合う。自軍の掌握がもはや手に余ること、そして、敵の軍勢を過小に見積もっていたらしいことに気づき、カルブーカは相手側に停戦を申し入れた。これは、自軍の目には、彼の威信の失墜の決め手と映り、同時に敵には自信を深めさせることにしかならなかった。

フランク軍は申し入れに回答すらせず突撃を開始したので、彼としては弓騎兵隊の一波を敵に向け投入せざるを得なかった。しかし、早くもドゥカーク以下大半の部将たちは、部隊とともに音もなく遠ざかりつつあった。こうなっては孤立して行く一方なので、アターベクは総退却を命じたが、それは一挙に潰走に変わる。

こうして、強力だったはずのムスリム軍は〈剣の一突き、槍の一刺しもせず、さらには一本の矢も射ることなく〉崩壊した。モースルの歴史家はほとんど誇張していない。〈フランク軍自体、何か罠があるのではないかと恐れていた。なぜなら、このような逃亡を正当化する戦闘など、これまでなかったからだ。そのため、彼らはムスリム軍を追撃しないことにした〉。かくて、カルブーカはさんたんたる敗軍を率いてどうにかモースルに戻った。彼のあらゆる野心は、アンティオキアの城壁の前で永久に消え去った。彼がかつて救済すると誓った町は、今やしっかりと、そして相当の長期にわたり、フランクの手に握られてしまった。

しかし、この屈辱の日の後で、何よりも重大なことは、シリアにはもはや、侵略者を阻止できる勢力は何もないということであった。

3　マアッラの食人種

文豪アブール＝アラーの故郷

　これは野獣どもの放牧場なのか、それともわが家、わが故郷なのか、私にはわからぬ。

　マアッラ出身のさる無名詩人のこの苦悩の叫びは単なる文章のあやではない。悲しいことだが、われわれは彼の言葉を字義どおりに取り、そして、彼とともに尋ねなければならない。――一〇九八年の末、マアッラというシリアの町で、いったいどんなおどろおどろしきことが起こったのであろうか。

　フランクの到来まで、住民は円形の城壁に護られて、平和に暮らしていた。ぶどう畑やオリーヴ、いちじくの果樹園が、彼らにささやかな繁栄をもたらしていた。町の行政一般は、誠実で、大した野心などもたぬ在の名士たちが取り仕切り、名目上の宗主権はアレッポのリドワーンの手にあった。マアッラの誇りは、アラブ世界最大の文豪の一人、アブール＝アラー・アル＝マアッリ（一〇五七年没）の故郷であることだった。自由思想家であることがない。彼の大胆な思想はるこの盲目の詩人は、当時の社会慣習を攻撃してはばかることがない。彼の大胆な思想は次の記述にもうかがえよう。

この世の民は二つの種類に分かれる。
頭脳はあるが信仰のない者と、
信仰はあるが頭脳のない者と。

彼の死の四十年後、外来のさる狂信思想は、このマアッラの息子が、その無信仰においても、伝説的になった厭世主義においても、おそらく正しいといっているようだ。

運命はわれらを、まるでガラス製のように打ち砕いた。
かくてわれらの破片は二度と元に戻らない。

事実、彼の町はやがて瓦礫《がれき》の山と化し、詩人が同胞についてしばしば言及した不信感は、やがてここで、その最も残酷な証明を見ることになる。

一〇九八年前半の数カ月、マアッラの住民はアンティオキアの戦いを心配しながら見守っていた。何しろ戦闘は町の北東、三日行程のところで行われているのである。やがてフランクは、勝利を収めた後、近くの村々を襲撃に来た。マアッラはまだ免れていたが、若干の家族はアレッポ、ホムス、ハマなど、より安全な場所を求めて去って行った。

彼らの不安がやがて証明されるのは、十一月の終わりごろ、何千ものフランクの戦士がやって来て町を囲んだ時だ。一部の住民はまだ何とか逃げ出すことができたが、大半は包囲網にかかってしまう。マアッラには軍隊がなく、民兵組織があるだけだが、これに軍事経験のない町の若者数百人が急ぎ参加した。二週間にわたり、彼らは恐るべき騎士たちに対し勇敢に抵抗し、時には、包囲陣めがけ、城壁の上から蜜蜂のいっぱい入った巣箱を投げつけることまでやった。

フランクは敵のあまりに粘り強い抵抗にあい（と、イブン・アル＝アシールは語る）、城壁の高さに届く木のやぐらを建てた。民兵の一部はこわくなって士気を失くし、町でいちばん高い建物ごとに立てこもって守備を固めた方がよいと思い、これまで保持していた陣地を捨てて城塞を去った。するとこれにならう者が出て、もうひとつの陣地が放棄された。やがて、城塞中に守り手がいなくなった。フランクは梯子を使ってはい上がったので、民兵たちはその姿を城塞の上に認めると、戦う勇気を失ってしまった。

十二月十一日の夜が来る。闇が濃かったので、フランクはまだ思い切って城内に進入しようとする気はない。マアッラの要人たちは、寄せ手の先頭に立つアンティオキアの新しい領主、ボエモンと折衝に入る。フランクの指揮官は住民に対し、もし彼らが戦いをやめ、しかじかの建物から退去するなら命は助けようと約束する。わらにもすがる思いで、家族たちはその言葉を頼りに家々や町の地下室などに集まり、夜通し震えながら待つ。

飢えて人肉を食べたのか

明け方にフランク軍が到着した。たちまち大虐殺である。〈三日間にわたり、彼らは住民を剣にかけて十万人以上を殺し、多数を捕虜にした〉。イブン・アル＝アシールのこの数字には明らかに誇張がある。というのは、陥落以前の人口はたぶん一万以下であったからだ。しかし、ここでいう惨禍とは、犠牲者の数のなかよりは、彼らを待ち受けた想像を絶する運命のなかにある。

〈マアッラで、われらが同志たちはおとなの異教徒を鍋に入れて煮た上に、子どもたちを串焼きにしてむさぼりくらった〉――この告白はフランクの年代記作者であるカーン〔北フランス〕のラウールのもので、マアッラ近郊の住民たちはこの告白を読むすべもなかろうが、見たり聞いたりしたことを一生忘れることはないだろう。なぜなら、このような惨事の思い出は、この地方の詩人たちや口伝えによって広められ、人びとの心のなかに、フランクについての消しがたいイメージを定着させてしまうからだ。事件の三年前、隣接する町シャイザルに生まれた年代記作者のウサーマ・イブン・ムンキズは後日、次のように書く。

フランクに通じている者ならだれでも、彼らをけだものとみなす。勇気と戦う熱意にはすぐれているが、それ以外には何もない。動物が力と攻撃性ですぐれているのと同様である。

義理もへちまもない判定であるが、シリアに到来した際フランクが与えた印象をよく要約している。すなわち、恐怖と軽蔑が入りまじった感情で、当時文化的には非常にすぐれていながらも、闘争心の一切を失っていたアラブ民族からみれば、よくわかろうというものだ。また、トルコ人も西洋人の食人性を決して忘れないだろう。彼らの叙事詩文学全体を通じ、フランクは一貫して、人食い人種として描かれている。

こうしたフランク像は不当なものなのであろうか。西洋から来た侵略者は単に生き残る目的で、犠牲になった町の住民をむさぼり食べたのか。彼らの長たちは翌年法王に宛てた手紙のなかでこのことを断言するだろう。わが軍はマアッラで飢餓に襲われ、サラセン人の死肉を糧食とせざるをえないほどの苦境に陥ったと。しかしこれでは説明不足だ。というのは、マアッラ一帯の住民は、この不幸な冬の間、「飢餓のため」では説明しきれない行動に接しているからだ。たとえば彼らはタルフールと呼ばれるフランクの狂信的な一団を見た。彼らは大声でサラセンの肉を食ってやるぞとわめきながら村々をねり歩き、夕方には火の周りに集まって獲物をむさぼり食べるのである。これがやむにやまれぬ人肉食いであろうか。それとも、狂信性がそうさせるのか。ともに非現実的に見えるだろうが、書かれた事実のなか、また、当時の陰惨な状況自体にも、歴然たる証拠が存在する。この点につき、フランクの年代記作者、エクスのアルベールの次の一文は、彼自身マアッラの戦いに参加しているから、残忍さを伝えて比類がない。〈わが軍は殺したトルコ人やサラセン人ばかりでなく、犬も食べることをはばからなかった〉。

アブール＝アラーの町の試練は、一〇九九年一月十三日、たいまつを手にした何百人ものフランクが路地をねり歩き、家という家に火をつけた時、ようやくにして終わる。城塞はその前に完全に破壊されていた。

フランクになびくシリア。騎士の城

マアッラでのこの出来事は、アラブとフランクの間に、その後何世紀たっても埋めることのできない溝をつくる原因になろうとしている。だが、差し当たり恐怖のために麻痺した住民は、余程のことがない限り、もはや抵抗しない。そして、侵略者たちが、煙が立つ瓦礫の山しか背後に残さず、南に向かって進撃を再開すると、シリアの諸侯は献上品をもった使節を急いで送り、自分たちの善意を保証して、必要になる援助は何でもすると申し入れた。

先頭を切ったのは年代記作者ウサーマの伯父、スルタンのイブン・ムンキズで、彼はシャイザルという小国を治めている。フランクはマアッラを発った翌日、早くもその領土に達した。彼らの長はサンジルといい、後にアラブの年代記にしばしば登場する主要人物の一人である。領主は彼の下に使節を送り、たちまち協定が結ばれた。その内容は、スルタンはフランクに食糧の供給を約束するのみならず、シャイザルの市場に彼らが馬を買いに来ることを認め、そして、彼らがシリアの残りの地域を無事通過できるよう案内役を提供する、というものであった。

地域内ではすでにフランクの進軍を知らぬ者はいなかったが、以後、彼らの行動日程までわかるようになった。彼らは、最終目標がエルサレムで、イエスの墓を奪回するのだと大声で叫んでいるではないか。聖地へ通ずる街道沿いに住む人びとはみな、彼らがもたらす災禍を見越して予防策をとり始める。最も貧しい人びとは近くの森に――そこには、しかし野獣が、ライオン、狼、熊、ハイエナなどがうろついているのだが――身をかくす。十分な備えのある者は内陸部へ移動し、その他、最寄りのとりでに避難する者も出る。

肥沃なブカイヤ平野の農民が選んだのは、右の最後の例であるが、それは一〇九九年一月の最後の週に、フランク部隊が近くに来たと知らされた時である。彼らは家畜、小麦や油など食糧を集めた上で、ヒスヌ・アル＝アクラード（「クルド人の砦《とりで》」の意）にのぼった。近づきがたいその頂上からは、遠く地中海まで、平野が一望のもとに見渡される。この砦はすでに長年使われていなかったが、城塞は堅固だったから、農民たちはここなら大丈夫と期待したのだ。しかし、食糧に窮していたフランクは、やって来て城攻めにかかる。

一月二十八日、彼らはヒスヌ・アル＝アクラードの壁をよじのぼり始めた。これではかなわないと思い、農民たちは一計を案じる。彼らは突然、砦のあちこちの門を開け、一部の家畜を放つ。すると、戦いはそっちのけで、フランク兵全員がわれ勝ちに飛びかかってつかまえようとする。てんやわんやの有様を見て、すっかり意気の上がった守り手は出撃をかけ、サンジルの幕舎に達する。フランクの長は危うく捕虜になるところだった。というのは、分け前欲しさの番兵たちに置き去りにされていたからである。

われらが農民は計略の成功に大いに満足した。しかし、寄せ手が仕返しに戻ってくるであろうことはわきまえている。翌日、サンジルが砦の攻撃を命じた時、彼らは姿を現さなかった。攻める側は、百姓め、今度はどんな策略でくるかといぶかる。ふたをあけてみると、抜群の頭の良さであった。彼らは夜陰に乗じて物音ひとつ立てずに脱け出し、遠くへ姿を消していたのである。

ヒスヌ・アル＝アクラードの敷地に、四十年後、フランクは、彼らの最も要害堅固な砦のひとつを建てることになる。しかし、その名はほとんど変わらない。Akrād（アクラード、「クルド人」の複数名詞）は崩れて Krat（クラト）、次いで Krac（クラク）となり、こうして Krac des Chevaliers（クラク・デ・シュヴァリエ、「騎士たちのクラク」、俗に「騎士の城」）ができ上がる。「クラク・デ・シュヴァリエ」は、その堂々たる輪郭を変えず、二十世紀の今日もなお、ブカイヤの平野を見おろしている。

トリポリ、東アラブの宝石

話を元に戻そう。一〇九九年二月、砦は数日の間フランク軍の総司令部になった。そこには混雑きわまる光景が展開している。近隣のすべての町、時にはいくつかの村からさえも、代表たちが金、衣類、食糧などを積んだラバを引いてやってきたのである。当時、シリアの政治的細分化は徹底していて、どんな小さな町でさえ、独立した小国として振る舞った。したがって各自は、守るにも、侵略者と交渉するにも、頼るべきは自分たちの軍しかないことを弁えている。どんな君主であれ、どんなカーディー〔法官〕や要人であっても、抵抗の気配を少しでも見せれば、自分が属する共同体の全体を危険にさらしかねない。そこで代表たちは愛国心はこの際しばらく置き、つくり笑いを浮かべながら、贈り物や敬意を捧げるのである。〈敵の腕をくじけないなら、まずその腕に接吻し、神にくじいてもらうよう祈れ〉――とは、この地方のことわざである。

こうした忍従の知恵がホムスの領主、ジャナフ・アル＝ダウラの行動を規定して行く。勇武の誉れ高いこの戦士は、ほんの七カ月前までは、アターベクのカルブーカの最も忠実な味方であった。イブン・アル＝アシールは、アンティオキアの攻防の際、〈ジャナフ・アル＝ダウラは一番最後に脱出した人物であった〉と明記している。しかし、今はもはや戦闘とか信仰の情熱の時ではなくなったから、彼はサンジルに対して殊のほか丁重で、通常の贈り物以外に多数の馬まで贈った。それはジャナフ・アル＝ダウラが騎士のかたがたに馬が不足しているのを知ったからでと、ホムスからの使者たちはもみ手しながら相手に説明したものだ。

さて、ヒスヌ・アル＝アクラードのがらんとした大広間に参集した代表たちのなかで、いちばん気前がよかったのはトリポリからの代表団だ。その町のユダヤ系宝石職人の手になるみごとな宝石をひとつずつ取り出した上で、使節たちは、シリア沿岸一帯で最も尊敬されている君主、カーディーの肩書きをもつジャラール・アル＝ムルクの名において、フランクを歓迎した。この人物は、トリポリを東アラブの宝石に仕上げたバヌ・アンマール家に属する。武力だけに頼って領土を手に入れる無数の軍閥とはまったく無関係で、同家は文人の家系であり、初代は法官、つまりカーディーで、都のあるじは代々この肩書きを保持して来た。

フランクが近づいたころ、トリポリとその一帯は、歴代のカーディーの英知のおかげで、近隣がうらやむほどの平和と繁栄の時代を享受していた。住民たちの誇りは大規模の「文化の館」すなわち「ダール・アル＝イルム」で、十万冊を蔵する図書館を含んでおり、これは当時において最も重要な図書館のひとつである。町はゆたかな実りをもたらす種々の果物、オリーヴ、いなごまめ、さとうきびの畑に囲まれ、港では船の往来が活発だった。

アルカの抵抗

トリポリが侵略者と事を構えるようになるのは、まさしくその富裕さのためである。ヒスヌ・アル＝アクラードに届けた親書のなかで、ジャラール・アル＝ムルクはサンジルに対し、同盟関係の交渉のためトリポリに代表団を送るよう促している。許すべからざる過失だった。フランクの使者たちは全くのところ、多くの庭園、大きな家屋敷、港、貴金属製品の市場などに目を奪われ、カーディーの提案に耳を貸すどころではなかった。彼らは早くも、この町を占領すれば略奪できる品のすべてについて考えている。彼らは、隊長の下に戻った時、彼の渇望をかき立てることに努力を惜しまなかったようだ。一方、ジャラール・アル＝ムルクは、無邪気にも、同盟の提案に対するサンジルの回答を待っていたので、二月十四日、フランクがトリポリ公国第二の都市、アルカを包囲したとの報に接して、胆をつぶすほど驚いてしまった。

まんまとやられた……。しかし、落胆した以上に恐怖を感じた。侵略者の行動は彼の都の征服を目ざす第一歩にすぎないと思ったからである。アンティオキアの運命を思うことを、どうして妨げられようか。ジャラール・アル＝ムルクは、見苦しくも死をめざし、つまりは忘却をめざして走り去ったあの不幸なヤギ・シヤーンの立場に、早くもわが身を重ね合わせている気がした。トリポリでは、長期の籠城に備えて、食糧の備蓄が始まる。住民たちは侵略者がこの先どれくらいの間アルカの前で居すわり続けるのであろうかと、胸を締めつけられるような思いで尋ね合う。毎日が予期せぬ執行猶予にも似た日々であった。

二月が過ぎ、三月、四月が過ぎた。そしていつもの年と変わらず、花咲き乱れる果樹園からの香りがトリポリを包んだ。その頃、ほっとする知らせが届いたから、それだけ気持ちよい日和である。フランクはいまだにアルカ攻略に成功していないというのだ。このことに、守り手は寄せ手と同様に驚いている。城塞が堅固なことは事実だが、他のもっと重要な都市の城塞以上のものではない。こうした城塞のいくつかをフランクはすでに奪うことができたのだが――。

アルカの力の源泉、それは住民たちが戦闘の当初から、もし一カ所でも割れ目ができたら最後、マアッラやアンティオキアの兄弟たちがたどった運命の二の舞になると確信したことである。昼も夜も彼らは見張りを緩めず、来る攻撃をすべてはね返し、ほんの一部の侵入の余地すら与えなかった。侵略者たちはついに疲れ果て、仲間内で言い争う声が城内にまで聞こえるようになった。一〇九九年五月十三日、彼らはとうとう幕舎をたたみ、すごすごと立去って行く。三カ月の間、精魂をこめて戦った甲斐あって、抵抗者のねばり強さが功を奏したのだ。アルカは喜びに沸き立つ。

フランクは、再び南に進路を取る。不安げに、ゆっくりとトリポリにさしかかった時、ジャラール・アル＝ムルクは彼らのいら立ちがわかっていたから、取り急ぎ旅路の平安を祈る使者を出し、食糧、金、馬数頭、それに案内人まで提供することを忘れなかった。道案内は、ベイルートに通ずる狭い沿岸道路を行くのに役立つだろう。これらトリポリからの先導に、途中からレバノン山岳地帯のマロン派キリスト教徒が加わる。彼らもまた、ムスリムの諸侯と同じく、西洋の戦士たちへの協力を申し出たのである。

こうして侵略者たちは、もうそれ以上、バヌ・アンマール家の所領のジュバイル（古代名はビュブロス）には攻撃を加えずに、ナフル・アル＝カルブ（犬の川）にたどり着いた。

この川を越えることによって、彼らはエジプトのファーティマ・カリフ朝と戦争状態に入る。

カイロの実力者とビザンツ帝

時はさかのぼって一〇九七年四月、カイロの実力者、体軀堂々たる宰相、アル＝アフダル・シャーヒンシャーは、彼のもとにアレクシオス・コムネノス帝の使者が来て、フランク戦士の大軍がコンスタンティノープルに到着したこと、および彼らが小アジアへの攻撃を開始しようとしていると告げた時、満足の表情を隠しきれなかった。アル＝アフダル（「最良」の意）は三十五歳の元奴隷の身でありながら、今では人口七百万のエジプトのただ一人の統治者だ。彼は皇帝へ礼状を届けるとともに、今後とも友人として、この遠征軍の動向を伝えてほしいと頼んだ。

うわさによると、エジプトのあるじはセルジューク帝国が拡張するにつれ恐怖にとらわれ、フランクに対し、シリアに進軍し、セルジュークのムスリムと自分たちの間に緩衝国を樹立してほしいと頼んだという。神のみぞ真実を知りたもう。

これは、フランクの侵略の起源について、イブン・アル＝アシールが述べた独特の見解であるが、当時のイスラム世界にあった分裂を雄弁に物語っている。すなわち、バグダードのアッバース・カリフ朝に忠誠を誓うスンナ派と、カイロのファーティマ・カリフ朝を認めるシーア派との対立である。この分裂は、七世紀にさかのぼって、預言者の身内から発したもので、ムスリムの間にいつも激しい争いをくり広げている。サラディンのような政治家にとってさえ、シーア派との闘争は、少なくともフランクとの戦争と同じほど重大であったようだ。「異端派」はイスラムを襲うすべての災禍に対し、きまって責めを負わされたから、フランクの侵略が彼らの策謀だとされたのもあながち驚くに当たらない。したがって、ファーティマ朝がフランクを招き寄せたとする説は単なる想像にすぎないとしても、カイロの指導者たちが西洋の戦士たちの到来を喜んだのは事実であった。

ニケーア陥落の時、宰相アル＝アフダルはビザンツ帝に熱烈な祝福を送り、また、侵略者がアンティオキアを奪う三カ月前、エジプトの使節団は贈り物をもってフランクの陣営を訪れているが、それは近い将来の勝利を祈り、併せて同盟を提案するためであった。カイロのあるじ、アル＝アフダルはアルメニア系の軍人だったから、トルコ人には何の共感ももたず、このため、彼の個人的感情はエジプトの利害と一致していた。

十一世紀の半ば以後、セルジュークの進出でファーティマ朝の領土も、ビザンツ帝国と同じく侵蝕された。ルーム〔ビザンツ〕領のアンティオキアと小アジアは彼らの支配を免れたが、その間エジプトは、それまで百年間領有していたダマスカスとエルサレムを奪われている。こうして、カイロとコンスタンティノープルの間には、アル＝アフダルとアレクシオスの両個人の間と同じく、固い友情が生まれた。両者は定期的に相談し合い、情報を交換し、共同の計画を練り上げたりした。

フランクが到着する直前、両者は、セルジューク帝国が内紛のため弱体化していることを確信して満足した。小アジアにおいてもシリアと同様に、多数の対立する小国家が設立されている。トルコ人に対して報復に立ち上がる時が来たのだろうか。小アジアのルーム人にとっても、またエジプト人にとっても失った領土を取り戻す時が来たのではないか。

アル＝アフダルは両同盟国が共同作戦に出ることを夢見る。そこで、彼は皇帝《バシレウス》がフランクの国から大量の援軍を迎えたと知った時、報復の時がすぐそこに来ていると感じた。

フランクを利用できるか

彼がアンティオキアの包囲軍の下へ派遣した使節団は不可侵条約については言及しなかった。宰相にとって、それは自明のことであった。彼がフランクに提案したのは、しかるべき領土分割である。すなわち、北シリアはフランクに、南シリア、つまりパレスティナ、ダマスカス、およびベイルートまでの沿岸都市は彼に、というものだ。彼はこの提案をできるだけ早い時点、フランクがまだアンティオキアの占領に確信をもつ前に持ちかけたかった。そうすれば、彼らはこの提案に飛びついてくるに違いない……。

不思議なことに、彼らの反応はあいまいで、細部、特にエルサレムの将来についての説明や明確化を求めた。彼らはもちろん、エジプト使節団を友好的に遇し、アンティオキア近郊で殺した三百人のトルコ人の首を見せびらかすほどであった。それでいて、何がしかの協定を結ぶことも拒否する。アル＝アフダルは、何が何だかわからなくなる。自分の提案は現実的で、気前さえいいではないか。彼の使節が勘ぐったように、ルーム人もフランクの傭兵隊も、エルサレムの占領を真剣に企てているのではないか。アレクシオスは彼にうそをついているのだろうか。

カイロの実力者が以後どのような政策をとるべきか決めかねている時に、アンティオキア陥落の報が届いた。一〇九八年六月のことである。その三週間足らず後には、カルブーカの屈辱的敗北の報もくる。そこで宰相は直ちに行動することを決める。敵味方を問わず出し抜くためだ。〈七月（とイブン・アル＝カラーニシは伝える）、総統にして軍司令官のアル＝アフダルは大軍を率いてエジプトを発ち、アルトゥクの二人の息子、ソクマンとイルガジが治めるエルサレムを包囲した。彼は町を攻撃し、投石機の砲列を敷いた〉。エルサレムを管理する二人のトルコ人兄弟は、北部地域でカルブーカのみじめな遠征に参加した後、エルサレムにやってきたばかりのところであった。四十日間の籠城の後、エルサレムは降伏した。〈アル＝アフダルは二人の部将を寛大に処し、両人およびその従者たちを自由の身にした〉。

一〇九九年五月の宣戦布告

その後数カ月の間に起こった出来事はカイロのあるじの決断が正しかったように思えた。事実、フランクは既成事実を受け入れ、それ以上の進軍を断念したかのように、すべてが過ぎて行った。そこで、ファーティマ朝の宮廷詩人たちは、パレスティナを「異端」のスンナ派から奪った執政の功績を称えるに十分な言葉が見出せないほどであった。しかし一〇九九年一月、フランクが決然と南へ向けて進軍を再開した時、アル＝アフダルは不安の色を隠せない。

彼は急いで腹心の一人をコンスタンティノープルへ差し向けた。アレクシオスに相談するためであるが、このときアレクシオスは、やがて有名になる返書のなかで、青天のへきれきともいうべき告白をした。すなわち、ビザンツ帝にはもはやフランクの手綱を締めるいかなる力もない。まさか、と思われるかも知れないが、この連中は自分自身のために行動しており、かつての約束に反してアンティオキアの返還を拒否し、自分たちの国をつくろうとしている。彼らはまた、万難を排してエルサレムを占領しようと決めているようだ。法王はキリストの墳墓を奪回すべく彼らに聖戦を訴えたのだから、今や何をもってしても彼らをこの目的からそらすことはできない。——皇帝はこのように書いた上で、自分自身は彼らの行動を是認せず、カイロとの同盟を厳守したい旨を書き添えていた。

しかし、末尾の言明があるにもかかわらず、アル＝アフダルはあたかも死の罠にかかったような気がした。自身キリスト教徒の出身だから、一途な信仰心をもつフランクが武装巡礼をやり遂げようと決めたにしても、一向に不思議ではないと思うのだ。彼はパレスティナ遠征に身を投じてしまったことを今になって後悔した。あの勇気と狂気を合わせ持った騎士たちの行く手にわけもなく立ちはだかることなどせず、フランクとトルコにエルサレムの取り合いをやらせておけばよかったのではあるまいか。

フランクに対抗できる軍隊を召集するには数カ月かかることを知って、彼はアレクシオスに書簡を送り、侵略者の進出の足取りを遅らせるためできる限りのことをしてほしいと懇願した。皇帝はこれに応じ、一〇九九年四月、アルカ包囲中のフランクにパレスティナへの出発を遅らせるよう伝言を送った。自分もいっしょに遠征に参加したいから、との理由をつけて。

一方、カイロのあるじはフランクに対し協定についての新提案を行った。シリアの分割以外に、彼は聖地に対する政策を詳細に説明する。すなわち、信教の自由が厳格に守られること、巡礼者は望む時にいつでも聖都を訪れる権利が与えられること、ただし、当然のことながら、巡礼者は武器をもたずに小さな集団で来ること、などである。これに対し、フランクからの回答は高飛車極まるものであった。「われらは総勢でエルサレムへ行く。戦闘隊形を組み、槍を立てて！」

これは宣戦布告であった。かくて一〇九九年五月十九日、侵略者たちは言葉を行動に移し、ファーティマ朝の領土の北限である「犬の川」を何のためらいもなく越えたのである。

しかし、犬の川――ナフル・アル・カルブは、あってないような国境である。というのも、アル＝アフダルはエルサレムの駐留部隊の強化に専念して、沿岸のエジプト領土はなるがままに任せており、海沿いの都市はほとんど例外なく、侵略者との妥協を急いでいたからだ。

先陣を切ったのは、犬の川から四時間行程のベイルートである。住民は騎士たちのもとに代表を送り、周辺の畑の作物を荒らさないことを条件に、金や食糧、および道案内を提供することを約束した。さらにベイルート人は、もしフランクがエルサレムの征服に成功したら、その権威を認める用意がある旨も伝えた。しかし、サイダ（古代都市ではシドン）は異なった対応をする。守備隊は侵略者に対しくり返し大胆な出撃を行ったため、相手は報復に出て田畑を荒らし、近隣の村々を略奪する。これが抵抗の唯一の例となろう。ティール（現代名はスール）とアッカの港町は防衛しやすいのにベイルートのやり方にならう。

パレスティナでは、フランクの到着以前、すでに大半の町や村から住民は立ち退いている。こうして、フランク軍は何ら抵抗らしい抵抗にも遭わなかったから、一〇九九年六月七日の朝が来ると、エルサレムの住民ははるか彼方、預言者サムエルの寺院が建つ丘の上に彼らの姿が現れるのを見た。その喧騒まで耳に入る。そして午後遅くには、彼らはすでに町の城壁の下に陣を張る。

エルサレムの攻防

エジプト駐留軍の司令官、イフティハール・アル＝ダウラ（「国の誇り」の意）は、ダビデの塔の上から平然と観察している。彼はこの数カ月来、長期の籠城を支えるに必要なあらゆる措置をとっていた。前年の夏、トルコ軍に対するアル＝アフダルの攻撃の際破壊された壁面を修復し、どんな窮乏状態にも陥らないよう大量の食糧を備蓄した。七月下旬以前には救出に来ると約束した宰相が到着するまでの措置である。彼はさらに慎重を期して、ヤギ・シヤーンの例にならい、フランクと協力する恐れのあるキリスト教徒住民を追放していた。最近では、周辺地区の泉や井戸を敵に使わせないように毒物まで入れた。六月の太陽の下、わずかにオリーヴの木が点在する不毛の丘陵地帯では、寄せ手の日々はさぞ楽ではないだろう。

イフティハール将軍にとっては、戦闘は有利に展開するかに見える。彼は、アラブ人の騎兵隊、スーダン人の弓部隊を擁し、彼らは丘を登り谷間に下る厚い城壁のなかに立てこもっているので、持久戦は十分可能と感じた。たしかに、西洋の騎士は勇敢さで知られるが、エルサレムの城壁のもとにおける彼らの行動は、軍事的な経験を積んだ目には何かそぐわないものがある。イフティハールは、彼らは到着するや直ちに移動やぐらその他の攻城用具をつくり、守備隊の出撃に備えて壕を掘るだろうと予想していた。

ところが、こうした作業に取りかかるどころか、彼らが始めたのは、声を限りに祈り歌う司祭たちに率いられて、城壁をひとめぐりする行列を組織することであり、そのあとで、梯子さえ持たず、城塞に猪突猛進するのである。アル＝アフダルは彼に、フランクは宗教的理由で町を奪おうとしているのだと説明したものだが、それにしても、このように盲目的な狂信性は彼を驚かす。彼とても信心深いムスリムであるが、彼がパレスティナで戦うのは、まずエジプトの利益を守るためで、次には、否定する必要もないが、彼自身の軍事的経歴を輝かすためである。

この都が他の諸都市とちがっていることはよくわかる。イフティハールはこの町を、ふつう使われている名のイーリヤーと呼んでいたが、ウラマー、つまりイスラム法の学者たちはアル＝クドス、バイト・アル＝マクディス、あるいはバイト・アル＝ムカッダスなど、要するに「聖域」を意味する別名で呼んだ。彼らはここをメッカ、メディナに次ぐイスラム第三の聖都であるという。なぜなら奇跡の夜、神が預言者を導いて、モーセと、マリアの息子イエスに彼を会わせたのはここであるからだ。以来アル＝クドスは全ムスリムにとって、神のお告げの継続性を象徴するものとなる。そのため多くの敬虔な信者が、町の四角い家々の上におごそかにそびえる燦然たる大ドームのもと、アル＝アクサー寺院に集まってくるのであった。

この町では、天国はどの町角にもあるとはいえ、イフティハールはといえば、足をしっかと大地の上に置いている。町がどうであろうと、軍事技術は双方ともまず互角だと見つもる。フランクの歌う行列は彼をいら立たせたが、別に不安は感じなかった。しかし、包囲が始まって二週間目が終わるころ、敵が巨大な木のやぐらを二基、せっせと組み立てているのを見て、初めて彼は不安を覚え出す。七月上旬、すでに二つのやぐらは完成し、何百人もの戦士を要塞の頂上まで運ぶ用意ができて、その輪郭は威圧するように敵陣の中央にそびえ立つ。

聖都落つ（一〇九九年七月）。惨劇

イフティハールの命令は厳格だった。もし、やぐらのひとつが城壁へ向かって少しでも動きを見せたら、それに矢の雨を注ぐこと。次いで、万が一やぐらが接近したら、ギリシア火を使用すること。これは石油と硫黄の混合物で桶に入れ、火をつけて攻め手に投げかける。すると火はまたたく間に広がって消火が困難になる。この恐るべき武器のおかげで、イフティハールの兵士たちは、七月の第二週目の戦いで、次から次へと襲いかかる敵の攻撃をはね返すことができた。フランク軍は火の手が広がるのを防ぐために、はぎとったばかりの動物の皮を酢にひたして移動やぐらを覆ったが、効果はなかった。このあいだに、アル＝アフダルが間もなくやってくるとのうわさが広まった。敵軍ははさみ打ちになるのを恐れ、攻めに攻めた。

フランクが建てた二基のやぐらのうち（とイブン・アル＝アシールは語る）、一基は南側、すなわちシオンの側、他の一基は北側に据えられていた。軍は南側の一基を、中にいた人間もろとも焼き払うことができた。しかし、やっとのことで破壊したと思う間もなく、伝令が来て救いを求める。町がもうひとつの方から侵入されたからだ。

事実、町は北から占領された。時は、イスラム暦四九二年、シャアバーン月末日の七日前、金曜日の朝であった。

西暦一〇九九年七月十五日のこの恐怖の日、イフティハールはダビデの塔に立てこもっている。これは基礎が鉛で溶接された八角形の砦で、城塞の堅固な拠点を成している。そこであと数日は持ちこたえることができようが、彼は戦いに敗れたことを悟っている。ユダヤ人街は侵入され、道には死体が散乱し、戦いの場はすでに大寺院の周辺に及んでいる。間もなく彼とその部下たちは袋のねずみになるだろう。それでも彼は戦い続ける。ほかにどうすることができようか。午後になると、中心部の戦闘は事実上停止した。ファーティマ朝の白い旗はもはやダビデの塔の頂上にしか翻っていない。

突如として、フランクの攻撃が停止し、使者が近づく。サンジルの名において、もし塔の明け渡しを受け入れるならば、将軍とその部下全員を無事に退去させるとの提案をもって来たのだ。イフティハールはためらう。これまでにも何度か、フランクは約束を破って来たし、サンジルがそんなことをやらないとは、だれも保証できない。しかしながら、彼は六十がらみの白髪の男で、だれもが敬意を表しているようだから、その言葉は信頼に足るものと思われた。

いずれにせよ、サンジルは守備隊と取引する必要があった。木のやぐらは焼かれてしまったし、攻撃すればその都度撃退されたからである。実際、彼の兄弟たち、つまりフランクの隊長たちはすでに町を荒らし、どの家を自分のものにするかをいい争っているときに、彼自身は砦の下で朝から足ぶみしていた。イフティハールは、どちらを選ぶか熟慮したすえ、サンジルが名誉にかけて彼および部下全員の安全を約束するとの条件で、降伏する用意があると声明した。

〈フランクは約束を守り、夜、彼らを次の基地アスカロンの港へ出発させた〉と、イブン・アル゠アシールは詳述するが、その後で次のようにしるす。〈聖都の住民は血祭りにあげられ、フランクは一週間にわたってムスリムを虐殺した。彼らはアル゠アクサー寺院で七万人以上を殺した〉。一方、イブン・アル゠カラーニシは未確認の数字を扱うのを控えて書く。〈多数の男女が殺された。ユダヤ人はシナゴーグに集まったところをフランクに焼き殺された。彼らはまた聖者の記念建造物やアブラハム――彼の上に平和あれ！――の墓を破壊した〉。

ウマルの寛容とフランクの残虐

侵略者が荒らした建造物のなかには、預言者の二代目の後継者《カリフ》を記念して建てられたウマルの寺院《モスク》がある。このカリフ、ウマル・イブン・アル゠ハッターブが六三八年二月、ルーム人の手からエルサレムを取ったのである。後世のアラブ人は、自分たちとフランクの振る舞いの違いを浮き彫りにしようとして、必ずといってよいほど、この事件を引き合いに出す。

その日、ウマルは、有名な白いラクダに乗って入城すると、聖都のギリシア正教会の総主教が彼を迎えるために進み出た。カリフはまず、全住民の生命と財産は尊重される旨を明確に伝えた上で、キリスト教の聖地を訪ねさせてほしいといった。二人がキャーマ、すなわち聖墳墓教会にいるあいだに祈りの時間が来たので、ウマルは、伏して祈るためのじゅうたんをどこに広げればよいかと、主人役にたずねた。総主教は、どうぞその場所でと勧めたが、カリフはこう答えた。もし自分がそうすれば、ムスリムたちは「ウマルがここで祈った」といって、明日もこの場所を占領してしまうだろうと。こういって彼はじゅうたんをかかえて外に出、そこにひざまずいた。

これは先見の明であった。なぜなら、その後、まさにその場所に彼の名にちなんだ寺院が建てられることになるからである。フランクの首領たちは、悲しいかな、このような雅量を持ち合わせなかった。彼らは筆舌に尽くしがたい殺生を重ねて勝利を祝い、その上で、口先では崇めているといいながら、その聖都を荒らしまくったのである。

同宗の信徒といえども容赦されなかった。フランクが最初に手がけた措置のひとつは、東方教会派、すなわち、ギリシア、グルジア、アルメニア、コプト、シリアの各教会派の全司祭を聖墳墓教会から追放したことである。これら教会派は古い伝統に従って、そこでいっしょに祭式を執り行ってきた。そしてどんな征服者もこれまでその伝統を尊重してきたのであった。あまりの狂信性に肝をつぶし、これら東方教会の指導者たちは抵抗することに決める。彼らは、キリストが架けられた真《まこと》の十字架を隠してきた場所を占領者に明かすことを拒んだ。彼ら司祭たちにとっては、聖遺物崇拝は郷土愛的な誇りに通じている。事実、彼らはあのナザレびとと同郷人ではないか。

しかし、侵略者たちはそういうことに動ずるどころか、十字架の守り役の司祭たちを引っ捕え、拷問にかけて口を割らせた。こうして彼らは、聖都のキリスト教徒から、最も貴重な聖遺物を強奪することができたのである。

西洋人たちが、身をひそめたわずかの生き残り組も虐殺し、エルサレムの財宝をことごとく奪っているころ、アル＝アフダルに率いられた軍はゆっくりとシナイ半島を進軍していた。このエジプト軍がパレスティナに着いたのは、あの惨劇から二十日もたった後である。陣頭指揮をとる宰相は、聖都に直進することをためらう。

約三万の軍勢をそろえているものの、城攻めに必要な装備を欠いているし、フランク騎士の士気に恐れをなしているから、自軍の力量不足を感じないわけにいかなかったのだ。そこで彼はアスカロン周辺にしばし軍を留め、エルサレムに使者を送って敵の腹づもりを探ることにした。

占領された都で、使者たちは、長髪で、金色のあごひげを生やした長身の騎士の前に通され、これがエルサレムの新しいあるじ、ゴドフロワ・ド・ブイヨンであると紹介された。彼らはこの男に宰相からの信書を手渡した。そのなかで彼は、フランクが彼の誠意を踏みにじっていることを非難し、もし彼らがパレスティナを去ることを約束するなら、そのための取り決めに応じる用意があると述べている。フランク側は、これに答える代わりに兵を集め、直ちにアスカロン街道を急行した。

彼らは脇目もふらずに行軍したから、斥候が通報さえできないうちにムスリム軍陣地の近くに達する。そこで、早くも最初の交戦で、〈エジプト軍は逃げ出し、アスカロンの港へ向かって敗走した〉と、イブン・アル゠カラーニシはしるす。〈アル゠アフダルもこれに続いた。フランクの剣はムスリムに勝った。殺人は歩兵も、義勇兵も、また町の人びとも容赦しなかった。約一万人が生命を絶たれ、陣地は荒らされた〉。

バグダード、再び一〇九九年八月

ダマスカスのカーディー、アブー・サアド・アル゠ハラウィの率いる難民の一団がバグダードに到着したのは、たぶんエジプト軍の敗走から数日後のことである。彼はフランクがまたもや勝利を収めたことをまだ知らないが、すでに侵略者がエルサレム、アンティオキア、エデッサのあるじであること、クルジュ・アルスランとダニシメンドを破ったこと、およびシリアを北から南へ通過し、彼ら一流の傍若無人なやり方で殺人、略奪を重ねてい

——などということはすでに知っている。そこで、彼の人民と信仰が愚弄され、侮辱されたと感じ、彼はムスリムについに目ざめの時が来るよう、そのことを大声で叫びたい。兄弟たちを揺さぶり、挑発し、憤慨させたいのである。

一〇九九年八月十九日、金曜日、彼は同志を引き連れてバグダードの大寺院へ出かけ、正午、信者たちが町の四方から礼拝に押し寄せた時、ちょうどラマダーン、つまり断食月の最中であるというのに、これ見よがしに食べ始めた。たちまち、怒った群衆が彼を取り巻き、兵隊が逮捕にやってくる。しかしアル＝ハラウィは立ち上がって、取り巻く連中に静かに尋ねる。何千ものムスリムが殺され、イスラムの聖地が破壊されたことにまったく無関心でありながら、あなたがたは断食が破られたことぐらいで、どうしてそんなに真っ青になるのか――。

こうして群衆を沈黙させてから、彼はおもむろにビラード・アル＝シャム、つまりシリアを打ちひしいでいる不幸、とくにエルサレムを襲った不幸の数々を語り聞かせた。〈難民たちは泣き、そして聴く者を泣かせた〉とイブン・アル＝アシールは伝える。

アッバース朝の光と影

通りを抜けると、アル＝ハラウィは王宮内に憤慨を持ちこむ。「信仰の支えが弱いことがわかったぞ！」と彼は信徒の長《おさ》アル＝ムスタズヒル・ビッラーの政庁で叫んだ。二十二歳のこの若いカリフは、色白で丸顔、あごひげは短く、快活で善良そのものの君主であり、怒りが爆発してもすぐに収まり、脅しても行動に出ることは滅多になかった。残忍性が支配者たる者の第一の資質と思えた時代に、この若いアラブ人カリフは人を苦しめたことがないことを自負していた。〈民衆が満足していると知らされた時に彼は本当にうれしそうだった〉と、イブン・アル＝アシールは率直に書いている。アル＝ムスタズヒルは繊細で洗練され、人当たりも良く、加えて趣味は芸術だった。中でも建築には情熱を燃やし、バグダードの東部にある彼の館、つまりハレム一帯をめぐる石垣の建造をみずから監督した。彼はまた、ふんだんにある余暇を利用して愛の詩を作った。中に次のような一節がある。

〈手をのべてきみに別れを告ぐるとき／氷も溶かすわが焔《ほむら》かな〉

さて、イブン・アル＝カラーニシの描写を借りれば、〈暴君的な振る舞いとは最も縁遠いこの男〉は、複雑な崇敬儀礼で常時囲まれていたものの、そして年代記作者たちは敬意を込めて彼の名に言及しているものの、臣下にとって不幸なことに、何ら実権をもたなかった。彼に希望のすべてを託したエルサレムの難民たちは、彼の権威が王宮の壁の外には及んでいないことを忘れていたのだろう。その上彼には、とにもかくにも、政治が退屈だったことも――。

とはいえ、彼の背後には輝かしい歴史がある。彼の祖先に当たる代々のカリフは、預言者の死後二世紀（六三二～八三三年）の間、隆盛時には東はインダス川から西はピレネー山脈まで版図を広げ、一時はフランスのローヌ、ロワールの渓谷にまで進出した大帝国の教権、俗権を兼ねる長であった。アル＝ムスタズヒルが属するアッバース朝はバグダードを千夜一夜物語的な栄華の都につくり上げた。

彼の祖先であるハールーン・アル＝ラシードの治世、すなわち九世紀の初頭には、カリフ帝国はこの世で最も豊かな、最も強力な国家で、その首都は最も進んだ文明の中心であった。そこには正規の医者が千人もおり、無料の大病院、定期的な郵便制度、中国にまで支店をもついくつもの銀行、立派な上下水道、および製紙工場があった。――紙といえば、西洋人は中東にやってくるまで羊皮紙しか使っておらず、やがてシリアで〔中国渡来の〕製紙技術を学ぶのである。

カリフ、衰退の象徴

しかし、一〇九九年の流血の夏、アル＝ハラウィがエルサレムの陥落をアル＝ムスタズヒルの政庁に告げにやって来た時、この黄金時代はすでに遠い過去の話となっていた。ハールーンは八〇九年に没する。四半世紀後には、その後継者たちは実権のすべてを失い、バグダードはなかば破壊され、帝国は分裂した。残るのは、もはや統一と偉大と繁栄の時代の神話だけとなり、いつまでもアラブ人の夢につきまとうことになろう。

アッバース朝はその後たしかに四世紀も君臨するが、二度と統治することはない。カリフたちは家来であるトルコ人、イラン人兵士の手中にある人質にすぎなくなり、この連中は意のままに主君の首をすげ替えることができ、そのための殺人などはお手のものだ。このような運命から逃れるため、大部分のカリフはどんな政治活動もあきらめて行く。ハレムにこもって、彼らは以後詩人や音楽家になり、良いにおいのする美人奴隷を侍らせるなどして、この世の快楽にひたすらふけるのである。

長い間アラブの栄光の権化だった信徒の長《おさ》は、彼らの退廃の生けるしるしになってしまった。エルサレムの難民が奇跡を期待したアル＝ムスタズヒルは、怠惰なこのカリフ族の縮図でさえある。やろうとしても、聖都を救いに駆けつけることなど、とてもできない。手持ちの軍隊としては、数百人の黒人、白人の宦官《かんがん》から成る私的な警備隊しかいないからだ。しかしながら、バグダードに兵隊が不足していたわけではない。何千もいて絶えず通りをぶらついているが、酔っぱらいが多い。彼らにゆすられるのを防ぐため、住民は夜になると、木や鉄の重い柵で全地区への入り口を塞いだものである。

彼らは計画的な略奪行為でスークを破産に追い込んだのであるが、こうした制服の厄病神どもは、もちろんアル＝ムスタズヒルの命に従うはずがない。彼らの長はほとんどアラビア語を話さなかった。というのは、ムスリム＝アジアの全都市の例にならい、バグダードはこの四十年来、セルジューク・トルコの支配下に置かれているからだ。アッバース朝の首都の実力者、若いスルタンのバルキヤルクは、クルジュ・アルスランのいとこで、建前上はこの地域の君主たちの宗主だ。しかし現実には、セルジューク帝国の各州はほとんど独立しており、しかも支配者一族は、跡目相続の争いで夜も日も明けぬ有様なのである。

スルタン兄弟の愚劣な芝居

一〇九九年九月、アル＝ハラウィはバグダードを離れたが、ついにバルキヤルクに会うことができなかった。というのも、スルタンはイラン北部で、実弟のムハンマドと戦っていたからである。しかもこの闘争はムハンマドの優位に展開し、十月になると、弟はバグダードそのものを奪ってしまう。

この愚劣極まる紛争はそれで終わったわけではなかった。それどころか、アラブ人たちのあきれ顔をしり目に、いうならば道化芝居の様相すら帯びる。まったく想像外の話だが、一一〇〇年一月、ムハンマドが大急ぎでバグダードを去ると、バルキヤルクが意気揚々と入城する。ただし長続きせず、春にはまた奪い取られ、一年留守した後の一一〇一年四月、強引に戻って来て弟を粉砕する。そこでバグダードの寺院では金曜日の説教の際、バルキヤルクの名がもう一度唱えられる。しかし九月には状況がまたまた逆転する。バルキヤルクは自分の二人の兄弟の連合軍にたたかれ、完敗を喫したように見える。

だがそれは彼という男をよく知らぬ者の見方で、敗北にもめげず、彼はひょっこりバグダードに戻ってきて、数日間占拠したが、十月にはまたもや排除される。しかし今度も彼の不在は短い。十二月には妥協が成立して都は彼に返されたからだ。

こうしてバグダードは三十カ月の間に八回も所有者を変える。つまり、百日ごとにあるじが入れ代わるということだ。このような間に、西洋の侵略者は征服した領土に足場を固めつつあった。

イブン・アル＝アシールは故意に筆を抑えて述べる。〈スルタン同士は仲が良くなかった。そのためにフランクは国を奪うことができたのである〉。

II 占領（一一〇〇〜一一二八年）

フランクは城をひとつ取るたびに次の城を攻める。その勢力はとどまるところを知らない。シリア全土を占領し、この国からイスラム教徒を追放するまでは。

ファクル・アル＝ムルク・イブン・アンマール
トリポリの領主

4　トリポリの二千日

フランクの三主役、相次いで消える

　度重なるこれほどの敗北と失望と屈辱に打ちひしがれていた一一〇〇年の夏、ダマスカスに三つの予期せぬ知らせが届き、やっと希望の灯がともる。カーディーのアル＝ハラウィを取り巻く、宗教界の過激派の間ばかりでなく、スークにも――。スークでは〈福音書にも出てくる〉「真っすぐの道」のアーケードの下、生糸や、緞子《どんす》ふうのリネン、金銀を象眼した特産の家具などを扱う商人たちが、はい上がったぶどうの木陰にすわり、こちらの店から向こうへと、通行人の頭越しに、陽気に声を掛け合っている。

　七月上旬の最初のうわさは、やがて確認された。それは、老サンジルに関するもので、彼はトリポリ、ホムス、さらに中央シリア一帯に対する野心を隠しもしなかったが、他のフランクの武将たちとの対立の結果、そそくさとコンスタンティノープルへ去ってしまった。うわさでは二度と戻って来ないだろう。

　七月末、二番目のニュースが届いたが、けた外れの特報で、たちまちモスクからモスクへ、路地から路地へ伝えられた。イブン・アル゠カラーニシによれば、〈エルサレムのあるじゴドフロワは、アッカの城攻めの最中、飛んできた矢に当たって死んだ〉というのである。しかし、別のうわさでは、さるパレスティナの名士がこのフランクの首領に毒入りの果物を贈ったからだという。またある者は伝染病による自然死説をとる。これら諸説の中で民衆に受けたのが、ダマスカスの年代記作者の記述、すなわち、ゴドフロワはアッカの守備隊の手にかかって死んだという説である。エルサレムの陥落後一年にして訪れたこのような勝利は、風向きが変わり始めたことを示しているのではあるまいか。

この印象は数日後に確認されたように見える。フランクの中で最も恐れられていたボエモンが捕虜になったというのである。ボエモンを破ったのは、「賢者」ダニシメンドである。このトルコ人の首領は、三年前のニケーアの戦いのころやっていたことを蒸し返し、アルメニアの都市マラティヤを包囲していた。〈この知らせを聞いて（とイブン・アル゠カラーニシはいう）、フランクの王であり、アンティオキアのあるじであるボエモンは兵を集め、ムスリム軍を求めて進撃した〉。

これは向こう見ずな作戦だった。なぜなら、包囲されたその町に達するには、ボエモンはトルコ軍がしっかと守る山岳地帯を一週間も馬で踏破しなければならないからだ。その接近を知って、ダニシメンドは待ち伏せに出る。ボエモンの率いる五百人の騎士隊は、展開もできぬほど狭い山路にさしかかった時、矢の雨を注がれた。〈神はムスリムに勝利を与え、多数のフランクが殺された。ボエモンと何人かの同行者は捕虜にされた〉。彼らは鎖につながれ、アナトリア北部のニクサルへ連れて行かれた。

フランクの侵略の主役であるサンジル、ゴドフロワ、ボエモンの三人が相次いで舞台から消されたことはだれの目にも吉兆と映った。西洋人の一見して無敵の強さに目がくらんでいた者たちは勇気を取り戻す。彼らに決定的な一撃を与える時が来たのではないか。他はどうであれ、一人の男がやってみたいと熱望する。それはドゥカークであった。

復讐誓うダマスカス王

間違ってならないのは、この若きダマスカスの王には別にイスラムを擁護する情熱の持ち合わせがなかったことだ。彼は、自分の地域的野心を実行するために味方を裏切りかねないことを、以前アンティオキアの戦いでたっぷり示したではないか。彼が不信心者に対する聖戦の必要に突然思いついたのは、一一〇〇年の春にすぎない。彼の家来の一人はゴラン高原のベドウィン〔遊牧民〕の長であったが、エルサレムのフランクが農作物を荒らし家畜を略奪するなど、何度も越境してくると陳情したので、ドゥカークは痛い目にあわせてやろうと決心した。五月のある日、ゴドフロワと彼の右腕でボエモンの甥にあたるタンクレードが、とりわけ実入りの多かった略奪を終えて家来たちと帰途に就いたところを、ダマスカス軍が襲った。分捕品が重くて、フランクは応戦することができず、何人かの死体を残したまま、逃げるにしかずの戦法を選んだ。タンクレードは危ういところで助かる。

　仕返しに彼はダマスカスの近郊にまで出かけて報復作戦を行った。果樹園は荒らされ、村々は略奪され、焼かれた。反撃の規模と速さに不意を打たれ、ドゥカークは手出しもできない。ゴラン作戦の失敗を深く胆に銘じ、ドゥカークは彼一流の無節操ぶりを発揮して、タンクレードに、もし手を引いてくれるなら、多額の金品を払うとまでもちかけた。

　もちろん、このような申し出はむしろ、フランク貴族の士気を高めたにすぎない。ダマスカスの王は間違いなく窮地に立っていると見て、タンクレードは彼のもとに六人から成る使節団を送り、キリスト教に改宗するか、ダマスカスを明け渡すかを迫った。それ以外は絶対受けつけない。余りの尊大さに腹を立てたドゥカークは使節を逮捕させ、怒りに声をふるわせながら、反対に彼らにイスラムに帰依せよと厳命した。六人のうちの一人は応じたが、残る五人は直ちに首をはねられた。

　この報に接するや、ゴドフロワはタンクレードに合流し、手持ちの全兵力をあげて、十日間にわたり、ダマスカス周辺に徹底的な破壊作戦を展開した。豊かなグータの平野は、イブン・ジュバイルの表現によれば、〈あたかも月のかさのようにダマスカスを囲んでいる〉とあるが、荒涼たる光景と化してしまった。ドゥカークは身動きもしない。ダマスカスの宮殿にとじこもって、彼は嵐が過ぎるのを待った。

　そこでゴランの家来は彼の宗主権を拒否し、これからは年貢をエルサレムのあるじに収めるという。さらに重大なことに、ダマスカスの住民は自分たちを保護してくれるべきお上《かみ》の無力ぶりについて不平をいい始めた。彼らはトルコ兵をこき下ろす。この兵隊と来たらどいつもこいつも、大手を振ってスークを歩いているくせに、敵が城門に迫ればこそこそと姿を消してしまう——。その長たるドゥカークとしては、もはやひとつのことしか考えない。復讐。それもできるだけ早く。臣下の前で名誉を回復するにはこれしかない。

そのことは三カ月前にはほとんど念頭になかったのだが、このような状況下では、ゴドフロワの死が彼を狂喜させたことは容易に想像されよう。そこへ数日後、ボエモン生け捕りの報が来たから、ここでひとつ男をあげなければ、と勢いづいた。

ボードワンを「犬の川」で待ち伏せ

機会は十月に訪れる。〈ゴドフロワが殺されると（と、イブン・アル＝カラーニシは語る）、その弟でエデッサのあるじ、ボードワン伯は、五百人の騎士と歩兵を率いてエルサレムへ向かった。この報に接し、ドゥカークは部隊を召集し、対決すべく進軍した。彼はベイルートの海岸近くで敵を迎えた〉。ボードワンは明らかにゴドフロワの後釜《あとがま》をねらっている。彼は残忍と無節操で知られた騎士であり、このことはエデッサで「養父母」を殺害したことでもよくわかるが、同時に、勇敢で謀略に富む武人でもあった。彼がエルサレムに留まるようになれば、ダマスカスやムスリムのシリア全土への恒久的な脅威となりかねない。彼をこの緊急時に殺すかまたは捕獲すれば、事実上侵略軍を壊滅させ、中東におけるフランクの存在を引っくり返すことになる。したがって、攻撃の時と場所を適切に選ぶ必要がある。

ボードワンは地中海岸を南下して、ベイルートには十月二十四日ごろ着くはずだ。しかし、その前にナフル・アル＝カルブ〔犬の川〕を渡らなければならない。道は河口近くで狭まり、断崖や険しい山々で囲まれている。待ち伏せには絶好の場所である。ドゥカークがフランクを待ち構えようと決めたのはまさしくここで、彼は部下を洞窟の中や斜面の木の茂みに潜ませた。斥候が敵の進行状況を刻一刻伝える。

ナフル・アル＝カルブ川は、はるかに遠い昔から、征服者の念頭にこびりついて離れぬ危険な場所であった。だからこの通路を突破できた者はそれを誇りとし、岩壁に戦功のいきさつを刻む。ドゥカークの時代にはすでに、こうした「夢の跡」のいくつかを観賞することができた。そこには、古代エジプトのラムセス二世の象形文字やバビロニアのネブカドネザル大王の楔形《くさびがた》文字から、シリア出身のローマ皇帝、セプティミウス・セウェルスが勇敢なガリア軍団にささげたラテン文字の賛辞もある。

しかし、こうした一握りの勝者を別にすれば、何という多くの戦士たちが夢破れ、岩にその跡も残さずに消え去ったことか。ダマスカスの王にとっては、「あの呪われたボードワン」がやがて敗者の一群に加えられることに何ら疑いをもたなかった。ドゥカークがかくも楽観的なのは、十分それなりの理由があった。彼の軍勢はフランク側の六、七倍で、それに何といっても奇襲の効果という利がある。やがて彼は受けた恥をそそぐばかりでなく、シリア諸侯のあいだで抜きん出た地位を回復し、フランクの侵入で引っくり返された権威を再び行使するようになるだろう。

失敗。ボードワン、エルサレム王となる

戦闘の利害に気を配っている男がいるとすれば、それはトリポリの新しい統治者、カーディーのファクル・アル＝ムルクで、彼は一年前に兄のジャラール・アル＝ムルクの後を継いでいた。彼の町はフランクの到来以前、ダマスカスのあるじにねらわれていたから、ボードワンの敗北を恐れる理由に事欠かない。もしそうなれば、ドゥカークはイスラムの擁護者、シリア地方の解放者として振る舞いたがり、彼の宗主権を認め、その気まぐれに耐えなければならなくなるからだ。

こうした事態を避けるためにはファクル・アル＝ムルクは何をいわれようと気にしない。ボードワンがベイルート、次いでエルサレムへ向かう途中、トリポリに近づいたことを知るや、彼にぶどう酒、蜂蜜、パン、肉などとともに、金銀の豪華な贈り物を届けたほか、使者まで送っている。この使者は彼に秘密の会見を求めてドゥカークの待ち伏せ計画を知らせた。そしてダマスカス部隊の配備状況の詳細を提供し、どんな戦術を使えばよいかの

忠告まで惜しみなく与えたのであった。フランクの長はカーディーの貴重かつ予期せざる協力に深謝し、犬の川への道を再びたどった。

そんなこととは露知らぬドゥカークは、弓部隊が待機する海沿いの隘路《あいろ》にフランク軍が差しかかったら、一挙に襲いかかろうとしている。果たして、フランク軍はジュニエ付近に姿を現し、何ら気がついていない様子で進む。あと何歩かで罠にかかるだろう。ところが突然、彼らはなんと停止し、次いでゆっくりと後退し始めた。まだ何も起こっていないが、敵が罠にかからなかったのを見てドゥカークは万事休した。部将たちにせき立てられ、結局彼は弓部隊に一応の射撃を命じはしたが、騎兵隊を突撃させる勇気はなかった。夜になるとムスリム部隊の士気はがた落ちになる。アラブ兵とトルコ兵は互いに卑怯者呼ばわりし、けんかが派手に行われる。翌朝、短い衝突の後で、ダマスカス部隊はレバノン山脈の山奥へ撤退し、フランクは悠然とパレスティナへ向けて行進を続けた。

トリポリのカーディーは熟考の上、ボードワンを救う方を選んだのだった。主な脅威はドゥカークから来ると判断したからである。ドゥカーク自身も二年前、カルブーカに逆らって同じように行動している。どちらにとっても、フランクの存在は、決定的瞬間になると、より少ない災いのように見えた。しかし、その災いは急速に広がろうとしている。犬の川の待ち伏せ作戦失敗の三週間後、ボードワンはみずからエルサレム王を宣し、組織づくりと占領という重複した事業に取りかかった。侵略の獲得物を補強するためである。

約一世紀後にイブン・アル＝アシールは、フランクを東方に駆り立てたものを理解しようとして、行動の主導権をとったのはボードワン王——アラブのいうアル＝バルダウィール——であるとし、彼をある意味で西洋の首長だと考えている。この見方は間違っていない。なぜなら、この騎士が遠征にかかわる多数の責任者の一人にすぎなかったとしても、モースルの史家は、彼が占領の主役であると、正しく指摘しているからだ。修復不可能なアラブ世界の分裂状態を目の前にして、フランク諸国は、その決意、その好戦的資質、そして、その一応の連帯性によって、一気に、真の地域勢力にのし上がって行く。

しかしながらムスリム側は強力な切り札をもっている。それは敵側の数の上での極端な劣勢だ。エルサレムの陥落後、フランクの大半は自分たちの国へ戻ってしまった。ボードワンは王位についた時、手もとに数百人の騎士しかもっていなかった。しかし、一一〇一年の春、新たな、これまでよりさらに多数のフランク軍がコンスタンティノープルに集結したことを知らされた時、この明白な劣勢は消えてなくなる。

フランク、小アジアで三たび壊滅

真っ先に不安になったのはクルジュ・アルスランとダニシメンドであった。この前フランクが小アジアを通過した折のことをまだ覚えているからだ。二人は直ちに軍の統合を決め、新しい侵略の行く手を阻もうと心掛ける。トルコ軍は以来ルームにしっかと押さえられているニケーアやドリュラエウムにはあえて手を出さず、はるかかなた、アナトリア南東部で、新たな待ち伏せを仕掛ける方を選んだ。年を重ね、経験も積んだクルジュ・アルスランは、前回の侵略軍が通った街道沿いの水源に、ことごとく毒を入れた。

一一〇一年五月、サンジルに率いられた十万に近い軍勢がボスポラス海峡を渡った、との報がスルタンに届く。サンジルは一年前からコンスタンティノープルに留まっていたのだ。スルタンは奇襲する時をうかがって彼らの動きを刻一刻追おうとする。最初の宿泊地はニケーアのはずだ。しかし、スルタンのかつての首都の近辺に斥候を放ってみたが、大軍の姿は現れない。マルマラ海方面でも、またコンスタンティノープルにおいてさえも、そのゆくえがわからない。クルジュ・アルスランが彼らの足跡をとらえたのは、やっと六月も末のことで、その時彼らは突然、彼に属する町アンカラの城壁の下に姿を現したのだった。そこはアナトリアの中央部、トルコ人の広大な領土の中にあって、そんなところが攻撃されようとは、彼は夢にも思わなかった。彼が駆けつけた時には、フランクはすでにアンカラを落としていた。

クルジュ・アルスランは、四年前のニケーア陥落の二の舞いかと思う。しかし、今は嘆いている時ではない。なぜなら西洋人は彼の領土の心臓部そのものを脅やかしているからだ。彼は、彼らがアンカラを出て、再び道を南へとるところで待ち伏せようと決意した。ところが、またもやしくじる。侵略者たちはシリアに背を向け、北東のニクサルへ敢然と進軍したのである。そこはダニシメンドがボエモンを抑留している城塞都市だ。そうだったのか！　フランクはアンティオキアのあるじ、ボエモンを救出しようとしていたのだ。

スルタンとその同盟者ダニシメンドは、半信半疑ながらも、フランクの奇妙な進路のとり方がやっと分かり始めた。待ち伏せの場所の選択がそれで可能となり、ある意味では落ち着きをとり戻すことができた。そこはメルジフンという名の村で、フランクは灼熱の太陽の下、八月上旬に到着するだろう。フランクの軍隊はお世辞にも強力とは言いかねた。焼けつくような鎧の重みで腰が曲がり、足どりも重い数百人の騎士、その背後には、正規の兵士よりも多数の女子どもを含む雑多な一群だ。トルコの騎兵隊が第一波の攻撃を仕掛けると、フランクはたちまち退く。それは戦闘というよりは終日続く虐殺であった。夜がくると、サンジルは軍の主力に何も告げず、側近とともに逃亡する。翌日には最後の生き残りがとどめを刺される。捕えられた何千もの若い女たちはやがてアジアのハレムに送り込まれることになる。

メルジフンの虐殺が終わった直後、クルジュ・アルスランのもとに「フランクの新たな遠征隊がすでに小アジアを進軍中」との急報が届く。今回の進路には何ら不思議な点がない。十字架の戦士たちは南の街道を進んだが、数日も経たぬうちに罠にかかったと気づく。八月の末、スルタンが騎馬隊を率いて東北からやってきた時、のどの渇きにさいなまれたフランクはすでに死にかけていた。彼らは何ら抵抗もなく片づけられる。

しかし、これで終わりではない。一週間のあいだを置いて、フランクの第二次遠征隊が、第二次と同じ道をやってくる。騎士、歩兵、女子どもは完全な脱水状態で、ヘラクレアの町の近くにたどり着く。彼らは小川のきらめきが目に入るや、われ勝ちに殺到する。しかし、クルジュ・アルスランが待ち構えたのは、ほかならぬこの流れのほとりであった。

アラブ世界の腰抜けぶり

フランクはこの三重の虐殺から二度と回復することがないだろう。この決定的な何年かのあいだ彼らをかき立てている膨張欲に加え、戦士であるなしを問わず、これほど多数の新来者の供給があったら、彼らは恐らく東アラブ全域を、その立ち直り以前に、植民地化することができたであろう。とはいえ、アラブ世界におけるフランクの最も永続的な、最も人目を引く成果、すなわち「城塞の建設」の起源になるのは、まさにこの人的資源の欠乏なのである。なぜなら、数の不足を補うためにこそ、彼らは、ひと握りの守りで多数の攻め手を阻止できるほど堅固なとりでをつくらざるを得ないのである。

しかし、数のハンディキャップを乗り越えるため、フランクは長期にわたり、とりでよりはるかに強力な兵器をもつようになる。すなわち「アラブ世界の腰抜けぶり」だ。この状況を最もよく表しているのは、イブン・アル＝アシールが、一一〇二年の四月初め、トリポリ前面で行われる奇妙な戦闘についてものした叙述だろう。

サンジルは――神よ、彼を呪われんことを――クルジュ・アルスランに惨敗を喫した後シリアに戻ってきた。残された兵力は三百にすぎない。そこでトリポリの領主、ファクル・アル＝ムルクはドゥカーク王およびホムスの総督に伝言した。「敵勢はかくも少なし。今こそサンジルをなき者とする千載一遇の好機！」。ドゥカークは二千の兵力を派遣し、ホムスの総督はみずから乗り出してきた。トリポリ部隊は城門の前で合流し、全軍でサンジルに戦闘を挑んだ。サンジルは百騎をトリポリ軍に、別の百騎をダマスカス軍に、そして五十騎をホムス軍に当て、残る五十騎を手元に残した。敵を見るやホムス軍は逃げ出し、間もなくダマスカス軍もこれに続いた。トリポリ軍のみが立ち向かったが、これを見るや、サンジルは他の二百騎とともに攻めかけて勝利を収め、七千人を殺した。

三百のフランクが数千のイスラムに勝つとは――しかし、アラブ史家の話は事実に合っているようなのだ。最もありうる説明は、ドゥカークが、ナフル・アル＝カルブの待ち伏せ作戦の時にトリポリの領主がとった態度への代償を支払わせたかったことだ。ファクル・アル＝ムルクの裏切りは、エルサレム王国創設者の排除を妨げてしまった。そして今度はダマスカス王の復讐が第四のフランク国家、すなわちトリポリ伯爵領の創設を許すはめになって行く。

歯がゆいエジプト司令官

この屈辱的な敗北の六週間後、またもやこの地域の指導者たちの怠慢ぶりがはっきりする。彼らは数の上での優勢にもかかわらず、勝者になった時その勝利を利用できないことを暴露するからだ。

事態は一一〇二年五月に起こる。宰相アル＝アフダルの息子、シャラフに率いられた約二万のエジプト軍がパレスティナに到着し、ヤーファ港近くのラムラーでボードワンの部隊に奇襲をかけることに成功した。王だけは葦の茂みに腹ばいに伏せ、辛うじて捕われるのを免れた。騎士の大半は殺されるか、捕虜の身となる。この日、エジプト軍は明らかにエルサレムの奪回ができるところまで来ていた。なぜなら、イブン・アル＝アシールが後にいうように、エルサレムは無防備状態で、フランクの王は逃走しているからだ。

シャラフの部下が彼にいう。「さあ、聖都を取りに行こう！」。またある者がいう。「それよりヤーファを！」。シャラフは決断できなかった。彼がこうしてぐずぐずしているうちに、フランクには海から援軍が来て、シャラフはエジプトの父のもとへ戻らざるを得なかった。

カイロのあるじは勝利まであと一歩だったことを知り、翌年また翌年と攻勢をかける。しかし、その度に予期せぬ出来事が勝利をはばむ。一度はエジプト艦隊が陸軍と仲たがいしたこと。また別の時は遠征隊長が事故死して、部隊に混乱の種をまいたことだ。彼は勇敢だが、イブン・アル゠アシールによると、非常に迷信深い将軍だった。〈彼は落馬して死ぬだろうと予言されていたから、ベイルートの総督に任命されるや、馬がすべるのを恐れて道路から敷石を全部取り除かせた。しかし、それほど用心しても運命には逆らえない〉。戦闘の最中、攻められもしないのに乗馬が後脚で立ち上がり、将軍は自軍の中に落ちて死んだ。

運に見離され、想像力や勇気に欠けたアル゠アフダルの数次にわたる遠征は、さんざんな目にあって終わった。そのあいだに、フランクは悠々とパレスティナの征服を進めて行く。

フランク軍はハイファとヤーファを攻撃した後に一一〇四年五月、アッカを攻撃した。そこは天然の良港で、夏冬問わず接岸できる唯一の場所だ。〈エジプトの総督は助けを得るのが絶望的になると、自分と住民の命を救って欲しいと嘆願した〉と、イブン・アル゠カラーニシは書いている。ボードワンは心配するなと約束した。しかし、ムスリムたちが財産をもって町を出ると、フランクは襲いかかって持ち物を奪い、多数を殺した。アル゠アフダルは、この新たな屈辱は晴らしてみせると誓い、毎年、強力な軍隊を送ってフランクを攻めるが、その都度惨敗を喫する。一一〇二年五月にラムラーで失われた好機はもはや二度と戻ってこない。

釈放されたボエモン、ハッラーンを攻める

北の方でも同様に、ムスリム諸侯の目先の暗さがフランクを滅亡から救っている。一一〇〇年八月にボエモンが捕えられてから七カ月の間、アンティオキアに彼が築いた公国は元首を欠いた状態で、事実上軍隊もなかった。しかし、近隣の君主たち、リドワーン、クルジュ・アルスラン、ダニシメンドのだれも、これに乗じる様子がない。その結果、フランク側にアンティオキアの摂政を選ぶ時間を与えてしまい、ボエモンの甥、タンクレードが選ばれた。彼は一一〇二年三月にその封土を手中に収めるや、その存在を見せつけるため、一年前ダマスカスの周辺でやったように、アレッポの近郊を荒らし回る。

リドワーンは弟のドゥカークにはるかに輪をかけた腰抜けぶりを発揮する。彼はタンクレードに、もし引き揚げてくれるなら何でも望むことに応じようと伝えた。するとこのフランクはこれまでにもないほど高飛車に出て、アレッポの大寺院の光塔《ミナレット》の上に大十字架をかかげよと要求した。リドワーンは言われたとおりにする。この屈辱は、あとで述べるように、後日談を伴うことになる。

一一〇三年の春、ダニシメンドはボエモンの野心を熟知していながら、何ら政治的な代価も要求せずに釈放することに決めた。イブン・アル゠アシールは憤慨して書く。〈ダニシメンドは彼に十万ディナールの身代金と、アンティオキアの元領主、ヤギ・シヤーンの娘を捕われの身から解放することを要求した〉。

ボエモンは釈放されるとアンティオキアに戻り、彼の人民に再び勇気を与えた。そして直ちに近隣の町村の住民からこの身代金の額を取り立てた。ムスリムたちはこのため、ボエモン捕獲という効果を忘れさせられるほどの損害を受けた。

こうして地域住民を犠牲にして「支払い」をすますと、フランクの君主は領地の拡大を図る。一一〇四年の春、アンティオキアとエデッサのフランク人によってハッラーンのとりでに共同作戦が仕掛けられた。この砦はユーフラテス川の沿岸まで続く広大な平野を見下ろす丘の上にあり、事実上イラクとシリア北部の連絡路を支配していた。

町そのものはこれといった特色もなかった。この町を数十年後に訪ねたイブン・ジュバイルは読む者をとりわけがっかりさせる調子で次のように描写している。

ハッラーンでは水は冷たかったためしがない。かまどの中のような極暑が絶え間なく大地を焼く。昼寝をしようにも日陰を見つけることができず、呼吸しようにも息が苦しい。ハッラーンはむき出しの原野に見捨てられているような印象を与える。都市としての若々しさがなく、周辺地区には、優雅な首飾りを施したようなたたずまいはみじんも感じられない。

だが、戦略的価値は無視できない。ハッラーンを支配すれば、フランク軍は将来モースルおよび、バグダードまでも進軍できよう。身近なところで見ても、ハッラーンの陥落はアレッポ王国の孤立化を意味する。もちろん野心にみちた目標ではあったが、侵略者たちは勇気に事欠かぬ。アラブ世界の分裂がこの計画にはずみを与えてくれるからだ。いがみ合うバルキヤルク、ムハンマド兄弟間の血闘がさらに激しく再開すると、バグダードは再びセルジューク朝スルタンの間を行き来する。一方、モースルではアターベクのカルブーカが死んだところで、後継者のトルコ人大守、ジェケルミシュは、まだ全権を握っていない。

ムスリム軍、快勝す

ハッラーンでも状況は混乱している。総督が酒宴の最中に部下に殺され、町は流血のちまたと化していた。〈まさにこの時、フランクはハッラーンに進軍した〉と、イブン・アル＝アシールは説明する。モースルの新領主ジェケルミシュとその隣人で元エルサレム総督のソクマンがこのことを知った時、二人は戦争状態にあった。

ソクマンはジェケルミシュに殺された甥の一人の仇を討とうとして、両者は対決寸前にあった。しかし、この新事態に直面して、二人はハッラーンの状況を救うために両軍を統合しようと誘い合い、ともに神に命を捧げ、全能者の栄光だけを求めようと語り合った。こうして両者は合流して同盟を強化し、フランクをめざして進軍を始めた。ソクマンはトルクメン人から成る七千騎、ジェケルミシュは三千騎を率いて。

両者は一一〇四年五月、ユーフラテスの支流バリーク川のほとりで敵と出会った。ムスリム側は逃げるふりをして、フランクが一時間ばかりその後を追うように仕向けた。そこで、両司令官の合図で回れ右し、追いかけてきたフランク軍を取り囲み、粉砕した。

ボエモンとタンクレードは主力から離れ、ムスリム軍を背後から突こうと丘の背後に隠れた。しかし、自軍が敗れたと見るや、じっとしていようと決めた。夜を待ち、逃げ出したところをムスリム軍が追いかけ、多数の部下を殺すかまたは捕獲した。彼ら自身は六騎とともに辛うじて脱出できた。

ハッラーンの戦闘に参加したフランク軍の首領の中に、エルサレム王のいとこで、エデッサ伯領を譲り受けたボードワン二世がいた。彼も逃走を試みたが、バリーク川の浅瀬を渡っている時、乗馬が泥の中にはまり込んだ。そこでソクマンの兵たちが捕えてあるじの幕舎に連れて行ったが、イブン・アル゠アシールの話では、これが味方の妬みを買う。

ジェケルミシュの兵たちはあるじにいった。「彼らが勝利の獲物をすべてせしめ、われわれが手ぶらでいるのは、何ともおかしいではないか」。そして、何とソクマンの幕舎にボードワンを捜しに行こうと説得した。ソクマンは戻って来てこれを知り、衝撃を受けた。仲間はすでに馬に乗り、戦う用意をしていたのだが、彼は制して語った。「われらムスリムが得た勝利の喜びを内輪のもめごとで無にしてはならぬ。ムスリムを犠牲にして敵に満足を与える――そのようなことで余は怒りを鎮めようとは思わぬ」。こうして彼はフランクから分捕った武器や戦旗を集め、彼らの服を部下に着せ、彼らの馬に乗せ、フランクが守るいくつかの城塞へ向かった。行く先々でフランクは、味方が勝って戻って来たのだと思って迎えに出た。ソクマンは彼らを殺し、城塞を奪う。彼はこの策略を各地で繰り返した。

ハッラーンの勝利の波紋は大きく、それはイブン・アル＝カラーニシの珍しく興奮した文体が証明している。

それはムスリムにとって比類のない勝利であった。フランクの士気は衰え、数は減り、戦闘力も軍備も弱体化した。一方、ムスリムの士気は高まり、信仰を守りぬこうとする熱意も強まった。人びとはこの勝利を祝い合い、フランクが成功から見離されたとの確信を深めた。

一人のフランクが、とりわけこの敗北でまったく自信を失う。それはボエモンであった。彼は数カ月後、船に乗る。アラブの土地で彼を二度と見ることはない。

奇妙な組み合わせの合戦

こうして、ハッラーンの戦いは間違いなく侵略の立役者を舞台から下ろしてしまった。加えて、最も重要なことだが、フランクの東への進出を永久に阻止した。しかし、一一〇二年のエジプト軍のように、勝者は成功の果実を摘みとることができない。戦場から二日行程のエデッサへ共に進む代わりに、彼らはけんか口論のあげく別れてしまうのである。

ソクマンが例の策略で大して重要でない要塞をいくつか奪うことができたとしても、一方ジェケルミシュの方はタンクレードの不意打ちに合い、家来の何人かがつかまってしまったが、その中には熱愛する絶世の美女がいたため、彼はボエモンとタンクレードに使いを送って、エデッサのボードワン二世と彼女を交換するか、さもなくば、金貨一万五千ディナールで買い戻したいと伝えた。叔父と甥はじっくりと相談した後、ボードワン二世には今しばらく捕虜生活を送ってもらうことにし、金貨をもらう方を選んだ。かくしてボードワンはさらに三年を過ごさねばならなくなる。

フランクの首領たちのこの騎士道にもとる回答を、ジェケルミシュがどう受けとめたかは定かでない。いずれにせよ、彼は決めたとおりの額を支払い、王女を取り戻して、ボードワンをかたわらに引きとめる。

しかし、事態はこれで収まったわけではない。対フランク戦争において最も奇妙なエピソードのひとつが、これから起ころうとしている。

舞台は四年後、一一〇八年の十月初め、最後の果実が黒く熟し終わるころのプフム畑で展開する。周囲には木立ちもまばらな丘がえんえんと連なり、その一つにテル・バーシルの城ががっしりと立つ。両軍はその近くで相見《あいまみ》えるのだが、そこにはほとんど常識はずれの光景が展開している。

片方の陣営には、フランクの騎士および歩兵千五百人が、頭と鼻を覆う兜《かぶと》をかぶり、手には剣、大槌、あるいはとぎすました斧をしっかと握って、アンティオキアのタンクレードを取り囲む。そのかたわらには、アレッポのリドワーンが派遣した、六百人の長髪のトルコ騎兵が控えている。

これに対する陣営には、モースルの領守《アミール》ジャワリが、袖に刺繡《ししゅう》を施した長衣の下に鎖帷子《かたびら》を着込み、三個大隊に分かれた二千人の軍を率いる。すなわち左翼はアラブ、右翼はトルコ、そして中央はフランクの騎士隊で、そのなかにはエデッサのボードワンとそのいとこ、テル・バーシルのあるじジョスランがいた。

さきにアンティオキアの大戦闘に参加した人びとは、その十年後に、アターベク、カルブーカの後継者であるモースルの総督がエデッサのフランク人伯爵と同盟関係を結び、アンティオキアのフランク人公爵とアレッポのセルジュークの王から成る連合軍と戦うなどと想像できたであろうか。しかし実際には、さして時間を待つまでもなく、フランクは、ムスリム諸侯が行う殺し合いの、全面的とはいわずとも、とにかく相棒になっていた。年代記作者たちはこのことに何らの驚きも見せていないようだ。イブン・アル＝アシールはややこのことに興じている様子がうかがえるが、ムスリム諸侯間の無数の紛争について主著『完史』のなかで語るのとまったく同じく、調子を変えずに、フランクの争いと同盟関係について言及している。このアラブ史家の説明によれば、タンクレードは、ボードワンがモースルで抑留されているあいだにエデッサを取ってしまったから、同僚が自由の身になることなど、少しも急いでいなかったことになる。それどころか、彼はジェケルミシュが、ボードワンをできるだけ長いあいだ引き留めておくような陰謀もたくらんだ。

敵味方、内紛の花ざかり

しかし、一一〇七年にジェケルミシュが倒されると、ボードワン伯はモースルの新しいあるじ、ジャワリの手に渡る。彼はひと旗組に属するトルコ人だが、驚くべき知将で、この二人のフランクの首領の争いをどう利用すべきかを直ちに読みとった。そこでボードワンを釈放し、礼服を与えて同盟を結ぶ。「貴殿のエデッサの領地は侵略の脅威にさらされている（と彼はかいつまんでいう）。モースルにおける余の地位も確かなものではない。今後、互いに助け合おうではないか」。

バルダウィール（ボードワン）伯爵は釈放されると、アンティオキアの「タンクリー」に会いに行き、エデッサの返還を求めた。これに対し、タンクレードは、三万ディナールと、馬、武器、衣服その他の品を与えたが、町を返すことは拒否した。ボードワンが怒ってアンティオキアを去ると、タンクレードは後を追いかけ、ボードワンが同盟者のジャワリと合流するのを妨げた。両者の間に幾度か衝突はあったが、戦いが終わる度に寄り合っては共に食事をしたり、雑談をした。

フランクの連中は気がおかしいとモースルの史家は言っているようだ。そして続ける。

この問題を解決することができなかったため、彼らにとっては一種のイマームである総大司教が調停に乗り出した。彼は司教と司祭から成る委員会を任命した。委員たちは、タンクレードの叔父であるボエモンが帰国に先立ち、ボードワンが釈放されたらエデッサを返せとタンクレードにすすめていた旨を証言した。アンティオキアのあるじはこの仲裁を受け入れ、伯は所領を回復した。

こうしてボードワンは、自分の勝利がタンクレードの善意によるよりは、ジャワリの介入を恐れたためだと推察し、直ちに、領地内のムスリムの捕虜全員を釈放し、さらに、キリスト教徒の役人の一人が公けにイスラムを中傷したとして、その男を処刑さえした。フランクの伯爵とムスリムの大守との奇妙な同盟に激怒する指導者はタンクレードだけではなかった。アレッポのリドワーン王もその一人で、アンティオキアの領主に書簡をしたため、ジャワリの野心と裏切りに対して警戒をうながした。この大守はアレッポを取ろうとしており、もしこれに成功したならば、フランクはもはやシリアに留まることはできないだろう、と彼はいう。フランクの安全に対するこのセルジューク王の気配りはまったくこっけいだが、王侯たちの間では、宗教や文化の障害を超え、一言半句で有無《うむ》相通ずるものがある。このため新たなイスラム＝フランク連合が、先にできた連合に対決すべく誕生した。一一〇八年の十月、この二つの軍隊がテル・バーシルの城塞の近くで対峙したのは、まさに以上のようないきさつからであった。

フランク、シリアに勢力を確立

アンティオキア＝アレッポ連合軍は素早く優位に立った。〈ジャワリは逃げ、多数のムスリム兵はテル・バーシルに避難したので、ボードワンといとこのジョスランが彼らを親切に迎え入れた。二人は負傷者を看護し、衣服を与え、家に連れて行った〉。アラブの史家がボードワンの騎士道精神に寄せた賛辞は、伯爵に対するエデッサのキリスト教徒住民の意見とは対照的だ。町のアルメニア人たちは、伯爵が負けたと聞いたとき、てっきり死んだものと思い、フランクの支配から解放される時がついに来たと考えた。そのため、ボードワンが戻ったとき、自分の都は一種の自治政府によって治められていた。彼は臣下の独立心を知って不安にかられ、何人かの司祭を含む主だった名士を逮捕させ、目玉をくり抜けと命じた。

彼の同盟者ジャワリも、モースルの名士を同様に扱うところだった。留守を利用して彼らも反乱を起こそうとしたからだ。しかし彼は、敗北で威信が失墜していたため、断念せざるを得なかった。その後の彼の人生はお粗末なものだ。彼は封土、軍隊、財宝のすべてを失い、スルタンのムハンマドにより、首には賞金がかけられた。しかし、ジャワリは参った、とはいわない。彼は商人に変装してイスファハーンの宮殿にたどり着き、突然、スルタンの玉座の前にうやうやしく身をかがめた。手には経帷子をもって。心打たれたムハンマドは彼に特赦を与え、しばらくしてから、イランの一州の総督に任じた。

タンクレードの方は、一一〇八年の勝利で栄光の頂点に達した。アンティオキア公国は、トルコ、アラブ、アルメニア、フランクのいずれを問わず、隣人のすべてから恐れられる地域勢力にのし上がった。リドワーン王はもはや恐れおののく家来にすぎない。ボエモンの甥は皆に自分を「大領主《アミール》」と呼ばせた。

テル・バーシルの戦いは北シリアにおけるフランクの存在を見せつけるためであったが、そのわずか数週間後、今度はダマスカス王国がエルサレムと休戦条約を結ぶ。それによると、二つの首都の間に横たわる農地からの収入は三分される。すなわち〈三分の一をトルコ人に、三分の一をフランク人に、さらに三分の一を農民に〉というわけで、〈これをもとに議定書が起草された〉とイブン・アル＝カラーニシは記している。

数週間後、シリアの首都は新たな条約によって、さらに重要な地域の損失を承認する。それはレバノン山の東側に位置する肥沃なベカー平原で、エルサレム王国との間で分割された。しかし実際は、ダマスカス人が無力化したということだ。作物の収穫はフランク人のなすままとなり、その交易はアッカ港経由に変わって、以後はジェノヴァ商人の天下となる。シリアの南部は北部と同じく、フランクの占領が当たり前の現実になってしまった。しかし、フランクはそこで歩みを止めない。一一〇八年という時点において、彼らはエルサレムの陥落以来最大の領土拡張を行おうとしている。沿岸の主要都市はすべて脅威にさらされたわけだが、地方君主はもはや防衛する力も意志も持ち合せていない。

フランク、トリポリを攻める

最初の目標はトリポリである。一一〇三年になると、サンジルは郊外に腰を据えて、とりでを築く。市民はすぐ、このとりでをサンジルに因んで「カルアト・サンジル」と呼んだが、これは保存状態が良く、二十世紀の今日でも、近代都市トリポリの中心部に見ることができる。しかしながら、フランクが来たころ、町は現在の港湾地区、つまりアル＝ミナーに限られており、その岬の外れにこの有名なとりでがあって、近づく者ににらみを利かせていた。だからどんな隊商もトリポリに出入りするには、サンジルの部下に行く手を遮られるわけである。

カーディーのファクル・アル＝ムルクは、都の息の根を止めようとするこの城塞を、どんな代価を払っても破壊しようと思う。夜な夜な彼の部下は大胆にも出撃して、警備兵を殺し、あるいは建設中の城壁を壊したりしたが、そのなかで、目もさめるような作戦が行われたのは、一一〇四年九月のことであった。

トリポリの全守備隊がカーディーの指揮の下、大挙して出撃したため、多数のフランクが殺され、とりでの一翼が焼かれた。サンジル自身も燃え上がる屋根の上で不意を討たれた。大やけどを負った彼は、苦しみ抜いたあげく、五カ月後に死ぬ。その苦しみの床にあって、彼はファクル・アル＝ムルクに使者の派遣を求め、相談を持ちかける。トリポリ人がとりでの攻撃をやめることと、フランクの首長が旅行者および商品の往来を妨げないと約束することを交換条件とする——というのだ。カーディーは受諾した。

まったくおかしな妥協である。城攻めの目的とは、まさしく人や食糧の往来を阻止することではないのか。それなのに、これでは包囲する側とされる側の間に、ほとんど正常な関係が確立しているような印象を受ける。そのため、トリポリ港は活気を取り戻し、隊商はフランク当局に税金を払って往来するし、トリポリの要人たちは通行許可証をもって敵との境界を通過するというわけである。

だがその実、戦う双方は待っている。フランク側は、キリスト教徒の艦隊がジェノヴァかコンスタンティノープルからやって来て、そのおかげで籠城する町を攻撃したいと思う。一方、トリポリ人は、そのことを知らないわけではないから、彼らもムスリム軍が助けに来るのを待つ。最も効果的な支援はエジプトから来るべきだろう。ファーティマ朝は一大海軍国だから、その介入があれば、十分フランクの気力をくじくことができる。

ところが、トリポリとカイロの実力者のあいだの仲は、これまた極めて悪い。アル＝アフダルの父親はトリポリのカーディーの一族に仕えた奴隷で、主人たちと全然うまく行っていなかったようだ。そこで宰相はその恨みと、ファクルを屈従させる欲望を決して隠さない。ファクルの方も、自分の運命をアフダルの手に委ねるよりは、都をむしろサンジルにくれてやった方がましのようだ。シリアにもまた、カーディーが頼りにできる味方はいない。助けはよそに求めなければならなかった。

頼むはいずこに

一一〇四年の六月、ハッラーンの勝利の報が届いた時、カーディーのファクル・アル＝ムルクは直ちに大守のソクマンに書簡を送り、トリポリからフランクを追い払ってその勝利を仕上げてほしいと伝えた。彼は依頼の裏付けとして大量の金貨を添え、さらに遠征費の全額を負担すると約束した。ハッラーンの勝者は心が動き、強力な軍隊を動員してシリアへ向かう。ところがトリポリへあと四日足らずの地点で、彼は狭心症の発作で絶命し、軍は四散してしまった。カーディーと家来たちの士気は地に落ちる。

しかしながら、一一〇五年には希望の光がさし始めた。スルタンのバルキヤルクが肺結核で死亡し、それを機に、フランク侵略の当初からセルジューク帝国を麻痺させていた兄弟間のだらだら戦争が、やっと終わったのだ。以後、イラク、シリア、西部イランは唯一のあるじしか持たなくなる。このあるじは「この世と宗教の救済者であるスルタン、ムハンマド・イブン・マリクシャー」を名乗る。この、二十四歳のセルジューク王が担う名称をトリポリ人は文字通りに受けとめた。ファクル・アル＝ムルクはスルタンに親書に次ぐ親書を送り、約束に次ぐ約束を受け取る。しかし、援軍はいっこうに現れなかった。

そのあいだに、包囲網は強化されて行く。サンジル亡き後、後継者になったいとこの一人セルダーニュ伯（アラブでの呼び名はアル＝セルダーニ）は、籠城側への締めつけを強める。食糧の陸路搬入は次第にむずかしくなり、物価はうなぎのぼりに上昇した。なつめやし一ポンドが金貨一ディナールで売られたが、これはふつうなら、一家族を数週間養うに足る金額である。

多数の市民はティールやホムス、またはダマスカスへ移ろうとする。空腹のため裏切りが出る。ある日、トリポリの要人たちはアル＝セルダーニを訪ね、彼の好意にすがろうとして、町が今もなお食糧の補給を受けている手段を教えた。そのとき、ファクル・アル＝ムルクは敵将に巨額を積んで、この裏切り者の引き渡しを求める。しかし、伯爵は拒否する。翌朝、これら要人たちが敵陣のなかで殺されているのが見つかった。こうした一幕はあったが、トリポリの状況は悪化し続ける。援軍がひたすら待たれる一方で、フランク艦隊の接近を伝えるうわさが絶えず流れる。万策尽きたファクル・アル＝ムルクは、みずからバグダードへ行くことにした。スルタン・ムハンマドとアル＝ムスタズヒル・ビッラーに直訴するためである。

いとこの一人が、不在中の内政を委ねられ、彼の部隊は六カ月分の給料が前渡しされた。彼自身は五百人の騎兵、歩兵に守られ、さらに大勢の召使いに種々の贈り物をもたせて同行させた。贈り物には彫刻を施した剣、サラブレッド、刺繡入りの礼服、およびトリポリの特産である金工細工をそろえた。こうして彼は一一〇八年の三月下旬、長い行列を引き連れて町を離れた。イブン・アル＝カラーニシははっきりと、〈彼は陸路トリポリを出発した〉と書いている。彼は、これらのできごとを体験した唯一の年代記作者であるが、これではカーディーは、フランクに対する聖戦を訴えに行こうとして、当の相手から通行許可を取りつけた上で境界を越えた、ということになる。当時、包囲する側とされた側とのあいだに奇妙な関係が存在したことを思うと、この見方はあながち排除できないが、カーディーはベイルートまで船で行き、そこから陸路を取った、とする方が可能性が高いようだ。

バグダードに直訴したが

いずれにせよ、ファクル・アル＝ムルクはまずダマスカスに立ち寄る。彼はドゥカークをひどく嫌っていたが、この無能なセルジューク の王は、しばらく前、たぶん毒殺のため世を去り、それ以来、都は後見人のアターベク、トゥグティギンが掌握していた。彼は足が悪く、奴隷の出身だが、フランクとの怪しげな関係により、二十年以上にわたってシリアの政界を支配して行く。野心家で、策に富み、無節操なこのトルコ軍人は、ファクル・アル＝ムルク自身と同様、熟練した現実主義者でもあった。ドゥカークの陰険な態度とは対照的に、彼はトリポリのあるじを温かく迎え、敬意を表して大夕食会を催し、自分の特別の浴室へも案内した。カーディーは手厚いもてなしに感謝しながらも、城外に宿泊する方を好んだ。信頼にも限度が存するものである。

バグダードでの歓待はこれをさらに上回る盛大なものであった。カーディーは強力な君主のような待遇を受ける。ムスリム世界におけるトリポリの威信はそれほど大きかった。彼はスルタン、ムハンマドの差し回しの船でティグリス川を渡る。儀典官は水上のサロンへ案内する。サロンの一番奥には刺繡が施された大きなクッションが置かれ、いつもはスルタンの席になっていた。そこでその脇の賓客用の席に座ろうとすると、要人たちがかけ寄って両腕をとらえる。その時スルタンは、自分のクッションに客人が座るようにと、みずから勧めた。後は宮殿から宮殿へと案内され、各所でスルタン、カリフ、および側近たちから、トリポリの攻囲について質問される。その一方ではバグダード中がフランクに対する聖戦における彼の勇敢さを称えた。

しかし、政治問題に話が移り、ファクル・アル＝ムルクがムハンマドに、トリポリの囲みを解くために軍を派遣してほしいと頼んだ時、〈スルタンは（と、イブン・アル＝カラーニシは皮肉に報告する）有力な部将の何人かに、ファクル・アル＝ムルクとともに彼の町に向かい、彼を助けて包囲軍を撃退せよと命じた。同時にスルタンは派遣軍に一つの使命を言い渡す。それは、途中モースルにしばし立ち寄り、ジャワリの手から同市を奪い返し、それが片づいた上でトリポリに向かうべし、というのであった〉。

ファクル・アル＝ムルクは打ちのめされた。モースルの政情は泥沼状態にあり、これを収めるには何年もかかるだろう。しかも、モースルはバグダードの北にあり、一方トリポリは西の彼方にある。もし軍がそのような回り道をすれば、断じて彼の都を救うのに間に合わないであろう。トリポリは、今日か、明日かの運命です——と彼は食い下がった。しかし、スルタンは何も理解しようとしない。セルジューク帝国の国益は、モースル問題を優先することを求める。ファクル・アル＝ムルクはあらゆる手段を講じた。スルタンの顧問官数名を金貨で買収することまでしたが、水泡に帰した。すなわち、軍はまずモースルへ行くだろう。

四カ月経って、ファクル・アル＝ムルクは帰途につくが、送別の式は何もなかった。彼はもはやトリポリを守ることができないと悟る。まだ知らなかったが、そのとき彼はすでに町を失っていたのである。

不在中のトリポリ陥落（一一〇九年七月）

一一〇八年八月、ダマスカスに到着するや否や、悲しい知らせを聞かされた。彼の余りにも長い不在に意気消沈したトリポリの要人たちは、町をエジプトのあるじに委ねることを決め、相手はこれをフランクの攻撃から守ると約束した。アル＝アフダルは船隊を派遣して食糧と一人の総督を送り込んだ。総督の最初の役目は、ファクル・アル＝ムルクの家族や同志たちを逮捕し、彼の財宝や家具調度、その他彼の所有物すべてを船でエジプトに送り届けることであった。

エジプトの宰相がこうして不幸なカーディーをいためつけているあいだに、フランクはトリポリの総攻撃を準備していた。フランクの首領たちが包囲された城壁の下に次々と到着する。まず、首領中の首領であるエルサレムのボードワン王。続いて、エデッサのボードワンと、アンティオキアのタンクレード。彼らはこのために和解している。それに、サンジルの一族と二人の伯爵。この一族は十数隻のジェノヴァ船を連ねて故郷からやって来たばかりである。二人ともトリポリを渇望していたが、エルサレム王は二人の争いを制した。イブン・サンジル〔アラビア語で「サンジルの息子」の意〕は戦闘の終わりを待って彼の政敵を暗殺することになる。

一一〇九年三月、陸海両面から同時攻撃するための用意が完了したかに見えた。トリポリ市民はこうした準備を恐れおののきながら見守ったが、希望を失ったわけではない。というのも、アル＝アフダルが、彼らにこれまで目にしたより強力な艦隊を差しむけること、そこには一年間持ちこたえるに十分な食糧、兵力、そして武器が積み込まれていることを約束していたからだ。トリポリ人は、このエジプトの艦隊が目に入れば、ジェノヴァ艦隊は逃げてしまうと信じきっていた。またもや、時間との競争である。

〈夏の初めに（と、イブン・アル＝カラーニシはいう）、フランクは、移動やぐらを城壁の方へ押し進め、トリポリの総攻撃を開始した。町の人びとは、どんなに激しい攻撃に対しなければならないかと思うと、戦う勇気を失った。もう落城は避けられないと悟ったのだ。食糧は底をつき、エジプト艦隊の到着は遅れていた。風は、事の成り行きを決めたもう神の御意志のままに逆方向へ吹いていた。一方、フランクは攻めに攻め、力ずくで町を奪った〉。一一〇九年七月十二日のことである。

二千日にわたる抵抗の果てに、金工細工と、図書館と、勇敢な船乗りと、そして博学なカーディーたちの都は西洋の戦士によって略奪、破壊された。「ダール・アル＝イルム」の十万冊の蔵書は荒らされ、「不敬の書」を破棄するために焼き払われた。ダマスカスの年代記作者によると、〈フランクは、市の三分の一をジェノヴァ人に、残る三分の二をサンジルの息子に与えることに決めた。ボードワン王に対しては、彼の望むだけの分を別にとっておいた〉。住民の大半は奴隷に売られ、その他は財産を奪われたすえに追放された。多くはティール港へと向かい、ファクル・アル＝ムルクはダマスカスの近郊でその生涯を閉じることになる。

では、エジプト艦隊はどうしたのか。イブン・アル＝カラーニシはしるす。〈艦隊はトリポリ陥落の八日後、ティールに到着した。住民に下った神罰のため、その時すべては終わっていた〉。

ベイルートもサイダも落つ

フランクは次の目標にベイルートを選んだ。レバノン山脈のふもとにあるこの町は松林に囲まれていた。とりわけマズラト・アル＝アラブとラアス・アル＝ナバフ地区に多く、侵略者は攻城兵器をつくるのに必要な木材をここで集めることになる。ベイルートにはトリポリのような華やかさは何もない。質素な館は、古代ベリュトゥスの大地に、当時なお点在していた大理石造りの遺跡を残すローマ時代の宮殿に比べるすべもない。とはいえ、ベイルートは港のおかげで比較的繁栄を享受していた。その港に面した崖っ縁の道で、聖ゲオルギウスが竜を退治したとの言い伝えも残されている。

ダマスカス人には渇望され、〈エジプト人にはいい加減に管理され〉、ベイルートはそのあげく、一一一〇年二月から、自力でフランクと対決する。五千人の住民は自暴自棄の激しさで戦い、攻め手の移動やぐらを一つ、また一つと破壊して行く。〈後にも先にも、これほどフランクは苦戦したことがない〉と、イブン・アル＝カラーニシは嘆声を発している。フランクはそのことを容赦しないだろう。町が五月十三日に陥落すると、彼らは無差別の殺人にわれを忘れた。今後の見せしめのためである。

この教訓から学ぶべきことは十分あった。〈夏が来ると、ノランクのさる国王が戦士を乗せた六十隻以上の船を率いて到着した（ダマスカスの年代記作者が遠国ノルウェーから来たジーグルトの名を知らなかったことは許されよう）。彼らは巡礼を成しとげ、イスラムの地で戦争をするためにやって来た。彼がエルサレムへ向かったのでボードワンが出迎え、両者は協力してサイダ港〔フェニキアの古都シドン〕に陸と海からの包囲戦を始めた〉。その城壁は歴史の流れのなかで一度ならず破壊され、再建されたが、地中海の波に絶えず打たれる巨大な石垣とともに、今日もなお強烈な印象を与える。

しかし、フランク侵略の当初にあれほどの勇気を示した住民たちは、すでに戦う気力を失っていた。なぜなら、イブン・アル＝カラーニシによれば、〈彼らはベイルートの運命を恐れていた。そのため、彼らのカーディーに要人からなる代表をつけてボードワンのもとに派遣し、助命を乞う。彼はこの願いを聞き入れた〉。一一一〇年十二月四日、サイダは降伏した。今度は大量殺人は行われないが、その代わり、すでに難民でふくれ上がっているティールやダマスカスへの大量脱出が見られる。

十七カ月の間に、トリポリ、ベイルート、サイダというアラブ世界で最も名高い三つの都市が征服され、破壊され、その住民は虐殺されるか、故郷を追われ、領主たち、カーディーたち、法学者たちは殺されるか、追放され、彼らの寺院は汚された。いかなる力をもってすれば、フランクがさらにティール、アレッポ、ダマスカス、カイロ、モースル、あるいはバグダードまでも侵攻することを食い止めることができるだろうか。抵抗する気力がまだあるのだろうか。ムスリム指導者の間には、たぶん残っていないだろう。

しかし、最も脅威を受けた諸都市の住民の間には、この十三年来、西洋の巡礼戦士団が絶えず行った聖戦がその結果を生み始めている。すなわちジハード——アラブ側の聖戦——であって、それはすでに長期にわたり、公けでの演説を飾るために使うスローガンにすぎなかったが、再び姿を見せたのである。ジハードは再び、難民のいくつかの集団、何人かの詩人、聖職者たちに唱えられ始める。

小柄だが、声は大きいアレッポのカーディー、アブドゥー・ファドル・イブン・アル＝ハシャーブはまさしく彼らの一人であって、彼はねばり強さと気骨を用い、アラブ世界という眠れる巨人を目覚めさせようと決意した。彼の最初の大衆活動は、かつてバグダードの都でアル＝ハラウィが引き起こしたあの騒動を、十二年たった今、再現させることにあった。今度は、本物の反乱になるだろう。

5 ターバンを巻いた抵抗

バグダードの暴動

一一一一年二月十七日、金曜日、カーディーのイブン・アル゠ハシャーブは、アレッポの主だった連中とともに、バグダードにあるスルタンのモスクになだれ込んだ。そのなかには預言者の子孫であるハーシム家の名士、スーフィー〔イスラム神秘主義〕の修道者たち、イマーム〔宗教上の指導者〕たち、および商人たちが含まれている。

彼らは（とイブン・アル゠カラーニシはいう）説教壇から導師を引き下ろしてその壇をこわした。そして男を殺し女子どもを奴隷にしているフランクのため、イスラムがこうむっている不幸について大声で叫び、かつ嘆いた。現場の責任者たちは、彼らが信徒の礼拝を妨害するので、彼らを鎮めようとして誓約する。フランクおよびすべての不信心者に対し、イスラムを防衛する軍隊を送ろうというのである。

しかし、このような口約束では暴徒をまるめこむわけにはいかない。次の金曜日、彼らは示威行動を、今度はカリフのモスクで再開する。護衛たちが通り道をふさごうとすると、暴徒は彼らを突き倒し、唐草模様やコーランの章句で飾った木製の説教壇をこわし、信徒の長《おさ》に対する悪口をわめきちらした。バグダードは大騒ぎになる。

まさにこのとき(とダマスカスの年代記作者はまじめくさって詳述する)、スルタン・ムハンマドの妹でカリフの配偶者に当たる妃殿下がイスファハーンからバグダードへ帰還された。もちろん宝石、豪華な衣装、馬具、各種の運搬用動物、男女の奴隷、侍女その他、評価も列挙もできぬ品々をそろえた目も彩《あや》な供回りを従えて。この到着は前述の場面と重なった。おかげで御帰還の安全と歓喜がかき乱された。カリフのアル＝ムスタズヒル・ビッラーは殊のほか御機嫌斜めであった。彼は犯人を追及して厳罰に処することを望んだ。しかし、スルタンはこれを押しとどめて彼らの行動を許し、高官や部将たちに向かい、任地に戻って不信心者すなわち神の敵に対する聖戦《ジハード》の用意をせよと命じた。

このように善良なアル＝ムスタズヒルが怒りにとらわれたとしても、それは単に若い妃が原因の不快感からばかりでなく、首都の通りで耳を聾せんばかりにわめかれた、我慢ならぬスローガンのためである。「ルームの王は、信徒の長よりムスリムだ！」。なぜなら彼は、これがいわれなき非難ではないことを知っているからだ。イブン・アル＝ハシャーブが率いた示威隊は、この言明によって、数週間前、カリフの官房に届いた信書のことをほのめかしている。この信書は皇帝アレクシオス・コムネノスから来たもので、〈フランクと戦い、彼らをわれらの領域から追い払うため〉、ムスリムがルームと団結することを切に求めているのであった。

奇妙な話であるが、コンスタンティノープルの強力なあるじとアレッポの一介の法官が一致してバグダードへ攻勢を仕掛けたのは、彼らがタンクレードなる同一人物に侮辱されたと思っているからである。この男、すなわちアラブがいう「フランクの大領主《アミール》」は事実、ビザンツの使節たちをにべもなく追い返している。それは彼らが、西洋の騎士たちはアンティオキアを皇帝《バシレウス》に返すと約束していたこと、および、その陥落後十三年たってもその約束を守らないこと、この二点を彼に想起させたときのことであった。

一方アレッポの側からみると、タンクレードは最近まったく不名誉な条約を彼らに押しつけた。すなわち、彼に二万ディナールの年貢を払い、アレッポのすぐ近くにある二つの重要なとりでを引き渡し、かつ忠誠のしるしとして最良の馬十頭を差し出せ——というものである。すっかり臆病になったリドワーン王は拒む勇気がなかった。しかし、条約の内容が知れ渡ると、町は大騒ぎになる。

アレッポの市場《スーク》

非常時がやってくると、アレッポ人は、もう習慣になっていることだが、小さな塊をつくって集まり、自分たちをうかがう危険について熱心に議論する。また名士たちは、大寺院のなか、赤いじゅうたんの上にあぐらをかくか、あるいは中庭、町の黄土色の家々を見下ろす光塔《ミナレット》の陰によく集まったものだ。また商人たちは日中は、ローマ人が建てた古代の列柱の大通りで落ち合う。この大通りはアレッポを西から東へ、つまりアンティオキア門から城塞の立ち入り禁止地区へ通じる。そして城塞には陰気な男、リドワーンが住んでいる。

この中央道路では久しく荷車や行列の往来を禁じられている。そこで、通りは何百軒もの屋台店に占領され、織物、琥珀、小間物、なつめやし、ピスタチオ、あるいは薬味などが積み上げられている。通行人を日ざしや雨から守るため、大通りと、それに通ずる路地は木製の天井ですっぽりと覆われ、その天井は四辻では見上げるような化粧漆喰《スタッコ》の丸屋根となる。こうした小道のかど、とりわけたたみ屋、鍛冶屋、たきぎ屋のスークに通ずる辺りでは、アレッポ人は多くの飯屋の前で立ち話を楽しむ。

揚げる油、焼き肉、香辛料などのにおいがみなぎるなかで、こうした飯屋は羊の肉だんご、各種のてんぷら、ゆで豆などの食事を手ごろな値段で提供する。つましい家庭はスークへ行ってこのでき合い料理を買う。家で料理するのは金持ちに限られている。このような飯屋からそう遠くないところから、シャラブ売り独特のかちゃかちゃという音が聞こえる。シャラブ（sharab）とはしぼって冷やしたフルーツ・ジュースのことで、フランクはやがてこのアラビア語を借用して、液体の方をシロップ（仏語は sirop 英語は syrup）、凍った方をシャーベット（仏語は sorbet 英語は sherbet）と名づける。

午後になると、どんな境遇の人びとも、ハンマームと呼ぶ公衆浴場で落ち合う。そこは日没の祈りの前に身体を清める特別の会合の場所である。次いで夜になると、町民は中心部を去り、酔っぱらい兵士たちを避けて各地区に引っ込む。だが、まだそこでは女や男の口伝えでニュースやうわさが飛び交い、いろいろな意見が広まって行く。怒りや熱狂、あるいは失望が、蜂の巣箱のような密集地区を日ごと揺さぶる。そこは三千年以上にわたって、このようにぶんぶんうなっている。

実力者イブン・アル＝ハシャーブ

イブン・アル＝ハシャーブはこれらの地区を通じ、最も人気のある人物だ。彼は富裕な材木商の家の出身で、町の行政上、最も重要な役割を演じている。シーア派のカーディーとして、彼は信仰と道徳の面で大きな権力を握り、自分が属するアレッポ最大の地域社会の個人、財産に関する訴訟のまとめ役だ。その上、彼はライース、いうならば「市長」で、このため彼は同時に商人の筆頭、王に対する住民の利益代表および民兵隊の司令官だった。

しかし、イブン・アル＝ハシャーブの活動は、公務の枠をすでに大きくはみ出している。数多い「自派」の連中に囲まれ、フランクの到来このかた、彼は、侵略に対する断固たる姿勢を求める愛国的、修道的世論を高揚させた。彼はリドワーン王に向かい、王の妥協的、とりわけ卑屈な政策について、自分がどう思っているかをはばからず述べる。タンクレードが大寺院の光塔《ミナレット》に十字架を掛けるよう、このセルジュークの君主に強制した時、カーディーは暴動を組織して、十字架を聖ヘレナ聖堂へ移すことに成功した。以来、リドワーンは気むずかしいカーディーといざこざを起こすことを避ける。自分のハレム、護衛、寺院、水源、および緑の馬場のある城塞に閉じこもり、このトルコ人の王は家来たちに対して「よきに計らえ」の態度をとる。自身の権威が槍玉に上がらぬ限り、彼は世論を大目に見る。

しかし、一一一一年、登城したイブン・アル＝ハシャーブは領民の極度の不満を再びリドワーンに述べる。彼の説明によると、信徒たちは、イスラムの地に腰を据えた不信心者どもに年貢を納めなければならぬことに憤慨し、また商人たちは、あの我慢ならぬアンティオキア公がアレッポから地中海に至る街道全体を管理下に置き、隊商から金品を巻き上げ出して以来、商売の危機を感じている。自力で町を守れない以上、カーディーがこの時提案したのは、シーアやスンナの宗派を超えた名士および商人、聖職者から成る代表団をバグダードへ送り、スルタンのムハンマドに救いを求めることであった。

リドワーンとしては、セルジューク家の自分のいとこが自分の国事に首を突っ込んで来ることなど、まっぴらごめんで、タンクレードと取引した方がずっとよい。しかしこれまで、アッバース家の首都へ送った代表団がみな手ぶらで帰ったところを見れば、この際家来たちの願いを聞き届けてやっても、まず大丈夫ではあるまいか――。

この見通しは誤まった。というのは、予期にまったく反して、バグダードにおける一一一一年二月の示威行動は、イブン・アル＝ハシャーブが求めたとおりの効果を発揮した。スルタンは、サイダの陥落とアレッポ人に押しつけられた条約について知らされたばかりであったから、フランクの野心が気になり始める。そこで彼はイブン・アル＝ハシャーブの懇願に応じ、新任のモースル総督マウドゥードに命じ、直ちに大軍を率いて進撃、アレッポを救助させることにした。イブン・アル＝ハシャーブが戻って来て、リドワーンに使命の成功を伝えると、王は、何事も起こらぬようにと祈っていたくせに、喜んだふりをした。おまけにいとこに向かい、彼に従い急ぎジハードに参加する旨まで伝えた。

しかし七月になって、スルタン軍がほんとうに都に近づきつつあると知らされるや、彼はもう狼狽《ろうばい》ぶりを隠せない。城門のすべてに障害物を築かせたほか、彼はイブン・アル＝ハシャーブと主な同志を捕えて城塞の牢屋にぶち込む。トルコ兵たちは日夜、各地区警戒の任に就かされ、住民と「敵」との接触を防ぐ。以後起こる一連の事件は彼の大変心ぶりを一部分ながら正当化している。王が供給するはずだった糧食が来ないので、スルタンの部隊は仕返しにアレッポ周辺を滅茶滅茶に荒らしたのである。次いでマウドゥードと部将との間でいざこざが起こり、軍はその結果、一戦も交えることなく解体する。

ダマスカス、フランクと結ぶ

マウドゥードは二年後、リドワーンを除く全ムスリム君主をフランクに対して集結させる使命をスルタンに託され、シリアに戻って来た。アレッポには行けないから、彼は当然他の大都市、つまりダマスカスに司令部を置き、エルサレム王国に対する大規模な攻撃計画を練る。迎える主人役のアターベク、トゥグティギンは、スルタンの代表が自分に示してくれる敬意にすっかり感激しているふりをする。が、その実彼もまたリドワーンと同様脅えている。マウドゥードは彼の都を奪おうとしているのではないか。彼にはこの代表の物腰のすべてが将来への脅威のように感じられた。

一一一三年十月二日、とダマスカスの年代記作者は伝えるのだが、マウドゥードは町の八つの入り口のひとつ、「鉄の門」に近い本営を出て、足の悪いアターベクを伴い、いつものようにウマイヤ寺院へ出かけた。

礼拝がすみ、マウドゥード殿がいくつかの勤めをつけ加えてから、彼らは二人そろって退出したが、トゥグティギンの方は敬意を表して先に立つ。二人はあらゆる種類の武器を携えた兵士、護衛、民兵などに囲まれている。細身の片刃の剣、切先の鋭い両刃の剣、半月刀および抜き身の短剣などが深い茂みのような感を与える。その回りに群衆が急いで集まり、彼らの豪華絢爛ぶりをほめそやす。寺院の中庭に達した時、人波を分けて一人の男が進み出てマウドゥード殿に近づき、彼のためにお祈りをするから施しをという。突然、男は彼の外衣の帯をつかむや、短剣で二度、へその上あたりを突き刺す。アターベク、トゥグティギンは何歩か後退し、側近たちに囲まれる。マウドゥード殿はといえば、泰然として、寺院の北口まで歩いたが、そこで倒れた。呼ばれた外科医が傷口の一部を首尾よく縫ったが、数時間後、殿は逝去された。神よ、彼を憐みたまえ！

フランク攻撃の前夜、だれがモースルの総督を殺したか。トゥグティギンはすぐリドワーンとその友人の暗殺教団を非難した。しかし、当時の人びとの多くは、犯人に凶器を渡したのはダマスカスのあるじしかないと考えている。イブン・アル＝アシールによれば、この殺人に衝撃を受けたボードワン王はトゥグティギンに、次のような極めて侮蔑的な信書を送ったという。〈あがめる神の家でその長を殺すような民族は滅びるに値する〉。

一方スルタンのムハンマドは、自分の代理の死の報に接し、怒りにふるえた。この犯罪で自分自身が辱《はずか》しめられたと思い、アレッポもダマスカスも含めた全シリアの指導者を断固服従させようとして、彼はセルジューク家最良の隊長たちが指揮する数万の軍勢を召集し、ムスリムの全諸侯がこれに合流して、フランクに対するジハードの聖なる義務を果たせと、厳然たる口調で命じた。

一一一五年春、スルタンの強力な遠征軍がシリアに着いたとき、まさに驚くべきことが待ち構えていた。エルサレムのボードワンとダマスカスのトゥグティギンが並んで立ち、彼らの部隊のみならず、アンティオキア、アレッポおよびトリポリの部隊に囲まれているのだ。シリアの君主たちは、ムスリムとフランクとを問わず、同様にスルタンの脅威を受けていると感じ、連合しようと決めたのだから、セルジューク軍は何カ月か後に、みじめにも引き揚げざるをえなかった。

ムハンマドは、そこで今後二度とフランク問題にかかずらうまいと誓い、それを守る。

アスカロンの蜂起

ムスリムの君主たちがまたもや極め付きの無責任ぶりの証拠を見せているあいだに、アラブの二つの都市が、数カ月の間隔を置いて、外国人の占領に対してまだ抵抗できることを示そうとしている。一一一〇年十二月のサイダの陥落後、フランクはシナイ半島から「アルメニア人の息子の国」のアンティオキア北部まで、サーヒル、つまり沿岸地域すべえるものであるじになったが、アスカロンとティールという二つの海沿いの飛び地だけが例外を示していた。ボードワンは相次ぐ勝利に励まされ、これらの運命にすぐ片をつけようと考える。

アスカロン地方は赤味がかった玉ネギの栽培で知られており、とくにアスカロン・ネギの名をもつが、のちフランクはこの名を崩して「エシャロット」と呼び、今日に至る。ただし、その重要性は特に軍事面にあり、エジプト軍がエルサレム王国に対する攻撃を計画する都度、その集結地点になっていた。

一一一一年になると、ボードワンは軍を率い、町の城壁の下で示威に出る。ファーティマ朝のアスカロン総督シャムス・アル＝ハリーファ（「カリフの太陽」の意）は、イブン・アル＝カラーニシの証言によれば〈軍事より商売に熱心な男〉で、西洋人の武力の誇示にたちまち恐れをなす。彼は抵抗の素振りさえ見せず、七千ディナールの年貢を納めることを受け入れる。町のパレスティナ人住民はこの予期せざる降伏に屈辱を感じ、カイロへ使節を送って総督の解任を求める。シャムス・アル＝ハリーファはこのことを知り、宰相アル＝アフダルが臆病を理由に自分を罰するのを恐れ、その事態を避けようとしてエジプト人の官吏を追放し、大胆にもフランクの保護下に入る。ボードワンは三百名を派遣してアスカロンの城塞を掌握させる。

憤慨した住民たちは失望しない。秘密の会合があちこちの寺院で持たれ、一一一一年七月のその日まで計画が練られる——その日、シャムス・アル＝ハリーファが馬で屋敷を出ようとしたとき、一団の反徒が彼を襲い、短剣の一撃を加える。反乱の合図だ。武装した町民は、合流した総督警備のベルベル兵とともに、城攻めにかかる。フランク兵たちは塔のなかや城壁沿いに追いつめられ、ボードワンの三百名は一人として脱出ができない。以後四十年以上も、町はフランク支配の手を逃れる。

ティールの抵抗

ボードワンは、アスカロンの抵抗が彼に加えた屈辱に報復するため、ティールに矛先を向ける。かつてこのフェニキアの古代都市の王子カドモスは、故郷を去って音標文字《アルファベット》を地中海沿岸に広めたし、またその実妹エウロペ（ヨーロッパ）は、やがて自分の名をフランクの大陸に与えることになる。そのティールの堂々たる城壁は今なお栄光の歴史を思い出させる。

町は三方を海に囲まれ、アレクサンドロス大王が建造した狭い中道《なかみち》だけで堅い大地と結ばれている。難攻不落の名声のもと、町は一一一一年、最近占領された地域からの多数の難民を収容していた。彼らは防衛の主役になる。そのことはイブン・アル＝カラーニシが報ずるとおりで、その話すところは、明らかに、第一級の情報に基づいている。

フランクは移動やぐらを建て、そこに恐るべき能力をもつ破壊槌《つち》を固定した。城壁は揺さぶられ、石の一部が砕けて飛び散り、籠城側は進退きわまった。そのとき、冶《や》金《きん》に詳しい上に戦争体験もあるトリポリ出身の船乗りが、鉄のいかりを考案し、守り手が綱を操って破壊槌の頭部と側面に引っかけられるようにつくった。これらのいかりが強く引っぱったので、木のやぐらは平衡を崩し、何度かやられると、フランクはやぐらが倒れるのを避けるため、自身がつくった破壊槌をこわさざるを得なかった。

攻撃を再開した寄せ手は移動やぐらを城壁ととりでの近くへ押して行くことに成功し、長さ六〇腕尺《クーデ》〔一クーデは約五〇センチ〕の新しい破壊槌で再び連打し始めた。その頭部は重さ二〇リーヴル〔一リーヴルは約五〇〇グラム〕以上もある一個の鋳物でできている。しかし、トリポリの船乗りはへこたれない。

上手に据えつけられたいくつかの梁《はり》のおかげで（とダマスカスの年代記作者は続ける）、彼は汚物でいっぱいの大壺を引っぱり上げ、フランクめがけてぶちまけた。彼らは身体にたちこめる臭気に息もつまり、二度と破壊槌を操作することができなかった。そこで船乗りはぶどう摘み用のかごや大かごを取り出して油、タール、たきぎ、松やに、芦の皮などで満たし、火をつけてからフランクのやぐらの上に投げかける。

と、その頂上で火事が起こり、次いでフランクが酢や水で消しにかかると、くだんのトリポリ人は煮え立った油でいっぱいのかごを急いで放り投げ、火勢をあおる、火はやぐらの上部を燃やし尽くし、徐々に各階に達し、やぐらの木造部へ広がった。

火事を消すことができなくなり、攻め手はついにやぐらを捨てて逃げ出す。この機を逸せず守り手は出撃して、遺棄された多量の武器を奪う。

これを見て(とイブン・アル゠カラーニシは誇らしげに結ぶ)、フランクは勇気がくじけ、陣地に建てた営舎に火をかけてから撤退した。

この日は、一一一二年の四月十日。百三十日にわたる籠城のすえ、ティールの住民はフランクに痛烈な敗北を与えたのである。

バグダードの暴動、アスカロンの蜂起、そしてティールの抵抗のあとで、反乱の嵐が吹き始めている。今や侵略者と大部分のムスリム指導者を同じ穴のむじなとして憎むアラブの数が増え、彼らは後者を怠慢だ、さらには裏切りだ、とさえ非難する。とくにアレッポでは、この姿勢は単なる気まぐれの行動を急速に超える。カーディーのイブン・アル゠ハシャーブの指導のもと、住民は自分自身の運命を手のうちに握ろうと決意する。彼らは自分で指導者を選び、その指導者にとるべき政策を押しつけることになる。

もちろん、多くの敗北、多くの失意は生まれよう。フランクの膨張は終わっていないし、彼らの尊大さは限界を知らない。しかし、人びとはこれ以後、アレッポの辻々を震源地とする地殻変動のゆるやかな発生を目撃することになる。この変動は徐々に東アラブを包み込み、いつの日か公正、勇敢、献身的、そして失地を回復できる何人かの人物を権力の座につかせることになろう。

混乱するアレッポ

そこまでに達する以前に、アレッポはその長い歴史を通じて最も混乱した時期を通過しようとしている。一一一三年十一月末、イブン・アル＝ハシャーブは、リドワーンが城塞の館で重態に陥ったことを知り、同志を集めて介入の準備を求める。十二月十日、王は死んだ。その知らせが伝わるや、武装民兵の一団が町の各地区に展開して主な建物を占拠し、多数のリドワーン派、とくに暗殺教団の団員たちを逮捕し、敵フランクとの共謀を理由に、即座に殺した。

カーディーの目的は、自分が権力を奪うのではなく、リドワーンの息子の新王、アルプ・アルスランを刺激して、父とはちがう政策をとらせることだった。この十六歳の少年はどもりがひどくて「だんまり」とあだ名されていたが、当初はイブン・アル＝ハシャーブの強硬策を是認するかに見えた。彼はリドワーンの協力者全員を逮捕させ、いかにも楽しそうな調子で、彼らの首を直ちに斬らせた。

カーディーは不安を覚え、町を血の海にするのではなくて、単に裏切り者を見せしめのため罰するよう若い王にすすめた。しかし、アルプ・アルスランは聞く耳を持たない。彼は二人の実弟、数人の隊長、若干の召使いを、そして、おしなべていえば、気にいらぬ者全部を処刑した。だんだんと住民たちは恐るべき真実に気づく。王は気が狂っている！

この時期を理解するための最良の情報源は、アレッポ出身の作家にして外交官、カマールッディーンが、この一連の事件から一世紀後、同時代人が残した証言を基にして書いた年代記である。

ある日（と彼は語る）、アルプ・アルスランは何人かの部将や名士を集め、城塞の中に掘られた一種の地下道を訪ねさせた。彼らが内部に入ったとき、彼は尋ねた。

「ここで皆の首を斬らせようとしたら、何と思うか」

「わたくしどもは陛下の御命令に従う奴隷でございます」と不幸な人びとは脅しを冗談と受け取るふりをして答えた。

もっとも、そのおかげで彼らは命拾いしたものだ。

この若い狂人の周りには、たちまちだれもいなくなる。一人だけ、まだ彼に近づく勇気のある男がいたが、それは宦官のルウルウ（「真珠」の意）だ。しかし彼も命が心配になり始める。一一一四年の九月、彼はあるじの眠りを利用して刺殺し、六歳になるリドワーンのもう一人の息子を王位につける。

アレッポは日ましに少しずつ無政府状態に陥って行く。城内で奴隷や兵士など、手に負えぬ連中が殺し合いをする一方で、武装した住民は町の通りを巡警し、強盗から身を守る。このような初期の段階に、アンティオキアのフランクは、アレッポを麻痺させている混乱状態を利用しようとしなかった。タンクレードはリドワーンの一年前に死に、後継者のシール・ロジェールは――カマールッディーンは年代記の中でシルジャルと呼んでいるが――大規模な行動に出るにはまだ十分な確信をもっていないのである。

しかし、この猶予期間は短かった。一一一六年になると、アンティオキアのロジェールはアレッポから来る全街道の管理を手中に収め、町を取り巻く主要なとりでを一つまた一つと占領して、抵抗にも出合わないため、メッカに向かう巡礼のひとりひとりに課税するまでになった。

イルガジ、アレッポのあるじに

一一一七年四月、宦官のルウルウが殺される。カマールッディーンによれば、彼の護衛兵たちが陰謀をたくらんだ。彼が町の東部地区を歩いていたとき、彼らは直ちに弓を引きしぼって叫ぶ。「兎《うさぎ》だ、兎だ！」。こうやって兎狩りをやっていると思わせたのだが、実際に矢の的になったのはルウルウ自身であった〉。彼の死後、権力は一奴隷に移ったが、この男は権力が身につかず、ロジェールに助けに来てくれと頼む。混乱状態はこのとき言語に絶する。フランクが町の包囲を準備しているときに、守り手の兵士たちは城塞を手に入れようと争っているのである。

このためイブン・アル＝ハシャーブは直ちに行動に出ることにした。彼は町の主だった名士を集め、重大結果を招くような計画を示す。国境の町として――と彼は説明する――アレッポはフランクに対する聖戦《ジハード》の前衛でなければならず、このことから、町の統治は強力な君主、たとえばスルタン自身に委ねるべきで、そうすれば、イスラムよりは自分を優先する小者《こもの》の王に治められるようなことは決して起こらないだろう。

カーディーの提案は、若干のためらいはあったが、承認された。というのもアレッポ人は自分たちの排他主義にどっぷりつかっているからだ。そこで、可能性のある主な候補者を吟味する。まずスルタン。彼はシリアという名を聞くのもいやがっている。ではトゥグティギン。彼は何がしかの能力をもつ唯一のシリア人君主だ。しかしアレッポ人はダマスカス人など断じて受けつけまい。そこでイブン・アル＝ハシャーブはメソポタミアにあるマルディンの総督で、トルコ人貴族イルガジの名を出す。

彼の品行は必ずしも模範的でない。二年前にはスルタンに対するイスラム＝フランク同盟に加わったし、おまけに大酒飲みで評判なのだ。〈酒を飲むと（とイブン・アル＝カラーニシはいう）、イルガジは何日も精神もうろうの状態で、正気に戻って命令や指示を出すこともできない〉。しかし、酒を控える軍人を見つけるには長い時間をかけなければなるまい。そこでイブン・アル＝ハシャーブが弁護に出る。イルガジは勇敢な戦士であり、一門は長い間エルサレムを治め、弟のソクマンはハッラーンの対フランク戦で勝利を得たではないか。

ついに過半数がこの意見に賛成したので、イルガジは招請を受け、一一一八年夏、カーディー自身が彼にアレッポの城門を開く。この貴族が最初に行ったのはリドワーン王の娘と結婚することで、これは町と新たなあるじとの団結を象徴し、併せてこのあるじの正統性を確認する意思表示であった。

サルマダの合戦。イルガジ圧勝す

フランク侵入の二十年後、北シリアの首都は初めて、戦をやりたい首長を戴く。その結果は驚天動地の感がある。一一一九年六月二十八日、土曜日、アレッポのあるじの軍はアンティオキア軍と、両市の中ほど、サルマダの平野で相対する。砂まじりの乾いた熱風ハムシーンが兵たちの目に吹きつける。カマールッディーンはその模様を語る。

イルガジは部将たちに対し勇敢に戦うこと、持ちこたえること、後へは引かぬこと、そしてジハードのために命を捧げることを誓わせた。次いでムスリム軍は小部隊に分かれて展開し、夜のうちに、シール・ロジェールの部隊のそばに陣を張った。日が昇るや、フランクは突如、ムスリム軍の旗が近づくのを見た。相手は彼らを四方から取り巻いている。カーディーのイブン・アル＝ハシャーブは牝馬にまたがり、片手に槍を持って進み、わが軍を戦闘へ駆り立てた。その姿を見て、一人の兵士が軽蔑した調子でいう。「おれたちはターバンの後に続くために国から出て来たのかね」。しかしカーディーは味方部隊の方へ進み、隊列をかき分け、彼らの精力を振るい立たせ、士気を高めるための訓辞を行ったが、その雄弁に、兵たちは感動の涙を流し、心から彼を称えた。次いでわが軍は四方から一気に攻めた。矢はいなごの大群のように空を覆った。

アンティオキア軍は木っ端みじんになる。シール・ロジェール自身も、頭から鼻先まで唐竹割りにされ、累々たる死体のなかに発見された。

勝利の報がアレッポに届いたのは、ムスリムたちが大寺院で正午の祈りを行っている時であった。その時西の方から大きなどよめきが聞こえたが、午後の祈りの時間が来るまでは、戦士は一人も戻らなかった。

何日もの間、アレッポは勝利を祝う。歌い、飲み、羊を屠《ほふ》り、味方が持ち帰った十字型の旗や兜、鎖帷子《かたびら》などを見るためにひしめきあい、あるいは——金持ちの捕虜は身代金と交換されるので——貧しい捕虜が打ち首になるのを見物する。イルガジを称える即興詩が広場で誦されるのに耳を傾ける。〈神に次ぎ、われらはなんじを信ず！〉。何年もの間、アレッポ人はアンティオキアのボエモン、タンクレード、ロジェールの恐怖のなかで生きて来たから、多くの者は、トリポリの同胞たちにならい、死か追放かの選択を迫られる日を、宿命として待つようになっていた。ところが、サルマダの勝利とともに、彼らは息を吹き返す。全アラブ世界では、イルガジの武勲は熱狂をかき立てる。〈このような勝利が、過ぎ去った歳月を通じ、イスラムにもたらされたことは決してなかった〉とイブン・アル＝カラーニシは書く。このような行き過ぎた言葉は、イルガジの勝利の前夜にはびこっていた極度な士気の低下の裏返しだ、ということができよう。

フランクの思い上がりぶりは、非常識の極限に達していた。すなわち昨一一一八年の三月初め、ボードワン王は、正確にいえば二百十六騎と歩兵四百を率い、何と、エジプト侵入をたくらんだのである。このひと握りの部隊の先頭に立ち、彼はシナイを越えて、抵抗にもあわずにファラマの町を占領し、ナイルの岸辺に達して〈そこで水浴びした〉と、イブン・アル＝アシールはからかい気味に書いている。

急病にかからなかったら、彼はもっと遠くへ行ったであろう。パレスティナへできるだけ早く戻ろうとしたが、その途中、彼はシナイの北東、アル＝アリーシュで他界する。ボードワンの死にもかかわらず、アル＝アフダルは決してこの新たな屈辱を晴らそうとしない。状況の掌握力をたちまち失い、彼は三年後、カイロの町かどで殺される。一方フランクの王としては、故人のいとこ、エデッサのボードワン二世が後を継ぐ。

バラク、ボードワン二世を捕う

サルマダの勝利は、シナイを越えての派手な襲撃から間もなくのころだったから、報復のように見え、何人かの楽観主義者にとっては失地回復の始まりのように思われた。人びとはイルガジが、君主も軍隊もないアンティオキアへ直ちに進むと予想する。たしかにフランク自身も籠城に堪える準備にかかる。彼らがまず決めたのは、町に住むシリア、アルメニア、ギリシア各派のキリスト教徒を武装解除し、外出を禁ずることであった。彼らがアレッポ人に呼応するのを恐れたからだ。そのため西洋人とその東方の同宗の徒との間の緊張はとみに高まる。東方教会派は自分の町に住みながら自分たちの典礼を軽蔑され、下級の職に就かされることで、フランクを非難していたのである。

しかし、フランクがとった臨戦体制は必要なかったことがわかる。イルガジは自分の優位をさらに推し進めようなどとは夢にも思わない。リドワーンの旧邸にこもって酒におぼれ、勝利の祝いはいつ終わることやら。乱酔の果てに高熱で激しい発作に襲われ、二十日後にやっと回復するのだが、正気に返って耳にしたのは、新国王ボードワン二世の率いるエルサレム軍が、たった今アンティオキアに到着したとの報であった。

アルコールにむしばまれ、イルガジは三年後、自分の成功を活用することなく死ぬ。アレッポ人は町からフランクの危険を取り除いてくれたことで彼に感謝はするが、関心はすでに後継者の方に向けられている。皆の口にのぼるけた外れの男の名はバラク。イルガジの実の甥だが、まったく別の資質を備えた人物で、数カ月のうちにアラブ世界から崇められる英雄となり、その功績は寺院や町の広場で称えられるようになる。

一一二二年九月、バラクはみごとな奇襲で、ボードワン二世に代わったエデッサ伯のジョスランを捕えた。イブン・アル＝アシールによれば、〈彼はジョスランをらくだの皮で包み、それを縫って、身代金の申し出を頭からはねつけ、さるとりでに閉じ込めた〉。アンティオキアのロジェールの死後、今度はフランク国が二番目の首長を失った。

憂慮したエルサレム王は、みずから北シリアへ行こうとする。エデッサの騎士たちは、ジョスランがつかまった場所へ彼を案内する。そこはユーフラテスの岸辺の沼沢地帯だ。ボードワン二世はひと回り偵察した上で、宿営の幕舎を張ることを命じた。翌日、彼は早起きして、東方の君主に見ならった気に入りのスポーツ、鷹狩りをやろうとしたが、その時、音も立てずに近寄ったバラクと部下たちが突如幕舎を取り囲む。エルサレム王は武器を捨てた。彼もまた、連れ去られて捕虜となる。

このような武勲による威信に飾られ、一一二三年の六月、バラクは意気揚々とアレッポに入る。彼はイルガジをまねて、まずリドワーンの娘と結婚し、次いで時機を逸せず、また一度も失敗せず、町を取り巻くフランクの所領の系統的な回復を心がける。この四十歳のトルコ人大守の軍事的熟練、決断の才、フランクとのあらゆる妥協の拒否、節度、および相次ぐ勝利は、他のムスリム諸侯のあきれるほどの凡庸さとは断然類を異にしていた。

バラクの戦死。ティール、ついに落つ

彼のなかに、とくに一つの町が救世主を認める。それはティールだ。フランクは王が抑留されているのに、攻囲を始めている。守り手の状況は、十二年前の輝かしい抵抗のころよりはだいぶむずかしくなっていた。西洋人が今度は制海権を握っているからだ。実際に一一二三年の春、百二十隻余りのヴェネツィア船団がパレスティナ海岸に出現した。到着するや、同船団はアスカロンの沖に停泊中のエジプト艦隊の奇襲に成功、これを撃破している。

一一二四年二月、ヴェネツィア人は、エルサレムと戦利品の分配協定に調印した後で、

ティール港の封鎖を始め、その一方でフランク軍は町の東に陣を敷いた。したがって、籠城側には先行きはかんばしくない。もちろん、ティール人は敢闘する。たとえばある夜、すぐれた泳ぎ手の一群が港の入り口を守るヴェネツィア船にたどり着き、巧みに町の方へ引っ張ったあげく、武装解除して破壊した。

しかし、このような目ざましい働きがあっても、成功の機会はうすい。エジプト艦隊の壊滅で、海路による救いの道はすべて断たれている。その上、飲料水の補給がむずかしくなった。これが最大の弱点なのだが、ティールは城壁内に水源がないのである。平時には、真水は水路によって外から届く。戦時には、町は貯水池および小船による集中的補給に頼る。攻囲の締めつけが緩まなければ、降伏は数カ月後には避けられない。

いつもの保護者であるエジプト人は今度はまったく当てにならないから、守り手は時の英雄、バラクに向きを変えた。その時彼はアレッポ地方の一城塞、マンビジを囲んでいた。家臣の一人がここで反乱を起こしたからだ。彼はティール人の訴えを聞くと、カマールッディーンが語るところによれば、直ちに後事を一部将に委ね、みずからティール救援に出かけることに決めた。一一二四年五月六日、出発に先立ち、彼は最後の視察を行う。

兜をかぶり、盾を腕に（と、アレッポの年代記作者は続ける）、バラクは投石機を据える場所を選ぼうと、マンビジのとりでに近寄った。指示を与えている時、城塞から放たれた矢が彼の左の鎖骨に刺さった。彼はその矢を引き抜き、ばかにした調子でつばを吐きかけてつぶやく。〈この一撃は全ムスリムにとって致命的なものにもなろうよ！〉。そして、彼は絶命した。

彼の言葉にうそはなかった。彼の死の知らせがティールに届くと、住民は勇気を失い、降伏の条件を交渉することしか考えない。〈一一二四年七月七日（とイブン・アル＝カラーニシは語る）、彼らはフランクの迫害を受けることなく、二列に並んだ兵士の間を通って外に出た。軍人と民間人の全員が町を去り、身体障害者だけが残った。亡命者のある者はダマスカスへ、その他の者は国内に散った〉。流血の悲劇を避けることができたとはいえ、ティール人の称賛すべき抵抗は、屈辱のなかで仕上げられた。

イブン・アル＝ハシャーブ、暗殺さる

バラクの死の影響を受けたのは彼らばかりではない。アレッポでは、権力はイルガジの息子のティムルタシュに転がり込む。この十九歳の青年は、イブン・アル＝アシールによれば、〈遊ぶことが大好きで、シリアではフランクとの戦争が多すぎると思ったので、大急ぎでアレッポを去り、生まれ故郷のマルディンに戻った〉。無能なティムルタシュは首

都を捨てるばかりか、二万ディナールとの交換で、エルサレム王を急いで釈放し、彼に礼服、金の兜、飾りつきの深ぐつを与えた上、つかまった日にバラクが奪った彼の乗馬さえ返している。王侯としての振る舞いではあろうが、それにしても無責任極まる。なぜなら解放から数週間後、ボードワン二世は、奪ってみせるとの固い決意で、アレッポの前にやって来るからだ。

都の防衛の全責任はイブン・アル＝ハシャーブにかかったが、手には数百人の兵しかいない。カーディーは数千人の戦士が町を取り巻いているのを見て、イルガジの息子に急使を送る。命の危険を冒して、使者は夜、敵の警戒線を突破し、マルディンに着くや、太守の政庁に出頭して、アレッポを見捨てないよう、懇願に懇願を重ねた。しかし、臆病と同時に恥知らずなティムルタシュは、陳情がうるさいとばかり、使者を牢屋にぶち込めと命ずる。

イブン・アル＝ハシャーブはそこでもう一人の救済者、アル＝ボルソキに頼る。彼はトルコの老戦士で、モースルの総督に任命されたばかりであった。彼は信仰上の公正と情熱ばかりでなく、政治的熟練と野心とで知られていたから、早速カーディーの招請を受諾して直ちに出陣する。一一二五年一月、彼の軍隊が包囲された町の前面に到着すると、フランクは狼狽《ろうばい》し、陣地を捨てて逃げる。

イブン・アル＝ハシャーブは急いでアル＝ボルソキを出迎え、追撃をうながしたが、大守は長征に疲れているし、とりわけ新たな所領の視察を急いでいた。五年前のイルガジのように、彼は戦果の活用もせず、敵に立ち直る余裕を与えてしまう。しかし、彼の介入は非常に大きな重要性をもつ。それは、一一二五年に実現したアレッポとモースルの統合が強力な一国家の核になって行くからで、この国家はやがて、尊大なフランクに対する反撃を成功させることになる。

イブン・アル゠ハシャーブは、われわれが見たとおり、ねばり強さと驚くべき洞察力で、都を占領から救ったばかりでなく、何より増して侵略者たちに対するジハードの偉大な指導者たちに道を用意することに貢献した。しかしながら、このカーディーは彼らの到来を目にすることはない。その年、一一二五年の夏のある日、正午の祈りを終えてアレッポの大寺院から出て来た時、修道士に変装した一人の男が彼にとびかかり、胸に短剣を突き刺す。それは暗殺教団の復讐であった。イブン・アル゠ハシャーブはこの教団の最も非妥協的な敵であり、団員たちの血の海を広げて何ら悔いるところがなかった。それゆえ彼はいつの日か、命を代償とすることを知らぬはずがなかった。三分の一世紀このかた、暗殺教団の敵は一人として彼らから逃れることができなかったのである。

暗殺教団の教祖ハサン

一〇九〇年、史上最も恐れられたこの教団を設立したのは、詩心に富み、学問の最新の進歩に好奇心を燃やすというように、該博な教養をそなえた人物であった。その男、ハサン・イブン・アル＝サッバーフは一〇四八年ごろ、数十年後にテヘランが築かれる場所に近いレイの町に生まれた。伝説がいうように、彼が詩人オマル・ハイヤームの別れがたき青春の友であったかどうかは定かでない。その代わり、この才人を導いてみずからの教団づくりに生涯を捧げさせた環境ははっきりとわかっている。

ハサンが生まれたころ、彼が信奉するシーア派はムスリム＝アジアで支配的だった。シリアはエジプトのファーティマ朝に属していたし、同派のもう一つの王朝、つまりブワイフ朝はイランを管理し、バグダードのまんなかで、〔スンナ派の〕アッバース朝カリフを私物化していた。しかし、ハサンの青年時代に、状況は完全に引っくり返る。正統スンナ派の防衛者であるセルジューク朝が、あらゆる地域を奪ったので、それまでわがもの顔に振る舞っていたシーア派は、辛うじて許されるか、しばしば迫害される教義に落ちぶれてしまった。

イランの宗教界で育ったハサンは、このような風潮に対して立ち上がる。一〇七一年ごろ、彼はシーア派の最後のとりで、エジプトへの移住を決心する。しかし、ナイル川の国で発見したのは、ほとんど喜ぶべきものではなかった。ファーティマ朝の老カリフ、アル＝ムスタンシルは、アッバース朝の彼の敵より、はるかにかいらいになっている。彼は、アル＝アフダルの父で先任者のアルメニア人宰相、バドル・アル＝ジャマーリーの許可がなくては、宮殿の外へ一歩も出られないのである。ハサンはカイロで多くの原理主義者と知り合う。彼らは彼と見解を共にし、彼と同じく、シーア派のカリフ帝国を改革し、セルジューク朝への報復を望んでいた。

やがて、カリフの長子、ニザールを指導者として、真の運動が形をとる。勇敢かつ敬虔な、このファーティマ朝継承者は、宮廷の快楽にふけり、宰相の手のうちで操り人形の役を演じたいなどとは、夢にも思っていない。間もなくやってくる老父の死と同時に彼は後を継ぎ、ハサンとその同志の協力を得て、シーア派の新たな黄金時代を確立するのだ。詳細な計画ができ上がったが、ハサンはその主な立案者だった。このイラン人の戦士はその後セルジューク帝国の心臓部に移り、ニザールが即位と同時に企てるはずの失地回復事業のため、活動の場を用意しようとする。

ハサンは予想外の成功を収めるが、それは高潔なニザールが考えたものとは大いに異なる方法によってであった。一〇九〇年、彼は奇襲によって「鷲の巣」と呼ばれるアラムートの城塞を奪う。それはカスピ海に近く、事実上近寄りがたい地帯のエルブルズ山脈のなかにある。こうして、不可侵の聖域を手に入れたハサンは、政治的・宗教的な組織づくりに着手するのであるが、その効果と教義の精神は歴史のなかで匹敵するものがない。

殺人を武器に

団員は入門者から総長に至るまで、知識、信頼性および勇気の程度によって評価され、集中講義と肉体的訓練を受ける。ハサンが敵を震え上がらせるために好んだ武器は殺人であった。選んだ人物を殺す使命を担った団員は、一人で、またはほとんど珍しい例だが、二人あるいは三人組で派遣される。彼らはふつう商人か修道士に変装し、犯行を実施すべき町のなかを往来して、現場および犠牲者の習慣を熟知し、ひとたび計画が成るや、とびかかる。

しかし、準備が極秘のうちに為されるにせよ、実行は必ず公けに、できるだけ多くの群衆の前で起こらなければならない。そのため場所はモスクで、いちばん良い日は金曜日、それも正午ということになる。ハサンにとって、殺人は敵を消す単なる手段ではなく、何よりも先ず、公衆に与える二重の教訓なのである。すなわち一つは殺される人物への懲罰、他は、現場で十中八九命を失うからフィダーイ（決死隊の意）と呼ばれる遂行者の英雄的な犠牲だ。

団員たちが自殺的行為を受け入れる平静な態度は、当時の人びとに、彼らはハッシーシュ〔麻薬の一種〕の常習者と思わせた。ここからハッシャーシューン、あるいはハッシャーシーンという派生語ができ、これが崩れてアサシン Assassin となり、多くのヨーロッパ語のなかで暗殺者を意味する普通名詞となる。この仮説はもっともらしいが、万事この教団に関しては、現実と伝説を区別することがむずかしい。

ハサンは、団員たちにしばし天国にいるような気持にさせ、こうして殉教をさせるために、彼らに麻薬を飲ませたのだろうか。ざっくばらんにいえば、彼らの死命を常に制するため、いくらかの麻薬に親しませようとしたのか。殺人の際に気がくじけないよう、ただ単に興奮剤を与えたのか。それよりも彼は、彼らの盲目的な信仰を当てにしたのか。答えが何であるにせよ、こうした諸説の生みの親である唯一の事実、それはハサンという例外的な組織者に寄せられた賛辞である。

その上、彼の成功は人びとを茫然とさせる。教団設立から二年後、一〇九二年に行われた最初の殺人は、それだけで一つの叙事詩に値する。セルジューク帝国はそのころ最盛期にあったが、その帝国の柱は、三十年間にわたり、トルコの戦士が占領した地域を真の国家につくり上げ、スンナ派の権威の再興とシーア派に対する闘争の主役を演じた老宰相、ニザーム・アル＝ムルクであった。その名は普通名詞では「王国の秩序」を意味したから、それだけでも彼の業績を思い起こさせるにふさわしい。

一〇九二年十月十四日、ハサンの弟子は短剣の一撃で彼を貫く。〈ニザーム・アル＝ムルクが殺されて、王国は解体した〉とイブン・アル＝アシールはいう。事実、セルジューク帝国は二度と統一を回復しない。その歴史はもはや征服によってではなく、絶えざる継承戦争によっていろどられる。使命を果たした——と、ハサンはエジプトの同志たちにいうことができたであろう。これを以て、ファーティマ朝の回復運動への道は開けた。

次はエジプトの王子ニザールの出番である。しかし、カイロでは蜂起はたちまち挫折する。父から宰相職を引き継いだアル＝アフダルは一〇九四年、ニザール一派を情け容赦なく弾圧し、ニザール自身はといえば、生き埋めにされてしまった。

ハサン、シリアに分派をつくる

このことから、ハサンは予期せざる状況に直面する。シーア派カリフ朝の復活を実現することを放棄したわけではないが、それには時間がかかると思い、そこで戦略の修正を行う。すなわち、イスラム正統派〔スンナ派〕およびその宗教的・政治的代表に対する陣地をつくる作業を続けると同時に、以後は居住地を見つけてそこに自治の領土を設立するよう努力することだ。

ところで、シリアはいま国が細分化され、互いに争っている。これほど将来性のある地域はほかにあるまい。教団にとっては、そこに忍び込み、ひとつの町を他の町と争わせ、ひとりの大守をその兄弟と争わせ、ファーティマ・カリフ朝が無気力から脱出する日まで、生き延びられるようにすればよいのである。

ハサンはシリアにイラン人の説教師を送り込む。謎にみちたこの「星占いの医者」はアレッポに腰を据えて、首尾よくリドワーンの信頼を得た。門徒たちは続々と町に集まり、教義を説き、細胞をつくり始める。彼らはセルジューク王の信頼をつなぎとめるため、小さな奉仕——とくに何人かの彼の政敵を暗殺すること——もいとわなかった。

一一〇三年にこの「星占いの医者」が死ぬと、教団は直ちにイラン人の新たな相談役、アブー＝ターヒルという金銀細工師を送った。この男の影響は間もなく前任者をはるかに上回るようになる。カマールッディーンによれば、リドワーンは完全に彼のものになってしまい、以後アレッポ人はいささかなりとも王の愛顧を得たいとか、何か行政上の問題を解決したいと思うなら、王の周りに浸透している無数の支部のどれか一つを必ず通さなければならなかった。

しかし、暗殺教団はまったくその勢力のために嫌われる。とくにイブン・アル＝ハシャーブは、その活動を禁止させるべしと絶えず唱えた。彼が非難したのは彼らの収賄ぶりばかりでなく、とくに、彼らが西洋の侵入者たちに示した共感であった。奇妙に見えるかも知れないが、この非難は根拠がないわけではない。

フランクの到来時、暗殺教団はシリアにやっと住み始めたところだったから、「バーティニ派」と呼ばれた。これは「公けに唱える信仰とは異なる信仰をひそかに守る人びと」を指す。つまり、この宗徒はうわべだけムスリムだとにおわせる呼びかたである。イブン・アル＝ハシャーブのようなシーア派は、ハサンの弟子たちに一片の共感の情も持たない。それはハサンがファーティマ朝と絶縁したからで、このカリフ帝国は、どんなに衰退していても、アラブ世界のシーア派を引きつけてやまぬ保護者なのである。

ムスリム全体から毛嫌いされ、迫害されながらも、暗殺教団はこのため、キリスト教徒の軍隊がやって来て、ニザールを殺したアル＝アフダルやセルジュークをさんざんに打ち破るのを見れば、不満足なわけがない。西洋人に対するリドワーンの極端な妥協ぶりは、まちがいなく、相当部分がバーティニ派の指し金である。

アル＝ハラウィも倒れる

イブン・アル＝ハシャーブの目には、暗殺教団とフランクとの黙契は裏切りに等しい。彼の行動はそこからくる。一一一三年末、リドワーンの死に続く虐殺の際、バーティニ派は辻から辻、家から家と追われた。ある者は大衆にリンチされ、またある者は城壁の上から投げ落とされた。約二百人がこうして命を失い、そのなかには金銀細工師アブー＝ターヒルも含まれていた。しかしながら、イブン・アル＝カラーニシも指摘しているが、一部は無事逃亡し、フランクにかくまわれるか、国内に散った。

イブン・アル＝ハシャーブはシリアにおける暗殺教団の主要なとりでを取り除こうとしたが、できなかった。彼らの驚くべき活動はまだ始まったばかりである。失敗から教訓を汲んで、教団は戦術を変える。ハサンの新しいシリア代表、バフラムという名のイラン人布教者は、派手な行為はしばしば慎しみ、組織づくりと浸透という入念かつ隠密な仕事に戻ることにした。

バフラムは（とダマスカスの年代記作者は語る）、ひたすら身分を隠して住み、身なりも着るものも巧みに変えたので、どの町どのとりでに出かけても、だれ一人彼の身元を怪しむ者はなかった。

数年後、彼は十分に強力な網を張りめぐらすことができたので、地下運動から抜け出そうと思う。そのとき、都合のよいことに、彼はリドワーンに代わる立派な保護者を見つける。

ある日（とイブン・アル゠カラーニシはいう）、バフラムがダマスカスに着くと、アターベクのトゥグティギンは、彼や一味の悪業に対する用心から、彼を適当に扱った。彼は敬意を表され、念入りの保護を保障された。しかし、シリアの首都で二番目の地位にある宰相、ターヒル・アル゠マズダガーニはバフラムと意気投合し、自身は教団に属していないとはいえ、彼が望むときはいつでも、悪業のわなを掛けるのを助けた。

事実、一一二四年に、ハサン・イブン・アル゠サッバーフがアラムートの巣窟で世を去ったにもかかわらず、暗殺教団の活動はみごとに息を吹き返す。イブン・アル＝ハシャーブの暗殺は孤立した行為ではない。それより一年前、初期におけるもう一人の「ターバンを巻いた抵抗者」が彼らの凶刃に倒れている。というのも、一〇九九年の夏、フフンクの侵略に対する最初の怒りの示威行動を指導した人物は、以来ムスリム世界における宗教上の最高権威の一人になっていたからだ。

イラクからの報道によれば、バグダードのカーディーのなかのカーディー、イスラムの光輝、アブー・サアド・アル＝ハラウィはハマダーンの大寺院でバーティニ派に襲われた。犯人たちは彼を短剣で殺すや、一目散に逃げ去る。恐怖の余り、後を追う者は一人としていなかった。ダマスカスでは、アル＝ハラウィが長年住んだところだけに、この犯行は憤激の渦を巻き起こす。とくに宗教界では、暗殺教団の活動に対する敵意が高まる。善良な信者は胸が締めつけられる思いだが、口をつぐむ。なぜなら、バーティニたちは、手向かう者を殺し、彼らの常軌を逸した行為に賛成する者を援助し始めたからだ。もはや一人として、大守も、宰相も、スルタンも、公けの場で彼らを思い切って非難することができなくなった。

望みなきアラブ世界

この恐怖にうそ偽りはない。一一二六年十一月二十六日、アレッポとモースルの強力なあるじ、アル＝ボルソキが、暗殺教団の恐るべき復讐を受けたのである。

しかしながら（とイブン・アル＝カラーニシは首をかしげている）、大守は十分用心していたのだ。彼は剣先も短剣の刃もとおらぬ鎖帷子《かたびら》を身につけ、完全武装の兵士に囲まれていた。しかし、運命の実現は避けることができない。アル＝ボルソキは金曜日の勤めを果たすため、いつものようにモースルの大寺院に出かけた。この極悪人どもは神秘家《スーフィー》流の服を着て、だれにも感づかれずに片隅で祈っていた。と、彼らは躍りかかって彼に幾突きか加えたが、鎖帷子を貫くことができない。バーティニどもは短剣が大守には無力と知るや、一人が叫んだ。「高いところ、首をやれ！」。彼らはのどを突き、何度も刺した。アル＝ボルソキは殉教者として絶命し、犯人どもは殺された。

暗殺教団の脅威がこれほど深刻だったことはない。それはもはや単なる悩みの種ではなく、フランクの占領に対決するため全精力が必要とされている時に、アラブ世界をむしばんでいく本もののがんなのである。暗黒絵巻はさらに広げられる。アル＝ボルソキの死去から数カ月後、今度は後を継いだばかりの息子が殺される。アレッポでは、そのとき対立する四人の重臣が権力を争い、イブン・アル＝ハシャーブはもはやいないから、最小の団結も維持できない。

一一二七年の秋、アレッポが無政府状態に落ち込んでいる時に、フランクが再びその城下に姿を現す。アンティオキアは新たな領主として、大ボエモンの若い息子を戴いた。十八歳の金髪の巨人で、一族の遺産を受け取るため、故郷からやって来たばかりである。彼は父の名と、とくに血の気の多い性格を受け継いでいる。アレッポ人は急いで彼に年貢を払い、最も悲観主義的な連中は、彼のなかに、早くも町の将来の征服者の姿を見ている。

ダマスカスでも、事態は同じく悲劇的だ。アターベクのトゥグティギンは年をとり、病気がちで、もう暗殺教団を押さえ込む力がない。彼らは独特の民兵組織をもち、行政を手中に収めている。彼らに身も心も捧げている宰相、アル＝マズダガーニは、エルサレムとの緊密な接触を保つ。一方ボードワン二世は、シリアの首都の奪取で自分の経歴を飾ろうという意向を隠さない。暗殺教団が都をフランクに引き渡すのをまだ阻んでいるのは、老トゥグティギンの存在だけのようだ。しかし、その猶予は短い。

一一二八年初め、アターベクはやせ細り、もう起き上がることができない。枕もとでは陰謀が渦巻く。息子のブーリを後継者に指名した後、彼は二月十二日に他界する。ダマスカス人は以後、自分たちの都の陥落はもう時間の問題にすぎないと思うようになる。一世紀後、アラブ史のこの重大時期を回顧して、イブン・アル＝アシールはずばり、次のように書く。

トゥグティギンの死とともに、フランクに対決しうる最後の男が世を去った。そのため彼らはシリア全土を占領できるようであった。しかし神は、限りなき善意をもって、ムスリムをあわれみたもうた。

III　反撃（一一二八〜一一四六年）

私が礼拝を始めようとしたところ、ひとりのフランクがとびかかって私をとらえ、首を東の方へ向けさせていった。「こうやって祈るんだ！」

ウサーマ・イブン・ムンキズ
年代記作者（一〇九五〜一一八八年）

6　陰謀渦巻くダマスカス

暗殺教団一派を粛清

宰相アル＝マズダガーニは（とイブン・アル＝カラーニシは語る）、ダマスカス城の宮殿にある「薔薇の間」に、毎日のように出仕した。そこには領主と部将のすべてが詰めていた。会議ではいくつかの事項が審議される。都のあるじブーリ・イブン・トゥグティギンは一同と所見を述べ合い、終わると皆は立ち上がって、めいめいの屋敷に引きあげる。しきたりでは、宰相は皆の後で退席することになっていた。彼が立ち上がったとき、ブーリは親族の一人に合図した。と、この男はアル＝マズダガーニの首めがけ数太刀《たち》を振るった。次いで首がはねられ、二つにされた死体は「鉄の門」へ運ばれた。偽善を行った者どもに下される神のみ業《わざ》のあとを、皆によく見せるためである。

またたく間に、暗殺教団の保護者の死は、ダマスカスのスーク〔市場〕に知れわたり、たちまち一味狩りが始まる。抜き身の剣や短刀を手にした人の群れが通りにあふれた。教団の全宗徒、親族、友人および、彼らに同情的と思われた者は皆追い立てられ、家に踏みこまれ、情け容赦なく殺された。彼らの長たちは城の胸壁の上ではりつけになる。イブン・アル＝カラーニシ家の幾人かも進んで虐殺に加わった。この年代記作者自身は、この月一一二九年の九月には五十七歳の高官だったから、群衆にまじってはいなかったようだ。それでも、流血の時間における彼らの精神状態を詳しく述べる。〈朝のうち、あちこちの広場に宗徒たちは放り出され、犬どもが吠えながら死体を奪い合っていた〉。

　ダマスカスの人びとは明らかに、自分たちの町が暗殺教団に押さえられていることがやりきれなかったし、トゥグティギンの息子の身にしてみればなおのこと、教団と宰相アル＝マズダガーニとのあいだで操り人形の役を演ずるのはまっぴらだった。

　しかしながら、イブン・アル＝アシールにとっては、事は単なる権力争いではなく、間近に迫った災害からシリアの首都を救うためであった。アル＝マズダガーニはフランクに信書を送り、もしティールの町を引き換えに譲ってくれることを受け入れてくれるなら、ダマスカスを引き渡そうと申し入れた。合意は成立した。両者はしかじかの金曜日の集団礼拝の時と、日取りまで決めたほどである。ボードワン二世の部隊がひそかに町の城壁のもとに到着すると、暗殺教団の武装組織が門を開き、別動隊がウマイヤ・モスクの出口をふさぎ、フランクが市内を占拠し終わるまで、高官や武官が出てくるのを阻止する……。

この計画実施の数日前、ブーリはそのことを知ったので、時をおかず宰相を排除し、暗殺教団に対する決起を住民にうながしたのである。

フランクを破る

この陰謀はほんとうに存在したのだろうか。イブン・アル＝カラーニシ自身、反教団の口ぶりは激しいのに、自分の町を彼らがフランクに引き渡そうとした件については、どんなときにも非難していないところをみれば、真偽のほどを疑いたくなる。しかし、そうはいっても、イブン・アル＝アシールの話は眉つばものともいえない。暗殺教団とその同盟者のアル＝マズダガーニは、高まる民衆の敵意および、ブーリとその側近たちの策謀のため、ダマスカスで身の危険を感じていた。しかも彼らは、フランクたちが町を是が非でも奪おうと決めていることを知っていた。そこで教団は、こんなにも多くの敵といちどきに戦うよりは、ティールのような聖域をつくっておこうと決めたのかも知れない。そうすれば、ハサン・イブン・アル＝サッバーフの教義上の主目標であったファーティマ朝エジプトへ、そこから説教師や暗殺者を送りこむことができるのだ。

この事件後に起こったことは、陰謀説を裏づけているように見える。辛くも虐殺を免かれたわずかの宗徒は、パレスティナに身を落ち着け、ボードワン二世の保護のもと、バニヤースを譲り受けている。そこはヘルモン山のふもとにあって、エルサレムからダマスカスに通ずる街道を押さえる強力なとりでなのである。それに加え、数週間後には、強力なフランク部隊がシリアの首都の郊外に姿を現している。兵力はおよそ一万で、その騎兵や歩兵はパレスティナからばかりでなく、アンティオキア、エデッサおよびトリポリからやって来ており、さらに、フランクの国から新たに着いた戦士数百名も加わっていた。この連中は、ダマスカスを取ってみせるぞと、声を大にして叫んでいた。これらの中でももっとも狂信的なのは神殿騎士団《テンプル》に属する修道士たちで、この団体は数年前パレスティノで結成されていた。

ブーリは、侵略者に対決するのに十分な部隊の持ち合わせがないので、この地域の何組かのアラブ系部族やトルコ系遊牧民に大急ぎで呼びかけ、もし助けてくれて攻め手を追い返してくれたらたっぷりお礼をすると約束した。トゥグティギンの息子は、こうした雇い兵が長くは頼りにならず、すぐ脱走して略奪に夢中になってしまうことを知っていたから、最初に考えたのは、できるだけ早く戦わせることであった。

十一月のある日、数千のフランク兵が豊かなグータ平野を荒らしに来た、と斥候が告げた。すぐさま彼は全軍を投入して追跡させる。完全な不意を突かれ、西洋人たちは取り囲まれて、馬にとび乗る暇さえない騎士も何人かいる始末だった。

トルコ人とアラブ人は午後おそく、意気揚々と戦利品をもって帰って来た（とイブン・アル＝カラーニシは報じている）。元気づけられて住民は沸き立ち、一方部隊はフランクの本陣を突くことにした。翌日の夜明け、多数の騎兵が全速力で出撃、あちこちで煙が立ちのぼっているので、フランク軍そこにありと思ったが、近づいてみて発見したのは、敵が自分たちの装備に火をかけてから、撤収したということだった。敵にはもう運搬用の駄獣がなかったのである。

この失敗にもめげず、ボードワン二世は部隊を集め、ダマスカスへ新たな攻撃を仕掛ける。それは九月の初めだったが、この地域一帯は集中豪雨に襲われた。フランク軍が宿営する大地は広い泥の湖と化し、人馬ははまりこんでしまって身動きもできない。心ならずも、エルサレム王は退却を命じた。

暗殺教団の復讐

ブーリは、即位したころは軽薄かつ臆病な大守と思われていたが、それまで脅威の的であったフランクと暗殺教団という二つの大きな危険からダマスカスを救うことに成功した。ボードワン二世は敗北の教訓をかみしめ、渇望の対象だった都に対し、どんな形の新たな企みも、二度と行うことはない。

しかし、ブーリは、あらゆる敵を押さえこんでしまったわけではない。ある日ダマスカスに、トルコ風の服装の男が二人やって来た。外套で身を包み、先のとがったお椀型の小帽子をかぶっている。固定給が出る職場を捜しているというので、トゥグティギンの息子は二人を親衛隊に雇い入れた。一一三一年五月のある朝、彼は宮殿の風呂から出てきたところを、この二人に襲いかかられ、下腹を刺された。処刑される前に二人が白状したところによれば、彼らは暗殺教団の総長の命により、アラムートの本城から送りこまれたもので、その目的は、トゥグティギンの息子に根絶やしにされた同志たちの仇を討つことにあった。

犠牲者の枕もとに多くの医者が呼ばれた。特に、とイブン・アル＝カラーニシが正確にしるしているが、〈外傷の治療が専門の外科医たちである〉。当時のダマスカスで行われる医療はこの世で最良に位するものであった。ドゥカークはここにペルシア語でマーリスタンという名の病院を開いた。二番目は一一五四年に建てられることになるが、その何年か後、この二つを訪ねたスペインの大旅行家イブン・ジュバイル（一一四五〜一二一七年）はその運営ぶりを次のように描写する。

各病院には専門の係がいて、患者名簿をつくり、その姓名、治療や病人食に必要な経費その他の事項を記入する。医者たちは毎朝往診に来て患者の容態を調べ、各個人の症状にふさわしいように、効能ある薬や栄養食の調合・調理を命じている。

こうした外科医たちの往診を受けた結果、快方に向かっていると思ったブーリは、だだをこねて馬に乗り、毎日のように、友人たちの見舞いを受けてはおしゃべりに興じ、酒を飲んだ。しかし、このような無茶は患者の命取りになる。彼の傷はなおっていなかったのだ。十三カ月もの苦しみの果てに、一一三二年の六月、彼は息を引き取った。暗殺教団は再び復讐をとげたのである。

ザンギーの登場

治世が短すぎて長続きする思い出を残さなかったにせよ、ブーリは、フランクの占領に対する、アラブ世界の輝かしい反撃の最初の仕掛け人とされたであろう。しかし彼の治世は、まったく別の次元の人物、すなわちアターベクのイマードゥッディーン・ザンギーの登場とまったく時が重なっていて、このため後世から忘れられてしまうのである。アレッポとモースルのこの新たなあるじについて、やがてイブン・アル＝アシールはためらうことなく、〈ムスリムに対する神からの贈りもの〉と考えるようになる。

一見したところ、肌は焼け、ひげはもじゃもじゃのこの戦士は、フランクとの泥沼戦争のなかで先立った、多くのトルコ人部将と大差がない。よく酒におぼれ、彼らと同様、意思をとおすためには残忍と不実の限りを尽くす。そして同じく、フランクともムスリムとも猛烈に戦う。一一二八年の六月十八日にもったいぶってアレッポ入城を果たしたとき、彼の評判はさして芳《かんば》しいものではなかった。その前年、彼の保護者であるセルジューク朝スルタンに対し、バグダードのカリフが反乱を起こした。それを鎮圧したのが彼の主な手柄だったのである。

一一一八年にお人好しのアル＝ムスタズヒルが死んで、カリフの位は息子のアル＝ムスタルシドに渡った。紅毛碧眼、顔に赤茶けたしみのある、この二十五歳の青年は、大望をいだき、アッバース朝初期の祖先たちの栄光に飾られた伝統を引き継ごうとしていた。ちょうどセルジュークのスルタン、ムハンマドも死んだばかりで、しきたりどおり、跡目相続のお家騒動が始まっていたから、機は熟しているように見えた。青年カリフはこの機をつかんで、軍の統率権を手中に取り戻した。このようなことは、この二世紀来、絶えて見られなかった現象だ。弁舌の才に恵まれたアル＝ムスタルシドは、都の住民を味方につけた。信徒の長《おさ》〔カリフの別称〕が怠惰の眠りからさめたとき、何たることか、スルタンの位は、狩猟とハレムが大好きという十四歳の少年に移った。ムハンマドの息子マアムードは、アル＝ムスタルシドにいんぎん無礼に扱われ、イラン〔セルジューク朝の本拠〕に戻ってはいかがと、何度もすすめられたものだ。これはまさに、トルコ人に対するアラブ人の反乱だった。セルジュークの軍人たちは、長期にわたって彼らを支配していたからである。翻った反旗に立ち向かえず、スルタンは、当時、ペルシア湾の深奥部の良港バスラの司令官だったザンギーを呼ぶ。こうして彼の介入が決め手になり、カリフ軍はバグダード近郊で敗れて武器を置く。カリフは自分の宮殿に閉じこめられて、より良き日の到来を待つ……。この貴重な援助に報いるため、スルタンは数カ月後、モースルとアレッポの統治を彼に委ねたのであった。

従来とは別次元の指導者

将来のイスラムの英雄について、人びとはもちろん、もっと立派な武勲があったと思ったであろう。しかし、ザンギーが後日、フランクに対する聖戦《ジハード》の最初の偉大な戦士として称賛されるようになる理由は、すでに十分にあった。彼以前、トルコの部将たちは部隊を率いてシリアにやってくるが、こうした部隊ときたら略奪に目がなく、俸給と戦利品をもらえばすぐ帰る。そして勝利の効果も、次の負け戦でたちまち帳消しになる。部隊を解散するのは次の年に動員するためのようであった。しかし、ザンギーとともにやりかたが変わる。十八年間にわたって、疲れを知らぬこの戦士はシリア、イラクを駆けめぐり、夜は泥の上にわらを敷いて眠り、一方と戦い、他方と和し、だれに対しても陰謀をたくらむ。広大な領地のあちこちにある館で、平和に暮らそうなどとは夢にも思わなかった。

彼の側近は、遊女やおべっか使いではなく、政治経験ゆたかな顧問から成っており、彼はその意見に耳をかたむけた。また彼は情報網を張りめぐらし、バグダード、イスファハーン、ダマスカス、アンティオキア、エルサレムなどで何が起こっているかに、わが領土、つまりアレッポやモースルでのできごとのように通じていた。フランクと戦わねばならなくなったよその軍隊とは様が変わり、彼の軍隊は、ともすれば裏切りと内紛に走りがちな、一群の地元領主が指揮するのではなかった。軍紀は厳正で、わずかな過ちにも罰はきびしかった。

カマールッディーンによれば、〈アターベクの兵士たちは、平行に張った二本の綱の間を行くように隊列を組み、耕された畑に踏み入ることはなかった〉。一方、イブン・アル＝アシールも語る。〈ある時、ザンギーの一領主が封土として小さな町を受け取り、裕福なユダヤ商人の家に居を構えた。この商人はアターベクに謁見を申し出て事情を説明する。ザンギーが領主にちらと視線を投げると、彼はあわてて接収した家から立ちのいた〉。アレッポのあるじは、他に対すると同様、みずからを律することも厳しかった。どこかの町へ着いたら、どんな館も自由にできるのにそれを嫌って、城壁の外に幕舎を張って夜を過ごした。

ザンギーはまた（モースルの史家によれば）、女性の名誉、とくに、兵士たちの妻の名誉に細心の注意を払った。もし面倒をよく見てやらなければ、夫の出征中の長い空閨に堪えきれず、彼女らはすぐ身を持ち崩してしまうだろうと彼は語った。

厳格、不屈の精神、国家感覚などの長所をザンギーは備えており、これはアラブ世界の指導者にまったく欠けているところのものであった。将来についてさらに重要なのは、ザンギーは正統性に大きな関心を払っていたことである。アレッポに乗り込むや、彼は率先して三つの象徴的な行動をとった。第一は以後伝統的となるもので、すでにイルガジとバラクの未亡人ではあったが、リドワーン王の娘と結婚したこと。第二は父の遺体をアレッポに移し、一族がこの領地に根を下ろす証しにしたこと。そして第三は、アターベクがシリアおよび北イラク全域に対する明白な権威を授けられているという公文書を、スルタンのマフムードから取りつけたことである。

これによってザンギーは、自分が行きずりのひと旗組ではなく、自分の死後も継続するよう定められた一国家の建設者であることをはっきりと示した。この結合という要素は、彼がアラブ世界に導入したものであったが、効果を発揮するにはまだ何年かを要するだろう。なおも長期にわたって、内なる紛争なるものがムスリムの王族たちやアターベク自身をも無力化するのである。

フランク王女、ザンギーに接近

しかしながら、時は大規模な反撃の準備に味方しているように見えた。これまで西側の強さの基であった連帯精神が今にもばらばらになりそうだったからだ。〈フランクのあいだで混乱が生まれたようだが、これは彼らにとって異例のことであった〉と、イブン・アル＝カラーニシはすっかり驚いている。〈内紛が起こって死者が出たことも確認されている〉。しかし、年代記作者のこの驚きも、ザンギーが味わったものとは全然比較にならない。それは彼がエルサレム王ボードワン二世の娘、アンティオキアのアリックスから信書を受け取った日のことであったが、その中で彼女は実父への敵対同盟を彼に提案していたのである。

この奇妙な事件は一一三〇年に始まる。その時、北部の戦闘的な国アンティオキアのボエモン二世は、大守ダニシメンドの息子ガージーが仕掛けた伏兵の罠にかかった（ダニシメンドは三十年前にボエモン一世を捕えている）。しかし、父親より薄運のボエモン二世は戦場で倒れ、その金髪の首はていねいに防腐処置を施され、銀製の箱に詰められて、カリフのもとに献上品として届けられた。

彼の死の知らせがアンティオキアに届くと、未亡人アリックスは文字どおりのクーデタを準備した。アンティオキアのアルメニア系、ギリシア系、シリア系住民の支持を得たらしいが、彼女は町の管理権を手中に収め、ザンギーと接触を始めたのである。これは、フランクの新しい世代、つまり第二世代の誕生を告げる興味しんしんたる姿勢で、この世代にとっては、侵略の先駆者たちとの一体感など、もはや大したことではなくなっていた。

アルメニア人を母とし、ヨーロッパを全然知らぬ若い王女は、自分を東方人《オリエント》だと思い、またそのように振る舞っていた。

娘の反逆を知らされたエルサレム王は、直ちに、軍の先頭に立って北をめざし、偶然にも、アンティオキアのやや手前で、人品いやしからぬ一人の騎士に出会った。その純白の駿馬は銀の蹄鉄をはめ、たてがみから胸前《むなさき》まで、金銀をちりばめたみごとな防具をつけている。これはザンギーに対するアリックスからの贈り物で、そこにはザンギーに助けに来てくれることを求め、彼の宗主権を承認することを約束するとの彼女の信書が添えられていた。この使者を絞首刑に処した後、ボードワンはアンティオキアへの道をたどり、またたくまに町を奪回した。アリックスは城にこもり、通りいっぺんの抵抗を試みたあとで捕われた。父は娘を南部の港ラタキアに流す。

ボードワン二世の死とフールク

しかし、間もなく、一一三一年の八月にエルサレム王は死んだ。時代の子として、彼はダマスカスの年代記作者のしかるべき追悼の辞を受けるに値する。フランクはもはや、侵略の初期のように、何人かの長が辛うじて識別できる烏合の衆ではなかった。イブン・アル゠カラーニシの年代記は以後くわしい内情に関心をもち、わずかながら分析さえ行っている。

ボードワンは（と彼は書く）、歳月と不幸に磨かれた老人だった。幾度もムスリムの手に落ち、すぐれた策略のおかげで逃れた。彼の他界とともに、フランクは最も思慮深い政治家と、最も能力ある行政家とを失った。彼の後、王権はたまたま、最近船路を利用してやって来たアンジュー伯の手に帰した。しかし、彼は判断力に劣り、政策にも実行が伴わなかった。かくてボードワンの死はフランクを混乱と無秩序のなかに陥れた。

三代目のエルサレム王フールク（アンジュー伯）は、五十がらみのずんぐりした赤毛の男で、アリックスの姉メリザンドの夫になったが、まぎれもなく新参者だった。ボードワンは、大多数のフランク貴族のように、男子継承者を残さなかったのである。まったく原始的な衛生状態、そして東方の生活条件への適応性の欠如のため、西洋人の幼児死亡率は異常に高く、普遍的な自然の法則により、男子が直撃されていた。彼らはやがて定期的に風呂をつかい、もっとアラブの医者にかかり、こうして環境の改善を学ぶのであるが、それにはだいぶ時間がかかる。

イブン・アル＝カラーニシは、西から来た王位継承者の政治能力を買っていなかったが、これは的を射ている。このフールクの治政下で、フランク間の反日は最高潮に達して行くからだ。権力の座に就くや、彼はアリックスが起こした二度目の反乱に直面せざるをえず、その鎮圧には多大の困難を伴う。次はお膝元のパレスティナで暴動が起こりそうであった。しつこいうわさが彼の妻メリザンド妃を中傷していた。青年騎士ユーグ・ド・ピュイゼとの仲があやしいというのである。この事件でフランク貴族は、国王派と愛人派とに割れ、彼らの日常はけんか、決闘、謀殺の気配でみちみちた。身の危険を察したユーグは、アスカロンへ逃げてエジプト軍に亡命を認められ、その上熱烈に歓迎された。おまけに彼はファーティマ朝の部隊を授けられ、その武力でヤーファの港を奪う。もっとも、何週間後には追い払われることになるのであるが。

一一三二年十二月、ヤーファ奪回のためフールクが兵を集結させていたころ、ダマスカスの新しいあるじ、ブーリの息子の若いアターベク、イスマーイールは、三年前、フランクが暗殺教団に渡したバニヤースのとりでを、奇襲によって奪ってしまった。しかし、この再征服は孤立した行為にすぎない。ムスリム貴族たちは十八番《おはこ》の内紛に明け暮れ、西洋人を揺さぶる仲間割れに乗ずることができなかったからだ。実際ザンギー自身もシリアから姿を消していた。アレッポの統治を側近の一人に委ね、彼は再び、カリフとの非情な戦いに巻きこまれざるをえなかった。しかし、このときは、アル＝ムスタルシドの方が優勢に見えた。

カリフの栄光と悲惨

ザンギーが味方するスルタンのマフムードが、二十六歳で世を去ったところで、またもや王位継承戦争がセルジューク一族各派のあいだで爆発した。信徒の長はこの機をつかんで盛り返す。各王位主張者に向かい、モスクでの祈りの際はおまえの名で行うぞと約束したため、彼は政情の中央に位置する調停者になった。ザンギーは不安になり、部隊を率いてバグダードへ進撃する。五年前の最初の手合わせのときと同様、アル＝ムスタルシドを痛い目に合わせてやろうと思いながら。

しかし、カリフは、アッバース朝の都の北、ティグリス川に面する町タクリートの郊外で、彼を数千人の部隊の先頭に立って迎え撃つ。ザンギーの部隊は寸断され、アターベク自身、危うく敵の手に落ちるところだったが、あわやというとき、一人の男が分け入って彼の命を救う。彼はタクリートの要塞司令官、まだ若いクルド人の部将で、当時は無名だったが、名をアイユーブといった。

敵をカリフの手に渡してその愛顧を得る代わりに、この武人はアターベクの渡河を助けて追手から逃れさせ、全速力でモースルへ帰還させてやったのである。ザンギーはこの「武士の情け」を一生忘れることはないだろう。彼はこの武人およびその一族に変わらぬ友情を誓う。そして何十年か後、この友情はアイユーブの息子ユースフの生涯を決定することになる。別名サラーフッディーン、すなわち西洋人のいうリラディンの方がよく知られているユースフだ。

ザンギーに対する勝利の後で、アル＝ムスタルシドは栄光の頂上にあった。脅威を感じたトルコ人たちは、セルジューク朝の唯一の王位主張者、マフムードの弟のマスウードを中心にまとまった。一一三三年一月、新スルタンは信徒の長の手から王位を得るため、バグダードに現れる。それは通常単なる形式にすぎないのだが、アル＝ムスタルシドは自分流に儀式をつくり変えてしまった。当時のわれらが「ジャーナリスト」イブン・アル＝カラーニシはその光景を語る。

　信徒の長、最高指導者《イマーム》はすわっていた。スルタンのマスウードは彼の面前に導かれ、その身分にふさわしい敬意を捧げた。カリフは七着のみごとな服（その最後はアッバース家の色である黒）、宝石をちりばめた冠、金の首飾りと金いろの腕輪とをつぎつぎに授けながら語った。「これらのものをありがたく受け、公私をとおして神をおそれよ」。スルタンは床に接吻した後、用意された腰掛けにすわった。信徒の長はその後で彼に語った。「正しく振る舞わざる者は他を治めるにふさわしくないぞよ」。臨席した宰相はこれらの言葉をペルシア語で繰り返し、誓いと賛辞を新たにする。次にカリフは運ばれた二振りの剣に、それぞれ細長い小旗を結びつけてから、もったいぶってスルタンに渡した。このようなやりとりの末に、アル＝ムスタルシドは次のような言葉を述べる。「なんじに与えたものを持ち帰り、この感激とともに生きよ」。うわべをつくろうことの方が大きかったであろうとは思えるものの、アッバース朝のこの君主は大層な自信を示したものだ。彼はずけずけとトルコ人スルタンを説教した。セルジューク一族のあいだで新たにできた団結が、長期的にみれば、自分の生まれつつある権力をきっと脅やかすことになるだろうとは思ったが、彼を正統のスルタンとして承認した。とはいえ、一一三三年、夢よもう一度と、彼は征服に乗り出している。六月、彼は部隊を率いてモースルを目ざす。町を乗っ取り、あわせてザンギーを討伐しようと決めたのだ。スルタンのマスウードは彼を思いとどまらせようとしなかったばかりか、アル＝ムスタルシドがシリアとイラクを彼自身の権威のもとでの単一国家にまとめあげるよう、すすめている。この考えは今後、しばしば取り上げられることになるだろう。しかし、スルタンはこうした提案を持ち出す一方で、ザンギーを助け、カリフの攻撃に立ち向かわせている。おかげでカリフはモースルを三カ月囲んだものの、攻略に失敗した。

この失敗はアル＝ムスタルシドの運命に致命的な転機をもたらす。ほとんど全部の部将から見捨てられ、彼は一一三五年六月、マスウードに敗れて捕虜になり、二カ月後、惨殺される。幕舎のなか、はだかにされ、耳と鼻をそがれて。そのからだには二十数カ所の刺し傷の跡があった。

そのころ、ダマスカスでは……

この紛争にすっかり巻き込まれ、ザンギーはもちろんシリアの政情にたずさわることができなかった。もし、一一三五年一月、ブーリの息子で、ダマスカスのあるじになったイスマーイールが窮状を訴えて、できるだけ早くこの都を受け取ってくれと要請しなかったら、彼はアッバース朝復古運動の決定的粉砕までイラクに留まっていたであろう。「もし少しでも遅れるとならば、余はフランクに呼びかけて、ダマスカスを中味ごとそっくり渡してしまわざるを得ず、住民たちが流す血の責任のすべては、一《いっ》にイマードゥッディーン・ザンギー殿にかかることになるのですぞ」。

イスマーイールは自分の命が心配でならず、宮殿の至るところに刺客がひそんでいると思いこんでいたので、都を捨て、ザンギーの保護のもと、サルハドの城塞に逃げこもうと決心したのだ。そこは都の南にあり、彼はすでに財産や身の回りの一切を移していた。

ブーリの息子の治世は、しかし、幸先よかった。十九歳で権力を握った彼はみごとな活動力を示した。バニヤースの奪回はその最良の証明である。彼はたしかにがんこな男で、父や祖父トゥグティギンの目付け役の意見に耳を傾けようとしなかった。しかし、このような態度は若気の至りと取ることもできよう。そのかわり、ダマスカスの住民の人気は落ちる。あるじの貪欲《どんよく》ぶりがとどまらず、税金が確実に増えて行くからだ。

事態は一一三四年になって暗転し始める。祖父のトゥグティギンに仕えていたアイルバという老奴隷があるじを殺そうとした。危ういところで死を免かれたイスマーイールは、わざわざ自分でこの男の調書をとった。その供述は次のとおりである。「わたくしがこのような行為に走ったのは、殿のような邪悪の権化《ごんげ》を取り除き、われらしもじもの者を自由にして、神の御加護を得るためでした。殿は貧しき者、寄るべなき者、職人たち、その日暮らしの者、ならびに百姓たちをいじめぬかれ、文武のかたの区別なく悪しざまに扱われた」。そこでアイルバは、自分と同じく、イスマーイールの死を望んでいる者たちの名を全部挙げよと命じられた。

衝撃の余り、気も狂わんばかりになったブーリの息子は、列挙された人物をことごとく逮捕し、裁きの庭に呼ぶこともせずに殺す。ダマスカスの年代記作者は次のように語っている。〈このような不正な処刑でさえも気が晴れず、彼は自分の弟のサウィンジを疑って投獄し、最悪の拷問《ごうもん》にかけた上で飢え死にさせた。彼の悪行と不法はとどまるところを知らなかった〉。

こうしてイスマーイールは悪循環に陥る。処刑するごとに新たな復讐への恐れが増大し、その芽をつむために新たな処刑を命ずる。しかし、こんな状態をいつまでも続けるわけにはいかないことを悟って、彼は都をザンギーに引き渡し、自身はサルハドの城塞に隠退しようと決めたのである。ところがこのアレッポのあるじはここ数年来、ダマスカス市民の憎悪の的になっており、そこにはこんないきさつがあった。

一一二九年末、彼はブーリに一書を送り、フランクに対する遠征をともにしようと呼びかけた。ダマスカスのあるじは即座に承諾して、最良の部将たちが指揮する五百騎を送り、自分の息子、不幸な星のもとに生まれたあのサウィンジを同行させた。ところがザンギーは、もったいぶって出迎えた後、全員を武装解除して牢屋にぶち込み、もし自分に刃向かおうものなら人質の命はないぞとブーリに知らせたのである。サウィンジは二年後にようやく自由の身になった。

母がわが子を

一一三五年、この背信行為の思い出がダマスカス人にまだ強く残っていたとき、イスマーイールのこの計画をかぎつけたのだから、町の首脳はどんな手段に訴えても反対してみせようと決心した。領主、名士、主だった奴隷たちのあいだで何度も会議が持たれ、皆が皆、自分たちの命と町を救おうと望んだ。そこでひと組の反徒が思い切ってイスマーイールの母、エメラルドという意味のズムッルド妃に状況を説明した。

一部始終を聞かされて妃は動転した(とダマスカスの年代記作者は報じる)。彼女は息子を呼び寄せて激しくしかった。そして、善を行おうとする欲求、深い信仰心、そして知性の持ち主だったから、彼女は悪を根こぎにし、ダマスカスおよび住民を救済する方策を練らざるを得なくなった。物ごとを明快に裁く良識と経験に富む男がしたであろうように、彼女はこの一件を詳しく調べた。その結果、息子の悪行についての救済方法は、息子を始末した上で、息子のせいで広がっている混乱に終止符を打つ以外にないと彼女は思った。

その実行は時間の問題だった。

妃は以来このくわだてのことしか心になかった。そして息子が奴隷も従者もなく、ひとりでいる時をうかがい、情け容赦もなく殺せと召使いたちに命じた。そのあとど嘆き悲しむさまも見せず、だれもがよく見えるようにと、遺体を宮殿のしかるべき場所に運ばせた。イスマーイールの死亡については、だれもが喜び、神に感謝し、妃のために賛辞と祈りを捧げた。

ズムッルドは、息子がダマスカスをザンギーに渡すのを阻止するために殺したのであろうか。そのことは、どうもあやしい。というのは、妃は三年後、余人ならぬこのザンギーと結婚し、自分の町を占領してくれと頼むからである。サウィンジの復讐のために動いたなどとはとんでもない。彼はブーリの別の女から生まれた息子だったから、ここではイブン・アル＝アシールの説明が生きてくる。それによれば、ズムッルドはイスマーイールの主席家老とできていた。そこで、自分の愛人を息子が殺し、次の番は自分になりそうだと知ったので、彼女は先手を打ったのだろう。

真意がどこにあったにせよ、おかげで妃の未来の夫は一気に征服する手段を奪われてしまった。一一三五年一月三十日、すなわちイスマーイール暗殺の日、すでにザンギーはダマスカスへ向かっていたからだ。彼の部隊がユーフラテス川を越えたころ、ズムッルドはもう一人の息子マフムードを擁立し、住民はザンギーを迎え撃つ準備を精力的に進めていた。イスマーイールの死を知らぬアターベク〔ザンギー〕は、降伏条項検討のため、ダマスカスへ代表団を派遣する。もちろん、彼らはいんぎんに迎えられるが、事態の急転については知らされなかった。ザンギーは激怒する。今さら引っ返せるものか。

彼は都の東北に陣を構え、斥候を放って、どこからどう攻めればよいかを調べさせたが、防御側の徹底抗戦の決意をすぐ理解した。彼らはトゥグティギンの旧友であるムイーヌッディーン・ウナルを長に戴いていた。彼は老練かつ不屈のトルコ人部将で、将来一度ならず、ザンギーの前途に立ちはだかることになる。何回かの小ぜりあいの末、アターベクは妥協の道を選ぶことにした。そこで、彼の体面をつくろうため、包囲された都の首脳は彼に敬意を表し、まったく名目的ではあるが、彼の宗主権を承認した。

三月半ば、アターベクはダマスカスを去った。無益だった遠征に気落ちした部隊の士気を高めようと、彼は北へ向かい、驚くべき速さで、フランクの四つの要塞を奪ったが、そのなかには、悪名高いかのマアッラが含まれていた。このような武勲にもかかわらず、彼の威信は傷つけられた。二年後にようやく彼は、電撃的行動により、ダマスカス攻略失敗の汚名をそそぐのであるが、奇妙なことに、このときムイーヌッディーン・ウナルが心ならずも、彼に名誉回復の機会を提供することになる。

7　蛮族《フランク》のなかの一貴紳

ザンギー、初めてフランクと戦う。伝書鳩

一一三七年六月、ザンギーは大がかりな攻城施設を用意して、中部シリアの中心都市ホムスをめぐるぶどう畑に陣を張る。そこは伝統的にアレッポ、ダマスカス両勢力の係争の地で、当時は後者の管轄にあり、領主はかの老ウナルにほかならなかった。敵方が並べ立てた投石機や石弓の群を見て、ムイーヌッディーン・ウナルは、これではとても長持ちできまいと思い、開城の意向をフランク側に知らせる。トリポリの騎士たちは直ちに出撃した。ザンギーに自分たちの町から二日のところに居を構えられてはたまらないからだ。ウナルの戦術はみごとに成功した。はさみ討ちになるのを恐れたザンギーは、大急ぎで仇敵と和を結んでフランク側に方向を転じ、この地方での彼らの最強のとりでバーリンを攻略することに決めたのである。

恐れをなしたトリポリの騎士たちが、エルサレム王フールクに救いを求めたので、王は一軍を率いて駆けつける。こうして、段々畑をなす谷間に面したバーリンの城壁のもとで、ザンギーとフランクとの間の重要な第一回戦が行われたのであったが、アタ－ベクがすでに九年以上もアレッポのあるじであったことを知れば、これが第一回戦ということに、われわれは意外の感をもたざるを得ない。

戦闘は短いが、決定的なものとなる。長い強行軍で消耗していた西洋人たちは、数時間のうちに木っ端みじんにされてしまった。とりでに逃げこむことができたのは土と何人かの部下だけで、王は救出を求める使者をエルサレムへ送るだけの余裕しかなかった。次いで、以下はイブン・アル＝アシールの語るところであるが、ザンギーは外界とのあらゆる連絡を断ち、どんな情報も入りこむすきを与えなかったので、籠城側は国内で何が起こっているかまったくわからなかった。道路の管理はそれほど厳重を極めたのである。

このような封鎖は、アラブに対してなら効果はなかったろう。彼らは町と町の連絡に、何世紀も前から伝書鳩を利用していた。野戦を行う部隊はみな、いくつかの町や要塞に属する鳩を連れている。もとの巣に間違いなく帰るよう仕込まれているから、一本の脚に通信文を巻きつけた上で放しさえすれば、どんな早馬よりも速く、勝敗のゆくえや領主の戦死などを告げ、あるいは援軍を求めたり、包囲された町の守備隊を勇気づける。こうして、フランクに対する動員がすすむにつれ、ダマスカス、カイロ、アレッポその他の都市の間に伝書鳩の定期便が設けられるようになり、国は鳩の飼育係に俸給さえ与えた。

フランクたちが伝書鳩の飼育法を身につけたのは、まさに彼らの東方滞在中のことであり、このシステムはやがて彼らの故郷で大いにはやるようになるのであるが、バーリン包囲のころでは、彼らはまだこの種の伝達手段に暗かったから、ザンギーにその長所を握られたままであった。

アターベクは籠城側への締めつけを強化した後、厳しい交渉を重ねたすえに、相手に有利な降伏条件を示した。すなわち、とりでの引き渡しと五万ディナールの支払いであり、交換条件として、城兵の無事立ち退きを認める――。フールクと部下たちは降伏し、こんな安値で一件落着、しめた、とばかり、全速力で逃げ出した。イブン・アル＝アシールによれば、〈バーリンを去って間もなく、彼らは助けにやって来た強力な援軍に出会ったので、早まった降伏を悔やんだものの、遅きにすぎた。フランクが外界から完全に遮断されていたからこそ、この事態が生じたのである〉。

ビザンツ帝の出撃。骰子《さいころ》遊び

してやったり――とザンギーは大満足だった。極めて憂慮すべき情報が届いたところだったので、なおさらである。その知らせでは、一一一八年に父親のアレクシオスを継いだビザンツ帝ヨアンネス・コムネノスが、数万の兵を率いてシリア北部へ進撃中であるという。フールクがバーリンを去るや否や、アターベクは馬にとび乗り、アレッポへ駆けつける。昔からルーム〔ビザンツ〕人に特にねらわれていた町は騒然としており、攻撃に備え、市民たちは城壁をめぐる堀をからにする作業にかかっていた。彼らは平時はここに汚物を捨てるという悪習に染まっていたからだ。

しかし間もなく、皇帝《バシレウス》の使者が来てザンギーを安心させる。彼らがめざすのは決してアレッポではなくアンティオキアであるという。ルーム人はこのフランクの町に対して領有権を求め続けていたのだ。事実、彼はやがて情報を得てやっと安心したのであったが、それによればアンティオキアはすでに包囲され、弩砲《どほう》で爆撃されていた。そこで、キリスト教徒の同士討ちはするがままに任せ、ザンギーは、ウナルが反抗し続けるホムスの攻略へと矛さきを戻した。

しかしながら、ルームとフランクは思ったより早く和解する。皇帝《バシレウス》をなだめようと、西洋勢は彼にアンティオキアを返すと約束、その見返りに、ヨアンネス・コムネノスは、シリアのいくつかのムスリム都市を彼らに渡すと受けあった。こうして一一三八年三月、新たな征服戦が始まる。皇帝側には二人のフランク人の副将がいた。一人は新しいエデッサ伯のジョスラン二世、もう一人はレイモンという名の騎士で、ボエモン二世とアリックスの娘、八歳のコンスタンスと結婚して、アンティオキア公国を手に入れたばかりであった。

四月、連合側はシャイザルの攻囲をたくらみ、十八基の弩砲、大弓を据えつける。フランクの侵略が始まる前から領主だった老侯スルタンのイブン・ムンキズは、ルームとフランクの連合勢力にとてものこと、太刀打ちできようとは思えなかった。イブン・アル＝アシールによれば、連合側がシャイザルを攻撃目標に定めたのは、〈ザンギーが、自分のものでもない町の防衛によもや熱中することはあるまいと読んだからである〉。彼らはこの男を見誤まった。彼は抵抗を組織し、指揮さえする。シャイザルの戦闘は、彼にとってかつてないほど、政治家としての彼の卓越した力量を内外に示す機会となる。

わずか数週間のうちに、彼は中東全域を引っくり返してしまった。まずアナトリアへ使者を何人か派遣したが、彼らはダニシメンドの後継者たちにビザンツ領攻撃を約束させることができた。その後でバグダードへ扇動者を送ると、彼らは、かつて一一一一年にイブン・アル＝ハシャーブが行ったような暴動を組織したので、スルタンのマスウードは部隊をシャイザルに送らざるを得なくなる。さらに、シリアとジャジーラ〔北メソポタミア〕の全諸侯に対し、彼はすごみを利かせて書面をしたため、新たな侵略を撃退するため全力を挙げて馳せ参ぜよと命じた。

アターベク自身の部隊は、敵に比べてものの数にも値しないので、正面衝突を避ける代わりに、ゲリラ戦術を展開する。その一方で、彼はバシレウスとフランク首領たちとの文通を絶やさなかった。彼は皇帝に「報じている」――このことは明白な事実なのであるが――あなたの味方はあなたを恐れ、あなたがシリアから立ち退くのをじりじりしながら待っていると。またフランクに対しては、とくにエデッサのジョスランとアンティオキアのレイモンに使者を送って、こういわせた。〈もしルームがシリアの強力な要塞をひとつでも占領したら、やがて彼らは皆さんの町を全部奪ってしまうだろう。こんなことがわからないのか〉。次にはシリア人のキリスト教徒を主体とする工作員を、ビザンツとフランクの兵士の間に送り込む。その任務は、イラン、イラク、アナトリアから大規模の援軍が接近しつつありと、彼らの士気をくじくうわさを振りまくことにあった。

この宣伝は、とくにフランクの間に効果があった。ビザンツ帝が黄金の兜《かぶと》をかぶり、弩砲の発射をみずから指揮しているころ、エデッサとアンティオキアの両貴族は、天幕のもとにすわり込み、いつ終わるともない骰子遊《さいころ》びに興じていた。この遊びは、すでに古代エジプトで知られており、十二世紀では中東でも西洋でも広まっている。アラブは骰子をアッザフル（az-zahr）と呼んだが、フランクはこの言葉を、遊びそのものではなく、運、すなわち「偶然」（hasard フランス語でアザール、英語でハザード hazard）を指すものとして取り入れる。

フランクの領主たちの骰子遊びはヨアンネス・コムネノス帝を激怒させた。彼は味方の悪意によって戦意を失い、またムスリムの強力な援軍が到着したという根強いうわさに脅え——実際には、バグダードを出発した援軍などいなかったのだが——ついにシャイザルの囲みを解いた。そして一一三八年五月二十一日、アンティオキアめざして帰路をとり、レイモンとジョスランを従者扱いにして徒歩で従わせ、馬上のまま入城した。

救世主ザンギー対不死身のウナル

ザンギーにとって、これは大勝利だった。アラブ世界では、ルームとフランクの連合が激しい不安をかき立てていたのだから、アターベクは以後、救世主のように見えてくる。当然のこと、彼はその威信を利用し、心にわだかまっていた諸問題を一気に解決してしまおうと決意する。その第一はホムスにかかわる問題だった。

ザンギーは、シャイザルの戦闘が終わったばかりの五月末、ダマスカスと奇妙な協定を結んだ。すなわち、彼が王妃ズムッルドと結婚し、婚資としてホムスを受け取るというのである。息子を殺した母親は三カ月後、供を従えてホムスの城壁のもとに到着、新郎と正式に結ばれた。婚礼の式典には、スルタンおよびバグダード、カイロのカリフの名代たちが列しており、ルームの皇帝から派遣された使臣もいた。皇帝は、あの幻滅から得た教訓により、以後は最高の友好関係を保つことにしたのである。

モースルとアレッポおよび中部シリア全域のあるじとして、アターベクは新婦の助けをかり、ダマスカスを奪うことに的をしぼった。彼女が息子のマフムードを説得して、その首都を戦闘抜きで彼に明け渡すようにするだろうと踏んだのだ。しかし、彼女はためらい、言を左右にする。そこで彼は彼女を見限った。ところが一一三九年七月、ハッラーンにいたときのこと、ズムッルドからの至急便が届く。それによればマフムードは就寝中を三人の奴隷に刺されて殺されたとのこと。そこで妃は夫に対し、猶予を置かずダマスカスに進撃して落城させ、息子の暗殺者どもを罰してくれと懇願している。アターベクは直ちに出発した。妻の涙に心を動かされたわけではさらさらなく、マノムードの死が、ついにおのれの旗のもと、シリアの統一を実現するのに役立てることができようと考えたのだ。

しかしこれは、不死身のウナルを抜きにした上での計算だった。ホムスを譲渡した後ダマスカスに戻ったムイーヌッディーン・ウナルは、マフムードの死により、政務の一切を自分の直接管理下に置いた。ザンギーの攻撃を待つあいだ、ムイーヌッディーンはこれに立ち向かうため、直ちに秘密の計画を練り上げた。とはいえ、目下のところは伏せて置き、防衛の組織化に専念する。

もっとも、ザンギーは渇望の都へ直接は進まなかった。手初めに攻めたのは古代ローマの都市バールベク。それはまだダマスカス側が保持している唯一の、そして何がしかの重要性を備えている集落だった。彼の意図はシリアの首都を包囲すると同時に、守備隊の士気をくじくことにあった。八月、彼はバールベクのまわりに十四基の大弓を据えつけ、雨あられと石塊を打ちこむ。こうすれば数日で陥落し、夏が過ぎないうちにダマスカスの包囲を始めることができようと思ったのだ。

バールベクは難なく落ちたが、その城塞は、フェニキアの神バールを祭った古代神殿の石材で建造されており、二カ月にもわたって抵抗した。守備隊は十月末、身の安全の保証を取りつけた後降伏したのであったが、怒りにわれを忘れたザンギーは三十七人の戦士をはりつけにし、司令官を火刑に処した。この蛮行は、どんな抵抗も自殺行為だぞとダマスカス人に思い知らせるためのものだったが、逆効果を生んでしまう。ウナルを中心に団結した市民は、もうこれまでと、決死の覚悟で戦うことを決めたのだ。しかしながら、冬は間近だった。ザンギーは春以前には攻撃を仕掛けることはできまい。ウナルはこの何カ月間の猶予を利用して、秘密計画の仕上げに精を出す。

一一四〇年四月、アターベクは圧力を強化し、総攻撃にかかろうとしたが、まさにこれこそ、ウナルが懸案を実行に移すべく選んだ時であった。すなわち、フールク王の指揮するフランク軍に、ダマスカス救援のため、大部隊で来てもらうよう頼むこと。これは単なる一回限りの作戦ではなく、正式な同盟条約の適用であって、ザンギーの死後までも延長されることになる。

事実、一一三八年以来、ウナルは友人の年代記作者ウサーマ・イブン・ムンキズをエルサレムに派遣し、アレッポのあるじに対抗するための協力の可能性を探らせていた。ウサーマは優遇され、原則的な合意を得た。使節の多数の往来があった後の一一四〇年初め、年代記作者は詳細な提案をたずさえて、再び聖地へ旅立つ。それは次のようなものだった。

フランク軍はザンギーをダマスカスより遠ざける。両国の軍隊は新たな危険の際は統合される。ムイーヌッディーンは戦費として二万ディナールを支払う。ウナルの責任のもとに合同遠征を行って、目下ザンギーの部下が押さえているバニヤースのとりでを占領し、これをエルサレム王に引き渡す。ダマスカス側は善意を示すため、町の名家から選ばれた子弟を人質としてフランク側に預ける。

これでは事実上フランクの保護下に生きることになるのだが、シリアの首都の市民は割り切っており、アターベクの残忍なやりかたに恐れをなしていたから、ウナルが結んだ条約を満場一致で承認した。いずれにせよ、彼の政策が効果満点なことは明らかなのだ。果たして、はさみ討ちになるのを恐れたザンギーはバールベクに退き、次いでこの町を信頼できる男、アイユーブに領地として与えた後、自身はみずからの部隊を率い、この恨みをやがて晴らしにやってくると、サラディンの父に約束した上で北に引き揚げた。

アターベクが去った後、ウナルはバニヤースを占領し、同盟条約に基づいてフランク側に引き渡す。次いで彼はエルサレム王国を公式訪問する。彼にはウサーマが随行した。

無教養なフランク——ウサーマの観察（上）

ダマスカスにおいて、ウサーマはいわばフランク問題についての大専門家になっていた。われわれにとって大へん幸せなことに、年代記作者であるこの貴族は単に外交交渉を行ったばかりではなかった。何よりもまず、好奇心と鋭い観察眼の持ち主であって、フランク時代の社会慣習や日常生活についての貴重な証言を残しているのである。その一例を示そう。

エルサレム訪問の際、私はアル＝アクサーのモスクへ出かけるのを常としたが、そこはわが友、神殿騎士たちの宿舎になっていた。その一角には礼拝所があり、フランクの教会として使われている。この場所を騎士たちが提供してくれたので、私はそこで日々の祈りを捧げたのである。さて、ある日のこと、私が中に入り、「アッラーフ・アクバル（神は偉大なり）」を唱えて、礼拝を始めようとしたところ、ひとりのフランクがとびかかって私をとらえ、首を東の方へ向けさせていった。「こうやって祈るんだ！」。とたんに騎士たちが駆けつけて来て彼を遠ざけたので、祈りを再開したところ、くだんの男は、すきを突いて、またもや私にとびかかり、首を東の方に向けさせて繰り返した。「こうやって祈るんだ！」。この時も騎士たちが介入して彼を遠ざけ、私に向かってこういった。「あれはよそ者です。フランクの国から来たばかりなので、東へ向かずに祈る男など見たことがないんです」。私は、十分にお祈りをすませたからと答えて外に出たが、私がメッカの方に礼拝するのを見て、かくも立腹したこの悪魔めの振る舞いには、ただあきれるばかりであった。

アラブの貴族ウサーマが神殿騎士たちを「わが友」とためらうことなく呼んだとしても、それは彼が、中東との接触によって彼らの野蛮な風習が次第に洗練されて来た、と評価したためである。そのことについて彼は説明する。〈フランクのなかには、われわれの間にやって来て住みつき、ムスリム社会を大切に扱う連中がいる。彼らは、その支配地にやってくる新参者よりはずっと優れている〉。彼にとって、アル＝アクサー寺院でのできごとは、「フランクの無教養ぶりの一例」なのであった。エルサレム王国への度重なる訪問を通じ、彼はこの種の無教養ぶりについて、ほかにも書き残している。

テベリアにいたときのことだが、フランクの祭日にぶつかった。騎士たちは馬上の槍試合を行うために郊外へ繰り出す。彼らはよぼよぼの老女を二人連れて来ており、広場の片方の端に並ばせた。反対側の端には大きな岩があって、ブタがぶら下がっている。騎士たちはこの二人に駆けっこをやらせようというわけで、二人とも一群の騎士に守られて走るのだが、この連中ときたら、わざと走路のじゃまをするのだ。見物人の野卑な爆笑のなかで、二人は一歩進むごとに倒れ、また起き上がる。結局、先着した一人が、そのブタをつかむ。それが賞品なのであった。

野蛮なフランク——ウサーマの観察（中）

ウサーマのように教養あり、洗練された貴族はこのようなばか騒ぎを楽しむことができない。しかし、フランクの裁判なるものを観察したとき、それまでのいんぎんな調子は嫌悪感の表明に変わる。

ナーブルスで（と彼は語る）、私は奇妙な見世物に居合わせる機会をもった。二人の男の一騎討ちである。その原因は以下のとおりだ。ムスリムの強盗団が隣村に押し入り、一人の農夫が道案内をしたのではと疑われた。彼は逃亡したが、フールク王が彼の子供たちを逮捕させたので、舞い戻らざるを得なかった。「公平に扱って下さい」と農夫は王にいった。「私を訴えたやつと腕比べをさせて下さい」。そこで王はその村を領地として受け取っている貴族にいった。「相手側を連れて参れ」。貴族は村の鍛冶屋を選んでいった。「お前が行って一騎討ちをやれ」。領主としては、作物に被害が出ては困るから、自分の農民を殺されに出すわけには行かない。こうして私はこの鍛冶屋を見た。彼は頑丈な若者だったが、歩く時もすわる時も、何か飲みものを欲しがっている。被告の方は威勢のいい老人で、指を鳴らしてやる気十分といったところ。そこでナーブルスの総督が歩み寄り、各人に槍と盾を与え、その周りをぐるっと見物人に取り巻かせた。

戦いが始まった（とウサーマは続ける）。老人は鍛冶屋をうしろへ押し、人垣の方へ投げとばしてから闘技場の中央へ戻った。突き合いは激しく、二人は一本の血の柱のようにしか見えなかった。総督は決着を早くつけさせようとして声をはさんだが、決闘は長引く。「早くやれ、もっと……」。ついに老人は力尽きた。鍛冶屋は槌を振るう経験を生かし、一撃を加えて引っくり返したので、相手は槍を手放す。次いで、相手に馬乗りになり、指で目玉をえぐろうとしたが、流れる血潮のため果たせない。そこで鍛冶屋は立ち上がり、槍のひと突きでとどめを刺した。死体の首には直ちになわがかけられた。何人かがその死体を絞首台のところに引きずって行き、そして吊るした。この一例でもわかるように、これがフランクの裁判なのである。

貴族ウサーマのこの怒りはごく自然なものだ。十二世紀のアラブ社会では、裁判はまじめな業務だったからである。カーディーと呼ばれる法官は世間の尊敬の的になる人物で、法を行うに際しては、コーランに定められた論告、弁論、証言という手続きを踏まなければならない。西洋人がしばしば頼る「神の裁き」なるものは、アフブには陰惨な芝居のように見えた。この年代記作者が描写した決闘は神明裁判の一形式にほかならない。さらに火の試練や水責めもあって、後者につきウサーマは激しい嫌悪の情をこめて暴き出している。

水をいっぱい張った大樽がしつらえられた。容疑の対象になっている若者は縛られ、なわで肩甲骨のところで吊るされ、大樽のなかに落とされる。彼が無実なら水中に沈むので、このなわを使って引き上げるが、もし有罪なら沈むことができないという。さて、この不幸な男は大樽のなかに落とされたとき、底まで沈もうと努力したがどうしてもできず、彼らの法の厳しさに従わなければならなかった。神よ、彼らを呪いたまえ！　彼らは真っ赤に焼けた銀の錐《きり》を目玉に突き刺し、彼を盲目にしてしまったのである。

無知なフランク——ウサーマの観察（下）

「野蛮人」についてのこの貴族の見解は、彼らの知識について触れるときも、ほとんど修正されない。十二世紀において、フランクは、科学・技術の全領域において、アラブより非常に遅れていた。そして、先進の中東と未開の西洋との較差がいちばん大きかったのは、医学の分野においてであった。ウサーマはその差を観察している。

ある日（と彼は語る）、レバノン山脈にあるムナイトラのフランク人領主が私の伯父のスルタンに手紙をよこし、急患の手当てのため医者を送ってくれと頼んで来た。伯父はわれわれの間から、サービトという名のキリスト教徒の医者を選んだ。彼は数日間留守しただけで戻って来た。われわれは皆ふしぎに思い、どうしてこんなに早く病人をなおすことができたか知りたくて質問攻めにすると、彼の答えはこうだった。

足におできができた騎士と肺病の女が私の前に連れて来られました。騎士には膏薬《こうやく》をつけてやると傷口が開き、だいぶよくなりました。女には体質の回復のため食餌《しょくじ》療法の処方をしました。ところが、フランクの医者が入って来ていうのです。「この男は手当てのしかたを知らん！」。そして騎士の方を向いて尋ねました。「足が一本で生きるのと、二本のままで死ぬのと、どっちがいいか」。患者が、一本の足で生きる方がましだと答えると、医者は命令しました。「元気な騎士とよくといだ斧をここへ」。やがて斧をもった騎士が来るのが見えました。フランク人の医者はくだんの足を薪《まき》割り台の上に乗せ、今来た男にいいます。「いいか、その斧ですぱっ、とやるんだ」。私の目の前で、その男は一撃を加えましたが、足はまだくっついたままだったので、第二撃です、骨髄がとび散り、患者は即死しました。女の方はといえば、フランクの医者は診察してからいいました。「頭のなかに悪魔がいてこの女に惚《ほ》れよる。髪の毛を刈れ！」。毛が刈られました。女はそれから、にんにくと辛子《からし》の利いた食事に戻ったので病状が悪化しました。「悪魔が頭のなかに入っておるからじゃ」と医者は断言し、かみそりをとると、十字形に切開して頭蓋骨をむき出しにさせ、塩でごしごしもむのです。女はすぐ死にました。そこで私はきいたのです。「ほかに御用はありませんか？」。ないというので戻って来た次第ですが、フランクの医学について、これまで知らなかったことを、ずいぶん勉強したものですよ。

西洋人の無知に眉をひそめるウサーマは、彼らの風習について、さらにさらに眉をひそめる。〈フランクは（と彼は声を大にする）、名誉心をもっていない。ある夫が妻を連れて外出中、友人に道ばたで会ったとする。友人は人妻の手を取って脇の方へ引き寄せて話をする。そのあいだ夫は会話が終わるまで待っている。もしながながと続くと、夫は妻を相手に残して立ち去ってしまうのである……〉。ウサーマは困惑する。〈この矛盾を少しでも考えてみよ。あれほど勇気をもっているのに、この連中ときたら、嫉妬も名誉心も持っていない。しかし、勇気というものは、名誉心と、悪への軽蔑から生じるものであるのだが！〉

彼らについて知れば知るほど、ウサーマは西洋人を低次元だと思うようになる。勇敢である以外に取りえがない。こういう彼の評価を念頭に置けば、以下の挿話も理解できようというものだ。ある日のこと、フランクのあいだにできた「友」のひとりが——フールク王の軍隊に属する騎士であったが——ウサーマに、彼の若い息子を西洋に連れて行き、騎士道をみっちり仕込んでやろうかと持ちかけた。そのとき、このアラブの貴族はその申し出を丁重に断り、「フランクの国へやるよりは牢屋にやった方がましだ」とつぶやいたという。

こうした異国人たちとの友好には限界があった。その上、ダマスカス＝エルサレム間のこの有名な協力は、西洋人を知る上で望外の機会をウサーマに提供したのであったが、たちまち、短い幕間劇のように見えてしまう。劇的な事件が間もなく、占領者に対する決戦を再発させようとしていた。すなわち一一四四年十二月二十二日、土曜日、中東の四つのフランク国家のなかでいちばん古い国の首都エデッサが、アターベク、イマードゥッティーン・ザンギーの手中に落ちたのである。

ザンギー、エデッサを回復（一一四四年十二月）

一〇九九年七月におけるエルサレムの陥落がフランクの侵略の到達点を、また一一二四年七月におけるティールの陥落が占領段階の仕上げをしるしたとするなら、エデッサの回復は、侵略者に対するアラブの反撃の極め付きとして、また、勝利への長い道のりの第一歩として、歴史に残ることだろう。

占領がこんな衝撃的な手段でもとのもくあみになってしまうとは、だれ一人として予見しなかった。なるほど、エデッサはフランクの存在の一前哨地点にすぎないが、歴代領主は地方政治の動きに完全に溶けこんでいた。この町の住民の過半数はアルメニア人で、ジョスラン二世は西洋人として最後の領主になるのだが、彼はひげを生やした小男で、とんがり鼻と、とび出た目、それに不格好なからだの持ち主であり、勇気と知恵で知られたことは絶えてなかった。しかし、家来たちに嫌われていなかったのは、とりわけ彼がアルメニア人の母から生まれたせいで、領内の政情は安泰だった。彼は隣国と定期的な略奪戦を交わしていたが、いつも休戦になって矛を収めるのであった。

しかし、一一四四年の秋、突如として状況が変わる。巧みな作戦行動により、ザンギーは、中東のこの地域におけるフランクの半世紀にわたる支配に終止符を打ち、イランからアルマーン〔ドイツ〕という遠い国まで、強弱を問わぬ人びとの胸を打つ勝利を獲得したので、やがてフランク最大の王たちの新たな侵略を誘うことになる。

エデッサ攻略についてのもっとも刺激的な物語は、事件に直接巻きこまれたシリア人主教アブール＝ファラジ・バシルという目撃者が残した。戦闘を通じての彼の態度は、自身が属する東方キリスト教徒社会のドラマをよく表している。町が攻撃されるや、アブール＝ファラジは積極的に防衛に励む。しかし、その一方で、彼の共感は西洋人である「保護者たち」よりはムスリム軍の方に傾く。彼はこの連中を尊敬などしていなかったからだ。

ジョスラン伯は（と彼は語る）、ユーフラテスの岸辺の方《かた》、テル・バーシルへ略奪に出かけた。それをザンギーは知った。十一月三十日、彼はエデッサの城壁の下にいた。その部隊は大空の星のように数知れなかった。町を取り巻く大地は彼らでいっぱいだった。至るところに幕舎が立ち、アターベクは町の北、証聖者《しょうせいしゃ》教会を見下ろす丘の上、「時の門」の正面に幕舎を張った。

谷間に位置しているとはいえ、エデッサは、その三角形の頑丈な城壁が、周囲のいくつもの丘にがっちりと重なり合って築かれているため、難攻不落の城だった。しかし、アブール＝ファラジの説明によれば、「ジョスランは全然残留部隊を置かなかった。残っているのはくつ屋、織工、絹商人《あきんど》、仕立て屋、聖職者だけである」。そこで防衛の責任はフランク人司教に委ねられ、アルメニア人主教とこの記録者自身が補佐した。しかし彼はアタ ーベクと何か妥協の手がないものか、と思う。

ザンギーは（と彼は語る）、籠城側に何度も和平提案を持ち出していった。「かわいそうに！ 万事休すではないか。何がほしいのか、何を待っているのか。自分たち、息子たち、妻たち、そして家屋敷をいとしく思え。町が破壊され無人の地となるようなことのないために行動せよ」。しかし町には、自分の意思を貫けるような指導者は一人もおらず、愚かにも、からいばりと下品な悪口でザンギーに答えた。

工兵が城壁の下に坑道を掘り始めるのを見ると、アブール＝ファラジはザンギーに休戦提案の手紙を書いたらどうかといい、フランクの司教はこれに同意した。「信書がしたためられ、皆の前で読み上げられたが、一人の非常識な男が、それは絹商人だったが、手をのばして書簡をつかみ、引き裂いてしまった」。しかしながらザンギーは何度も繰り返す。「何日か休戦がほしいなら、そうしてもいいぞ。そして援軍が来るかどうかを見るのだ。もし来なかったら、降伏し、命を全うせよ！」

しかし援軍の影も形もない。自分の都が攻められていることはとっくに知らされていたのだが、ジョスランはアターベクと対決しようとは思わず、アンティオキアかエルサレムからの援軍がやって来るのを待ち、テル・バーシルに留まる方を選んだ。

（アブール＝ファラジは続ける）、トルコ軍はいまや北側の壁の土台を取り除き、その代わりに、材木と梁《はり》と太い幹を大量に据えつけ、隙間に油と脂肪と硫黄をいっぱいつめた。すぐ燃え上がらせて、城壁を崩壊させるためだ。準備が完了すると、ザンギーの命令で、火が放たれた。敵陣の伝令は戦闘準備を触れ回り、壁が崩れたら裂け目から突入せよと呼びかけ、三日間は町の略奪思いのままと請け合っていた。火は油と硫黄につき、材木と溶けた脂肪に燃え移った。風は北から吹き、守り手の方へ煙を運んだ。壁は頑丈だったが、よろめき、そして崩れた。その割れ目で多くの命を犠牲にしたが、トルコ兵は町に突入、無差別の殺人を始めた。この日、約六千人が殺された。女、子ども、若者たちは虐殺を逃れようと高い方の城廓へ急いだ。しかし、フランク人司教の過失から木戸は閉まっていた。この男は「わしの顔が見えないかぎり、木戸を開けるな」と番兵に命じていたのである。仕方なく一行は押し合いへし合いはい上がり、踏みつけ合う。それは見るも無惨な光景で、人びとはもみくちゃにされ、息がつまり、ぎっちりつまった一個の塊のようになり、五千人、あるいはそれ以上が惨死した。

しかし、ザンギー自身が介入して殺人を中止させ、副将をアブール＝ファラジに会いに行かせた。〈師よ（と彼はいう）、十字架と福音書にかけ、なんじとなんじの社会はわれらに忠実であると誓ってほしい。なんじも存じておるとおり、この町はアラブが治めた二百年の間、大都市のように栄えたものだ。そして今日、フランクが占領して五十年たったが、彼らは町を荒廃させてしまった。われらがあるじイマードゥッディーン・ザンギー殿はなんじらを善処するお考えじゃ。殿の御威光のもと、平和に、安全に生きよ。そして殿の御長命を祈れ〉。

実際（と彼は言葉を継ぐ）、シリア人とアルメニア人は城塞から出され、めいめい心配なく家に戻った。これに反し、フランクはといえば、金銀、聖なる器、杯、小皿、飾りをつけた十字架、多量の宝石など、貴重な所有物のすべてを持ち去られた。また聖職者、貴族、名士は別にされ、衣服をはぎ取られてから鎖につながれ、アレッポへ送られた。残りのなかから職人たちが選ばれ、これはザンギーが囚人として引き取り、各職種に応じて働かせることにした。他のフランク全員は百人ほどだったが、みな処刑された。

エデッサ回復の報が行き渡るや、アラブ世界は熱狂し、どんな野心的な計画もザンギーならできると考えた。彼の陣中にいたパレスティナや多くの沿岸都市の難民は、もうエルサレムの回復について語り始めた。やがてはフランクに対する抵抗の象徴となる目標を。

敬称のインフレ

カリフは大急ぎで時の英雄に、次のようなもっともらしい称号を贈った。アル＝マリク・アル＝マンスール（勝利王）、ザイン・アル＝イスラム（イスラムの飾り）、ナーシル・アミール・アル＝ムーミニーン（信徒の長《おさ》の保護者）。当時のどの指導者とも同じく、ザンギーは自慢げに、わが力のしるしとして、これらの呼び名を並べ立てた。

イブン・アル＝カラーニシは、巧みな皮肉をこめた注のなかで、自分の年代記では称号を全部つけ加えず、「スルタン某」「アミール」あるいは「アターベク」としるしたことを読者にわびている。というのは、彼の説明によれば、十世紀以来、この種の敬称のインフレが起こって、もしその全部を引用すれば、年代記の本文が読みづらくなってしまう。正統カリフたちは「信徒の長」という簡素きわまりない称号で満足していたものだ。そのような時代をひそかに懐かしみながら、ダマスカスの年代記作者は持論をはっきりさせる意味で、いくつかの例を引用しているが、そのなかにずばり、ザンギーが出てくる。厳格にやるなら、アターベクに言及するときはいつもこう始めなければならないと、イブン・アル＝カラーニシは念を押しているのである。

殿、大将、大公、義公、神の加護、戦勝公、無二公、教えの御柱、イスラムの礎石、イスラムの飾り、万物の保護者、王朝の友、教義の助けびと、民族の英雄、諸王の名誉、スルタンの支え、不信心者・反逆者・無神論者への勝者、ムスリム軍最高司令官、勝利王、諸侯の王、戦功の太陽、二つのイラクとシリアの大守、イランとバフルアワンの征服者、ジハン・アルプ・インアサジ・コトログ・トグルルベク・アターベク・アブー・サアイード・ザンギー・イブン・アク・スンクル、信徒の長《おさ》の保護者。

ダマスカスの年代記作者は不謹慎にも、これらの大げさな性格を笑っているが、このような称号は、しかしながら、ザンギーが以後アラブ世界のなかに占める優位をよく物語っている。フランクは彼の名を聞くだけでふるえ上がった。エデッサ陥落の直前、フールク王が未成年の息子二人を残して没しただけに、彼らの混乱は大きかった。摂政となった妻は特使を急いでフランク諸国へ送り、人民がこうむったばかりの災害のニュースを伝えさせた。〈彼らはそのとき（と、イブン・アル＝カラーニシはいう）、フランクの全領土で訴えた。イスラム世界の攻撃に駆けつけよと〉。

西洋人の恐れを裏づけるかのように、勝利の後ザンギーはシリアに戻って来て、フランク治下の主要都市に大規模な攻撃を準備中と触れ回らせた。この計画は最初、シリアの諸都市から熱烈に歓迎された。しかしダマスカス人は徐々に、アターベクの真意について不安の念をもち始めた。彼が一一三九年にやったように、バールベクに陣を構え、おびただしい数の攻城兵器の建造にとりかかったからだ。イスラムを口実に戦いを挑もうとしている相手はダマスカスそのものではないのか？

ザンギーの死（一一四六年九月）

その真意はついに不明のままになる。というのは一一四六年一月、春季攻勢の準備がほぼ完了した時点で、彼は北へ戻らざるを得なかったからだ。工作員たちからの連絡では、エデッサのジョスランが、町に残ったアルメニア人の友人たちの協力を得て陰謀をたくらみ、味方の駐留部隊を全滅させようとねらっている。アターベクは征服した町に戻るや、旧領主の一味を処刑して事態を掌握し、住民のなかに反フランク派の勢力をのばすため、忠勤に精を出しているユダヤ人三百家族を移住させた。

この教訓のため、ザンギーは、少なくとも当座のあいだは、領土の拡張よりはその安定に努力した方がよいと思うようになる。とくに問題なのは、アレッポからモースルへの幹線道路沿いにアラブの某領主がいて、ユーフラテス川に面するジャーバルの強固な要塞を抑え、アターベクの権威を認めようとはしていないことだ。この不服従のため、二つの首都の間の連絡がかんたんに断たれてしまいかねないので、一一四六年六月、ザンギーはジャーバル攻囲の陣を敷く。彼は何日もかからずに奪取できると見込んでいたが、実際には思ったよりむずかしく、三カ月たったというのに、守備隊の抵抗は弱まらない。

九月のある夜、大酒をあおった後でアターベクは寝ていた。突然、幕舎のなかの物音が彼をめざます。目をあけて見れば、フランク出身のヤランカシュ某なる宦官《かんがん》が、彼の愛用の瓶《びん》にいれた酒を飲んでいる。アターベクはかっとして、明日きつく罰するぞ、といった。あるじの雷が落ちるのを恐れたヤランカシュは、彼が再び眠りに落ちるのを待ってから、短剣の一撃を加えてジャーバルへ逃げ、褒美にたっぷりありついた。

ザンギーは即死ではなかった。半ば昏睡状態にあるとき、側近の一人が幕舎に入った。イブン・アル＝アシールはそのときの証言を書きとめている。

私を見ると、アターベクは私がとどめを刺しに来たかと思い、指のしぐさで許しを乞うた。私は胸がいっぱいになり、ひざまずいていった。「殿、だれの仕業ですか」。

しかし彼は答えることができず、絶命した。神よ、彼をあわれみたまえ！

輝かしい勝利の直後に訪れた彼の悲劇的な死は、同時代人の深い感動を呼ぶ。イブン・アル＝カラーニシは詩をつくって評した。


夜明けは寝床に横たわっている彼を示す。そこで宦官に殺されたのだ。

それでいて彼は眠っていた。誇り高き軍のなか、剣を持つ部将たちに囲まれて。

彼は死んだ、富や権力の奉仕を受けず。

彼の宝は他人のものになる。息子たちや敵の間で千切られて。

彼が去ったとみるや、敵は立ち上がった。

生前はこわくて抜けなかった剣をつかみ。


事実、ザンギーの死後は奪い合いだった。昨日まで軍紀厳正だった兵士たちは、手のつけられぬ強盗集団に変身する。彼の財貨、武具、そして私物までが、一瞬の間に消え失せる。次いで部隊は散り散りになる。つぎつぎと部将たちは家来をかき集め、どこかの城を取りに行くか、身を安泰にして、次に何が起こるかを待つ。

ムイーヌッディーン・ウナルは敵将死すと知るや、直ちに部隊を率いてダマスカスを離れ、バールベクを奪取して、数週間のうちに中部シリア全域に対する宗主権を回復してしまった。アンティオキアのレイモンは消滅しかけたしきたりを復活し、アレッポの城壁の下まで攻めかかる。そしてジョスランはエデッサ回復のため、いっそう大がかりに策をめぐらす。

ザンギーによって築かれた強力な国家の英雄詩は終章を迎えたように見える。実際はしかし、いま始まったところであった。

Ⅳ　勝利（一一四六～一一八七年）

神よ、マフムードよりもイスラムに勝利を与えたまえ。このマフムードの犬めが勝利にふさわしいとは！

メールッディーン・マフムード
東アラブの統一者（一一一七～一一七四年）

8　聖王ヌールッディーン

宣伝機関の創設

ザンギーの陣営が混乱の極みにあったとき、ひとりの男だけが冷静さを失わずにいた。二十九歳で長身、顔色は焼け、あご以外はひげを剃り、額は広く、まなざしは柔和に、そして澄んでいる。彼はまだ温かいアターベクの遺骸に近寄り、ふるえながら手を取って、権力のしるしである印璽をはずし、自分の指にそっとはめた。その名はヌールッディーン、ザンギーの次男である。

〈私は過去の時代の諸君主についての史書を読んだが、初期のカリフたちを除けば、ヌールッディーンほど高潔かつ公正な人物を知らない〉。イブン・アル＝アシールがこの貴公子に文字どおりの崇敬を捧げるのも当然のことだ。ザンギーの息子が厳正、勇気、国家感覚などの遺産を父から受け継いだとしても、彼は、同時代人にアターベクを鼻持ちならぬものとした欠点を、何ひとつ持ち合わせていなかった。ザンギーはその豪雄ぶりと厚顔無恥とで相手をおびえさせたのであったが、ヌールッディーンは舞台に登場するや、信仰心厚く、謙虚で、公正で、約束を守り、そして、イスラムの敵に対するジハード［聖戦］に全身を打ちこんでいる男であるとの印象を、相手にどうにか植えつけることができた。

さらに、もっと重要なことがある。そこにこそ彼の特性があるのだが、彼はその長所を恐るべき政治兵器に育てあげる。十二世紀の半ばというこの時代に、彼は心理的な動員が演ずる貴重な役割をちゃんと弁えていて、本物の宣伝機関をつくり上げたのである。何百人もの教養人が――その大部分は宗教人だが――人民の積極的な共感を獲得し、併せてアラブ世界の指導者たちを彼の旗のもとに参じさせる任務を委託された。イブン・アル＝アシールは、ジャジーラの一領主が、ある日ザンギーの息子から対フランクの戦線に加わるよう、「誘われた」ときの嘆きを伝えている。

もしヌールッディーンを助けに駆けつけなければ（と領主はいう）、彼は私を領地から追い出すだろう。なぜなら彼は土地の熱心な聖職者、苦行者たちに手紙を出して礼拝による彼らの応援を求め、ムスリムをジハードに立ち上がらせるよう彼らを励ましているからだ。いま、このとき、彼らのめいめいは弟子や友人とともに座してヌールッディーンの手紙を読みつつ現状を嘆き、私を呪う。このような激しい非難を避けたいなら、彼の求めに応ずるしかない。

ヌールッディーンはさらに、宣伝機関をみずから指導した。詩や書簡や書物を書かせ、十分な注意を払って、それらが所定の効果を生むような時期に流布されるようにする。彼が説く原則は単純明快だった。

第一には唯一の宗教、スンナ派のイスラムであって、それはあらゆる「異端派」に対する断固たる戦いを意味する。第二は唯一の国家で、フランクを完全包囲するため。そして第三は唯一の目標、すなわちジハードで、占領された領土を回復し、とくにエルサレムを解放するためである。治世の二十八年間を通じ、ヌールッディーンは幾多のウラマー〔宗教指導者〕に呼びかけて聖地アル＝クドス〔エルサレムのアラビア語名〕の価値を称える論説を書かせ、モスクや学校でその読書会を開かせている。

酒と音曲を断ち……

このような折には、至高のムジャーヒド〔ジハードに加わる戦士〕、至徳のムスリム・ヌールッディーンという賛辞が必ず唱えられるものだ。しかし、この個人崇拝は、逆説的なことだが、ザンギーの息子の謙虚と厳正に基づいていただけに、時代にかない、かつ有効だった。

イブン・アル＝アシールはひとつの挿話を伝える。

ヌールッディーンの妻があるとき、夫の求めに応ずるだけの余裕がないとこぼした。彼はホムスで自分が持っている三つの店を妻に任せたが、その売り上げは年に二十ディナールほどであった。それでもまだ足りないといったとき、彼はたしなめた。「私が自由にできるお金は全部、ムスリムのために管理しているにすぎん。私は彼らを裏切りたくないし、おまえのせいで地獄の業火に焼かれるつもりはないんだよ」。

こうした話が広まると、真っ先に当惑したのは地方の諸侯だった。彼らは豪勢な暮らしをして、領民をとことんまで搾取していたからだ。事実、ヌールッディーンの宣伝機関は、彼の威光に服した地方では税が撤廃されたと、絶えず強調していた。

ザンギーの息子は、敵を困らせると同時に部下の諸侯をも困らせてしまう。時がたつにつれて、彼は宗教上の掟についてますます厳しくなり、自分が禁酒するだけでは気がすまず、軍に禁酒を徹底させると同時に、太鼓や笛その他、神のお気に召さぬものを禁じた――と、アレッポの年代記作者カマールッディーンは説明し、さらにつけ加える。〈ヌールッディーンはぜいたくな服装を捨て、粗末な服に着換えた〉。こうなると、トルコ人の部将たちは、これまで深酒や美々しく着飾ることになれ親しんできたので、当然のこと、この主君の前ではくつろげないことが多い。おまけにこの主君と来たら、笑うこともまれになり、ターバンを巻いたウラマーたちと同席するのが何よりも好きになって行く。

諸侯たちの気をさらにめいらせてしまうのは、ザンギーの息子が「信仰の光」を意味するヌールッディーンという称号を捨て、自身の名マフムードを使いたがる傾向だ。戦いの前に、彼はこのように祈る。「神よ、マフムードよりもイスラムに勝利を与えたまえ。このマフムードの犬めが勝利にふさわしいとは！」。謙虚のこのような表明は弱き者、信仰厚き者の共感を獲得したが、強者は単なる偽善と割り切る。しかし、彼の大衆向けのイメージが、一部はたしかに「つくられたもの」であったにせよ、彼の信念にうそ偽りはなかったように見える。いずれにせよ、結果はこうだ。フランクを粉砕できる力をアラブ世界からつくり出したのはヌールッディーンであり、勝利の果実をもぎ取るのは彼の幕僚サラディンなのである。

エデッサの反乱を粉砕。結婚

父の没後、ヌールッディーンはアレッポを手に入れることができた。アターベクが征服した広大な領域に比べれば微々たるものだが、彼の治世の栄光はこの慎ましい最初の領地から確実に輝き始める。ザンギーは人生の主要な部分をカリフたち、スルタンたち、およびイラクやジャジーラの諸侯国と戦って過ごした。それは体力を消耗させ、しかも報いられること少ない仕事だったが、これは彼の息子には無縁のものとなろう。モースルと周辺地域を兄のサイフッディーンに委ね、友好関係を維持したから、ヌールッディーンは、東部国境では強力な味方を頼りにすることができ、シリア問題に専念する。

しかし一一四六年九月、腹心のクルド人部将、サラディンの叔父のシールクーフを従えてアレッポに入城したとき、彼の地位は安泰ではなかった。アンティオキアの騎士たちの脅威が再び高まったばかりでなく、ヌールッディーンが城外にまで権威を打ち立てる暇もないうちに、十月末、ジョスランが、一部アルメニア住民の協力を得て、エデッサ奪回に成功したとの報が届いたからである。

エデッサは、ザンギーの死後失われたどの都市とも比べようがない。それはアターベクの栄光の象徴そのものであり、その陥落はこの王朝の将来を引っくり返してしまうだろう。ヌールッディーンは素早く反応した。夜を日に継いで馬を走らせ、乗りつぶした馬は道ばたに打ち捨て、エデッサの城外に着いたとき、ジョスランはまだ守りを固めていなかった。昔から武勇の誉れには無縁のジョスランは、夜になったら逃げようと決める。彼に従おうとした同志たちは、アレッポの騎兵隊につかまり、皆殺しにされた。

反乱を粉砕したこの敏速性は、ザンギーの息子に、彼の生まれ立ての権力が大いに必要としていた威信をもたらす。教訓を汲んで、アンティオキアのレイモンは冒険心に歯止めをかける。一方ウナルはアレッポのあるじに、急いで娘との結婚を申し入れた。

（イブン・アル＝カラーニシは明らかにする）。結婚契約書は、ヌールッディーンの使者たちが立ち合い、ダマスカスで起草された。直ちに嫁入り道具が整えられ、準備が終わるや、使者たちはアレッポへの帰途に就いた。

シリアにおけるヌールッディーンの地位は以来固まった。しかし、地平線に姿を見せつつある危険に比べれば、ジョスランの陰謀、レイモンの略奪行為、そしてダマスカスの古ぎつねの謀略などは、ものの数にも入らないように見えてくる。

フランクの二度目の侵略

コンスタンティノープルから、フランクの領土から、あるいはその隣接地域から、知らせが引き続いて届く。それによると、フランクの諸王は故郷を発ち、イスラムの地を攻撃するための途上にある。彼らは守備隊も置かず統治下の諸州をからっぽにし、富と財宝と計り知れぬ物資をたずさえている。その数は歩兵、騎兵合わせて百万とも、それ以上ともいわれる。

この記事を書いたとき、イブン・アル＝カラーニシは七十五歳で、半世紀前、この種の事件をほとんど同じ筆致で書かねばならなかったことを、たぶん思い出していただろう。事実、エデッサの陥落を契機とするフランクの二度目の侵略は、当初、一度目の再現のように見えた。一一四七年秋、このときも、十字架の形をした布切れを背中に縫いつけ、無数の戦士が小アジアに展開した。ドリュラエウムを越え――そこはクルジュ・アルスラーンが歴史的な敗北を喫したところであったが――、その息子マスウードは、五十年目の仇討ちとばかり、彼らを待つ。彼は一連の待ち伏せ攻撃を仕掛り、敵に必殺の打撃を与えた。〈敵の数はどんどん減って行く、という知らせが絶えないので、人びとはどうにか平静を取り戻した〉。しかし、イブン・アル＝カラーニシはつけ加える。〈これだけの損害を受けても、フランクの勢力は約十万といわれる〉。

ここにも出ていることだが、こうした数字を真に受けてはならない。同時代人のだれとも同じように、ダマスカスの年代記作者は、正確第一という信仰心をもっていないし、またいずれにせよ、推定を裏付けるための手段にまったく欠けていた。しかしながら、われわれはイブン・アル＝カラーニシの表現上の慎重さに敬意を表しなければなるまい。つまり、数字があやしいと思われるたびに、彼は〈といわれる〉とつけ加えているのである。イブン・アル＝アシールはこのような慎重さを持ち合わせていないが、ある事柄について個人的な論評をしなければならないとき、彼は注意を払い、〈アッラーフ・アアリム（神のみぞ知りたもう）〉で筆を収めた。

フランクの新たな侵略者の正確な数がどうであろうと、その軍勢がエルサレム、アンテイオキアおよびトリポリ勢を加えれば、アラブ世界を引っくり返すに足るだけの力をもっていたことは確かである。したがって、アラブ世界は恐れおののきながらその動向を観察していた。ひとつの問いが飽きもせず蒸し返される。彼らが第一撃を加えようとしているのはどの町か。

論理的にいえば、エデッサから始めるにちがいない。彼らがやって来たのはその陥落の報復のためではないのか。しかし、アレッポを攻めるかも知れない。こうして権力が上り坂のヌールッディーンの頭をたたけば、エデッサは自動的に落ちるだろう……。だが実際は、そのどちらでもなかった。〈国王たちは長談義のあげく（とイブン・アル＝カラーニシはいう）、ダマスカスを攻めることで合意した。彼らは占領については自信たっぷりで、その属領の分割については、一回で話がまとまったほどであった〉。

ダマスカスの攻防

ダマスカスを攻める？　エルサレムと同盟条約を結んでいるムスリムの唯一の指導者、ムイーヌッディーンの町を攻めるのか。しかしながら、後になって考えてみると、フランク軍を指導した強力な国王たちは、次のように判断したものと思われる。すなわち、ダマスカスのような威信のある町の占領だけが東方遠征を正当化する、ということだ。このとき、アラブの年代記作者たちは、とくにドイツ皇帝コンラートについては言及するが、実際に凡庸な人物だったためでもあろうか、フランス王ルイ七世については、ついに一行も触れていない。

フランクの計画についての情報に接するや（とイブン・アル＝カラーニシは語る）、ムイーヌッディーン殿は彼らの悪意をくじくための準備にかかった。彼は攻撃を受けかねない場所をすべて強化し、部隊を道路沿いに配置し、郊外の井戸や泉を埋めた。

一一四八年七月二十四日、フランク部隊は、荷物を満載したラクダの大部隊を引き連れ、ダマスカスの前面に着いた。ダマスカス側は町を出て侵略者を迎え撃った。そのなかにはマグリブ〔北アフリカ〕出身の高齢な神学者アル＝フィンダラウィの姿が見える。

彼が徒歩で進むのを見て（とイブン・アル＝アシールは語る）、ムイーヌッディーン殿は歩み寄り、あいさつしてからいった。「御老体よ、その御高齢で戦うことはありませぬ。ムスリムを守るのはわれらの努め」。彼はどうか戻ってくれと頼んだが、アル＝フィンダラウィは拒んでいった。「わしはこの身を売りに出し、神に買うていただいたのじゃ」。彼は至高の神の言葉を引用した。「神は信者からその身柄と財産をそっくり買い取られ、引き換えに天国を与えたもうた」。アル＝フィンダラウィは前進し、討ち死にするまでフランクと戦った。

この殉教者に続く者がやがて出る。パレスティナ難民出のもう一人の苦行者で、その名をアル＝ハルフリといった。しかし、このような英雄的行為にもかかわらず、フランクの進出を阻むことはできない。彼らはグータの平野に展開して幕舎を張り、城壁の数地点にも接近した。戦闘第一日の夜、ダマスカス側は最悪の日に備え、通りにバリケードを築き始める。

翌七月二十五日、〈それは日曜日だった（とイブン・アル＝カラーニシは報じる）。住民は夜明けを待って出撃した。戦闘は全員が疲れ切った日没になってやっと収まり、各人は持ち場に戻る。ダマスカス軍はフランクとにらみ合って夜をすごし、住民は、敵がすぐそばに見えたから、城壁の上に物見を置いた〉。

翌朝、ダマスカス人は希望を取り戻した。北方にトルコ、クルド、アラブの騎士の大軍がやってくるのを見たからである。すでにウナルは、この地域の諸侯すべてに至急便を出して、救いを求めていた。その援軍は続々と包囲された町に着き始め、翌日にはアレッポ軍の先頭に立つヌールッディーンと、モースル軍を率いるその兄サイフッディーンの到着が報じられた。

彼らの接近を知るや、ムイーヌッディーンは、イブン・アル＝アシールによれば、〈外来のフランクとシリアのフランクにそれぞれ手紙を送った〉。前者に対しては簡潔な文体で。〈東方世界の国王の御到着。貴公らが退去しないとあれば、町を国王に引き渡す。後悔召さるな〉。後者、つまり「入植者《コロン》」に対しては別の表現を用いた。〈われらを攻めるこの連中に手を貸すとは、御身たち、気でも狂われたか。彼らはダマスカスを取れば、次には御身たちの町々を取り上げようとするはず。それしきのことがおわかり召されぬとは。拙者としては、町の守りが手に余るとなれば、サイフッディーン殿に引き渡す所存。殿がダマスカスをお取りになれば、御身たちはシリアに居たたまれなくなるは必定なり。このことは、とうに御承知のことであろうが〉。

侵略軍撤退す。ウナルの死

ムイーヌッディーン・ウナルの作戦はまんまと当たった。彼は土着のフランクと秘密協定を結び、彼らは、援軍が来ないうちにダマスカスから離れたらと、ドイツ皇帝の説得にかかる。してやったりと、彼はこの外交作戦の成功を仕上げるため、気前よく賄賂をばらまく。と同時に、首都をめぐる果樹園に幾百もの義勇兵を展開させ、フランクに待ち伏せ攻撃をかけさせて悩ます。

月曜の夕方になると、この老トルコ人が仕掛けた内紛は効果を見せ始める。見る間に士気を失ってしまった寄せ手は、戦術的後退を行って自軍の再結集を図ろうとしたが、ダマスカス勢に絶え間なく攻められて、四方が開けている上に水の補給がまったく利かぬ平野に集結せざるを得なくなる。数時間もたつと、彼らは持ちこたえ不可能の状態になり、国王たちはシリアの首都を奪おうと思うどころか、自軍と自分たち自身をいかに全滅から救うかに専念せざるを得ない。火曜の朝、フランク軍はダマスカス勢に追われ、エルサレムめざして敗走していた。

たしかに、フランクはかつてのフランクではなくなってしまった。軍の指導者たちの無責任ぶりと不和はアラブの悲しき十八番《おはこ》ではなくなったように見える。ダマスカス人はすっかり驚いてしまった。数カ月にわたって中東を震撼させたフランクの大遠征が、わずか四日以内の戦闘のあげく、崩壊し去ってしまうとは？〈何か罠を仕掛けようとしているのだ、とわれわれは考えた〉とイブン・アル＝カラーニシはいう。しかし、何ごとも起こらなかった。フランクの新たな侵略はまったく終わった。〈ドイツのフランクは（とイブン・アル＝アシールはいう）、コンスタンティノープルの向こう、はるかかなたにある自国に帰り、神は災害から信徒を解放したもうた〉。

ウナルの圧勝は彼の威信を再び高め、侵略者との彼のかつての妥協ぶりは水に流される。しかし、ムイーヌッディーンの命数は尽きかけており、戦闘から一年後、彼は没する。〈ある日、いつものようにたっぷり食事をしたあとで、彼は発病した。赤痢にかかったとのことだ。それは（とイブン・アル＝カラーニシは説明する）、ほとんど回復不可能な業病であった〉。彼の没後、権力はアバクという名目上の君主に転げこんだ。彼はトゥグテイギンの子孫で、大した教養もなく、一人立ちなどできそうもない十六歳の少年である。

ダマスカスの戦闘の真の勝者は、まぎれもなくヌールッディーンであった。一一四九年六月、彼はアンティオキア公レイモンの軍隊を壊滅させるのに成功し、サラディンの叔父シールクーフがレイモンを倒した。彼はその首を斬って主君に差し出し、主君は慣習に従い、それを銀の箱に収めてバグダードのカリフのもとに送り届けた。こうして北部シリアにおけるフランクの脅威をすべて排除したので、ザンギーの息子は以後、ダマスカスの征服という父の夢の実現に全精力を投入できる自由の身になった。

かつて一一四〇年に、町はザンギーの暴虐極まる支配に屈するよりは、フランクと結ぶ方を選んだ。しかし、事態は変わった。ムイーヌッディーンは今やなく、西洋人はその最も熱烈な同志たちを動揺させてしまったし、特にヌールッディーンの名声は父とは比べものにならない。そこで彼は、ウマイヤ朝の誇り高き都、この「美女」を犯すのではなく、誘惑しようと思った。

ひたすらの宣伝工作

部隊を率い、町を取り巻く果樹園に着いたとき、彼は攻撃を用意するより、住民の親近感を得ることに気を配った。〈ヌールッディーンは（とイブン・アル＝カラーニシは語る）、農民たちに好意を示し、おうように構えた。ダマスカスやその領地では、人びとは彼のために神に祈った〉。彼の到着後間もなく大雨が降って長い干魃《かんばつ》が終わったが、それは彼の手柄にされた。〈彼のおかげだ（と彼らはいう）、彼の正義、彼の立派な行いのおかげだ〉。

本心ははっきりしているにせよ、アレッポのあるじは征服者とはたから見られたくない。

身どもは、御身たちと戦争するか、または城攻めしようとして、この地に宿営しに来たのではない（と彼はダマスカスの首脳の一人への手紙のなかで書いている）。ただ、ムスリムの数多い訴えだけが、身どもにこのような行動をとらせたのである。百姓たちはフランクのため全財産を奪われ、子どもたちから引き離されているのに、守ってくれる者が一人もおらぬという。ムスリムを救うため、不信心のやからと戦うため、神は身どもに力を与えたもうたし、また身どもは十分な量の富と人員に恵まれているから、ムスリムを顧みず、守らずにすますことができないのである。特に、身どもは知っているが、御身たちは自分の領土を守る能力がなく、卑劣にもフランクに救いを求め、最も貧しき臣下の財産をも彼らに渡してしまう。御身たちは身ぐるみをはぐほど臣下を搾取している。神も、いかなるムスリムも好まぬ者がここにいる！

この手紙は、アレッポの新たなあるじの巧妙極まりない策略を露呈している。彼はダマスカス人の、それも特に、いちばん恵まれない階級の防衛者らしく振る舞い、主人たちに対して反乱せよと、彼らを明らかにあおっている。こういう主人たちの返事は乱暴極まるもので、町の住民たちをザンギーの息子に近づけさせるだけであった。「なんじとわれらの間には、以後は剣があるのみ。フランクはわれらを守りにやって来つつあるからな」。

住民のあいだにつくりあげた共感にもかかわらず、ヌールッディーンはエルサレムとダマスカスの同盟軍と対決する道を選ばず、北へ引き揚げることにした。とはいえ、モスクでは、彼の名は説教の際、カリフとスルタンのすぐ次に唱えられ、さらには貨幣に彼の名が鋳込まれた。これは征服者の御機嫌をとるため、ムスリムの諸都市がよく使う服従の意思表示である。

成功は半分だったが、ヌールッディーンは気をよくした。一年後、彼は部隊とともにダマスカス地区に戻り、アバクと町の指導者たちに新たな手紙を送った。〈余が望むのはムスリムの幸福と、不信心者に対するジハードと、抑留されている捕虜の解放だけである。もし御身たちがダマスカスの部隊とともにわれらが味方になり、力を合わせてジハードを行えば、余の希望はかなえられる〉。アバクの答えはまたもやフランクに訴えることであり、彼らはフールクの息子、若い息子ボードワン三世に率いられ、数週間、ダマスカスの城下に設営した。騎士たちはスーク〔市場〕を散歩する許可さえ得たから、町の人びととの何がしかの緊張を引き起こさざるを得なかった。彼らは三年前の戦闘で倒れた子弟をまだ忘れてはいなかったからだ。

ダマスカス無血入城

ヌールッディーンは慎重を期して、同盟軍とのどんな対決も避け続けた。彼は部隊をダマスカスから遠ざけ、フランクがエルサレムに戻るのを待った。彼にとって戦闘とは何よりもまず政治的なものである。住民の失望をできるだけ利用し、彼はダマスカスの名士や宗教界の人びとに次から次へと手紙を書き、アバクの裏切りを非難した。また彼は、フランクとのなりふり構わぬ協力に激怒する多くの武人たちとも接触した。ザンギーの息子にとって、重要なのは単にアバクを悩ます抗議を起こさせるばかりでなく、渇望する町の内部に共謀者の一群を組織し、ダマスカスを開城に導くことであった。

このむずかしい役を委ねられたのはサラディンの父アイユーブである。一一五三年、彼は組織づくりの仕事を巧みにこなし、民兵組織の好意的中立を取りつけることができた。その指揮官はイブン・アル＝カラーニシの弟である。軍隊の何人かも同じ態度をとり出したので、このような状況は日々アバクの孤立化を深めた。彼に残るのはひと握りの部将だけになったが、彼らは依然彼に反抗心を焚きつけている。これら最後のがんこ者を片づけようと、ヌールッディーンは、この連中が陰謀をたくらんでいるとの偽情報をダマスカスのあるじに伝えさせた。アバクはその情報の精度を確かめようともせず、側近の何人かを処刑あるいは投獄した。彼の孤立は今や完全なものになる。

作戦の締めくくりとして、ヌールッディーンはダマスカス向けの食糧補給網のすべてを一気に遮断した。一袋の小麦の値段は二日間で半ディナールから二十五ディナールに上がり、住民の間に飢饉の恐れが出始める。アレッポのあるじの工作隊に残された仕事は、アバクがフランクと組んでアレッポの教友たちに刃向かうようなことをしなければ、食糧パニックなどあり得ない――と、世論を味方につけることにあった。

一一五四年四月十八日、ヌールッディーンは部隊とともにダマスカスの城門の前に戻った。アバクはまたもやボードワンに至急便を出す。しかし今度は、エルサレム王は対応する余裕がなかった。

四月二十五日、日曜日、最後の攻撃が町の東部に加えられた。

塔の警備を命じられたひと握りのトルコ兵を除き（とダマスカスの年代記作者は語る）、城壁の上には兵士も住民もいなかった。ヌールッディーンの一兵士がとりじめざして駆けつけると、その頂きにはひとりのユダヤ女がいて綱を投げ下ろす。彼はその綱を使ってよじのぼり、だれにも気づかれずに頂上に達する。それに続く何人かの戦友が旗をかかげ、城壁の上にしっかりと立てて叫び始める。「ヤー・マンスール！（やったぞ！）」。ダマスカスの部隊と住民はヌールッディーンに対する、その公正と名声に対する共感のため、すべての抵抗をやめた。工兵がひとり、バーブ・シャルキ、つまり「東の門」に駆けつけ、閉ざされた入り口をつるはしで突き崩す。兵士たちはそこから侵入し、抵抗にあうこともなく、主だった通りに展開する。バーブ・トゥーマ、つまり「トマスの門」は同じくアレッポ部隊に開かれた。かくて、ヌールッディーン王は部下を従え、住民と兵士の盛大な歓呼に迎えられて入城する。彼らは飢饉への恐れと、不信心のフランクに攻められるのではないかという心配につきまとわれていたからだ。

この勝利に気をよくして、ヌールッディーンは、アバクとその側近にホムス地方の領地を与え、持てる限りの財産とともに退去させた。

戦闘も流血も見ることなく、ヌールッディーンは武器よりも説得によってダマスカスを征服した。四半世紀にわたり、暗殺教団、フランクあるいはザンギーであれ、服従させようとする者すべてに激しく抵抗した都は、安全の保障と独立の尊重を二つながら約束したヌールッディーン、この貴公子の物静かな自信に誘惑されるままであった。ダマスカスはそのことを後悔しないだろう。そして、彼と後継者たちのおかげで、その歴史上、もっとも栄光にみちた時期のひとつを生きることになる。

シャイザルの悲劇

勝利のあとで、ヌールッディーンはウラマー、カーディーおよび商人を集め、大量の貯蔵食糧の搬入ばかりでなく、くだものと野菜の市場、および水の配給に関するいくつかの税の撤廃を約束した。この件に関する法令が起草され、次の金曜日の集団礼拝のあとで、説教壇の上から読みあげられた。八十一歳になったイブン・アル＝カラーニシは、いつものように現場にいて、彼と同じ市民たちの喜びに加わっている。〈満場は大喝采だった（と彼は記録する）。町の人も、農民も、女も、零細商人も、だれもが公然と、ヌールッディーンの長命と常勝とを神に祈った〉。

フランク戦争が始まって以来初めて、シリアの二大都市であるアレッポとダマスカスが、占領者に対する戦闘に身を捧げようと誓った、この三十七歳の貴公子の権威のもと、同一国家内に統合された。事実、全ムスリム＝シリアは以後ひとつになる。ただし、小侯国シャイザルという例外があり、そこではムンキズ家がまだ自治権を維持していた。しかし、長持ちはしない。この小国の歴史は最も急激かつ不慮の仕方で断絶してしまう。

一一五七年八月、エルサレムに対するヌールッディーンの攻撃が間近だといううわさがダマスカスに流れていたとき、一大地震が起こってシリア全域を壊滅させ、アラブ、フランクの双方に死をまき散らす。ハッラーンでは大地が裂け、こうして口を開いた広い割れ目から古代の都市跡が地表に姿を現した。トリポリ、ベイルート、ティール、ホムス、マアッラでは死者も、倒壊した家屋も数え切れなかった。

しかし、二つの町がほかよりは大災害をまともに受けた。それがハマとシャイザルだ。こういう話がある。ハマのさる教師が教室を出て、広い原っぱで我慢できぬ用を足した。そして戻ってみると、学校は倒壊し、全生徒は死んでいた。茫然として、がれきの山の上にすわりこみ、どうやってこのニュースを両親たちに告げようかと考えたが、助かって、子どもを求めてやってくる親の姿は見えなかった。

シャイザルでは、同じこの日、ウサーマのいとこである領主、ムハンマド・イブン・スルタンは城内で宴会を催し、息子の割礼を祝った。町のあらゆる名士と領主一家の全員とが集まったとき、突然大地が揺れ始め、壁が崩れ落ちて、列席者すべての命を奪った。ムンキズ家の侯国は、まったく一撃で、地上から姿を消したのである。

このときダマスカスにいたウサーマは、同家の数少ない生き残りの一人だった。彼は激情にとらわれて書く。〈「死」は、わが一族を滅ぼすため、彼らを二人ずつとか、別々に殺すとかして、ゆっくり歩もうとはしなかった。彼ら全員は一瞬のうちに死に、彼らの館は墓地になった〉。そして、醒めた目でつけ加える。〈地震はこの無関心な国を、ただその無気力から奮起させるために襲ったのだ〉。

ムンキズ家の悲劇は実際、人生のはかなさについて、同時代人に多くの反省をうながすことになるが、災害はまた、味気ないことに、ある人びとにとっては、破壊された町、あるいは壁が崩れた城を難なく乗っ取ったり、略奪したりする好機になる。特にシャイザルは、アレッポの軍隊に占領される前、暗殺教団やフランクによって、すぐさま攻撃されていた。

ビザンツ帝、フランクを攻める

一一五七年十月、城壁の修理を監督するため町から町を訪れていたとき、ヌールッディーンは病いに倒れた。ダマスカスの医師イブン・アル＝ワッカルはどの旅にも随行していたが、すっかり首をかしげてしまった。一年半というもの、彼は生死の間をさまよったが、フランクはこれを奇貨としていくつかのとりでを落とし、ダマスカス郊外をも略奪する。しかし、ヌールッディーンはこの無為の期間を利用して、自分の運命に思いを馳せた。彼は治世の初期を通じて、ムスリム＝シリアを自分の保護のもとに統一し、シリアを弱くしていた内紛に終止符を打つことに成功した。今や、フランクが占領している大都市を奪回するため、ジハードを行わなければなるまい……。

何人かの側近は、とくにアレッポ系は、アンティオキアから始めては、とすすめたが、ヌールッディーンはこの案に反対して、彼らを大いに驚かせた。その説明によれば、この町は歴史的に見てルームに属している。それを奪おうという動きを少しでも見せれば、帝国がシリア問題に直接干渉したくなるのは当然であろうし、そうなればムスリム軍は両面作戦をとらざるを得まい。否（と彼は強調する）、ルームを挑発してはならない。そうではなくて、挑発よりは、沿岸の重要都市を、そして神が許したもうなら、エルサレムそのものを回復するよう心掛けなくてはならぬ……。

ヌールッディーンにとって幸か不幸かは別として、以後起こる事件はたちまち彼の心配を正当化して行く。一一五九年、病いからようやく治りかけたころ、強力なビザンツ軍がヨアンネス・コムネノスの息子にして後継者、マヌエル帝に率いられ、シリアの北部に集結しているとの報が入った。ヌールッディーンは急いで使節団を皇帝《バシレウス》のもとに送り、丁重に歓迎の意を述べさせる。威厳にみち、賢く、医学の愛好家でもある皇帝は、彼らを謁見し、彼らのあるじとできる限りの友好関係を維持して行きたい意向を表明した。シリアの方にやって来たのは（と彼は請け合った）、ただアンティオキアのあるじに教訓を与えるためなのであると。

ここで思い出されるのは二十二年前のことだ。マヌエルの父は同じ口実でやって来たが、とどのつまりは西洋人と組み、ムスリムと戦うようになってしまったではないか。しかしながら、ヌールッディーンの特使たちは皇帝の言葉に疑いをもたなかった。彼らは、ルノー・ド・シャティヨンという名が口にされるたびに、ルーム人が示す激しいいらだちの情を見た。一一五三年以来、アンティオキア公国の運命を握ったこの騎士は、粗暴で、横柄で、破廉恥で、傲慢《ごうまん》な男であり、後にはアラブにとって、フランクのあらゆる悪行の象徴となり、さらにはサラディンが、自分の手で殺すと誓うようになる当の相手であった。

強盗騎士ルノー・ド・シャティヨン

プリンス・ルノーは、アラブの年代記作者によれば「ブリンス・アルナート」になるが〔英語名ではレノルド、またはレジナルド〕、一一四七年に中東へやってきた。彼は初期侵略者たちの、今では時代遅れになってしまった考えの持ち主で、金と血と征服に飢えていた。アンティオキアのレイモンの死後間もなく、彼は未亡人を上手に口説いて結婚し、こうして領主になったのだが、たちまち、そのごり押しぶりは、アレッポの隣人ばかりでなく、ルームや自身の家来たちにとり、鼻持ちならぬ存在になってしまう。

一一五六年、マヌエルが約束の金の支払いを拒んだという口実で、彼はビザンツ領のキプロス島に懲罰作戦を行って復讐しようと決心し、アンティオキアの総主教に遠征費をまかなえと要求した。ところがはねつけられたので、ルノーは彼を投獄して拷問にかけ、次いで、その傷口に蜜を塗ってから、鎖につないで一日じゅう日なたにさらし、無数の虫がからだを刺すがままに放って置いた。

もちろん、総主教がついには金庫を開いたので、ルノーは船隊を集めて地中海のその島の海岸に上陸、小規模なビザンツの守備隊を難なく破り、部下の兵士たちを島に放った。一一五六年の春に起こったこの事件から、キプロスは二度と回復することがないだろう。

北から南まで、耕された畑はすべて丹念に荒らされ、家畜の群はすべて殺され、宮殿と教会と修道院は略奪され、持ち運び不可能なものは、その場で破壊されるか焼かれた。女たちは犯され、老人や子どもたちはのどをえぐられ、裕福な男は人質として連れ去られ、貧しい者は首を斬られた。分捕り品を積んで帰途に就くに先立ち、ルノーはさらに、ギリシア人聖職者と修道僧のすべてを集め、鼻をそがせて不具者にした上で、コンスタンティノープルに送りつけた。

マヌエルは応じなければならない。しかし、ローマ皇帝の後継者である以上、平凡な襲撃で済ますわけにはいかなかった。求めるのは、この強盗騎士を公衆の面前で辱しめ、彼の威信を再び打ち立てることだ。こうなってはルノーは、どんな抵抗も無益と悟り、帝国の軍隊がシリアへ向かっていると知るや、許しを乞うことに決める。横柄さの裏返しで卑屈でもある彼は、足ははだし、服はこじきのようないでたちで、マヌエルの陣営に出頭し、皇帝の玉座の前にひれ伏した。

ヌールッディーンの特使たちはそこにいて、この光景に立ち会っている。彼らは見た。「プリンス・アルナート」が皇帝の足もとにほこりにまみれて伏せているのを。皇帝は知らん顔をして、物静かに客人たちとの話を続ける。彼がようやく相手に視線を投げてやり、軽蔑し切った調子で立ち上がるよう指示したのは、何分もたってからのことであった。

ルノーは許しを得て、領土を安泰にする。しかし北部シリアにおける彼の威信は永久に失墜する。その上翌年になると、アレッポ北部に行った略奪作戦の際、アレッポ兵の捕虜になり、十六年にわたる抑留の後、ようやく舞台の正面に再登場するのだが、そのとき運命は彼を選んで最低の悪役を演じさせることになる。

一方マヌエルはといえば、この遠征後、彼の威信は強化されるばかりであった。彼はアンティオキアのフランク公国と小アジアのトルコ人諸国の双方に宗主権を押しつけることができ、こうして帝国は再び、シリア問題で決定的な役割を与えられる。そして、ビザンツの軍事力のこの再興は、史上最後のことになるが、当座のあいだ、アラブ対フランクという紛争の前提を引っくり返してしまう。ルームが国境にいるという絶えざる脅威のため、ヌールッディーンは国土回復という念願の大計画を実行に移せない。と同時に、ザンギーの息子の力のため、フランクはどんな拡張欲も表面に出せない。こうしてシリア情勢は一種の袋小路に入ってしまう。

しかしながら、アラブとフランクの抑圧されたエネルギーがどこかに別のはけ口を求めていたかのように、戦争の中心地は新たな活動の舞台、エジプトへ移る。

9　ナイルめざして

カイロの政情。宰相シャーワル

〈叔父のシールクーフがこちらを向いていった。「ユースフ、荷物をまとめろ、出かけるんだ」。この命令を受けたときは、まるで短剣で心臓をぐさりとやられたようだった。「とんでもない。エジプトという国をそっくりやるといわれたって、行きたくありません」と私は答えた〉。

こう語るのは余人ならぬサラディン。冒険のつつましい門出を述べているのだが、この冒険は彼を史上もっとも人気のある君主の一人につくり上げる。驚くべき率直さが彼の言葉の特徴であり、ユースフはその率直さで、エジプトの国盗り物語の功績を一人占めするのを慎んでいる。〈とうとう私は叔父について行った（と彼はつけ加える）。彼はエジプトを征服し、そして死んだ。そこで神は、私が少しも期待していなかった権力を私の手のあいだに置きたもうた〉。事実、サラディンはエジプト遠征の最大の受益者として登場するにしても、主役を演ずるのは彼ではない。また、ヌールッディーンでもない。たとえナイルの国が彼の名において征服されるにしても。

一一六三年から六九年まで続くこの遠征には、主役として、三人の異常な人物が登場する。一人はエジプトの宰相シャーワル。彼の腹黒いたくらみはこの地域に破局をもたらす。他の一人はフランクの王アモリー〔英語名アマルリック〕。エジプト征服の念にとりつかれ、この国へ六年間に五度も侵入する。最後の一人はクルドの将軍シールクーフ、すなわち、「ライオン」。自他ともに許す当代切っての軍事的天才である。

シャーワルが一一六二年十二月にカイロで実権を握ったとき、彼は名誉と富をもたらす地位と責任を引き受けたわけだが、コインの裏側を知らないわけではなかった。エジプトの長として彼に先立つ十五人の指導者のうち、命を全うしたのはたった一人しかいない。ほかは皆、状況により、絞首され、斬首され、短剣で刺され、はりつけにされ、毒殺され、あるいは群衆にリンチされた。一人はその養子に、他は実父に殺された。換言すれば、褐色の肌、半白の髪のこの貴族に、いささかの良心のためらいなど期待してはならないということだ。権力の座につくや、彼は直ちに前任者とその家族全員を殺し、その金銀財宝および家屋敷を横領している。

しかし、因果の小車《おぐるま》はやはり回っていた。新宰相は九カ月足らずの統治のあと、今度は自分自身がディルガームという名の側近に倒される。シャーワルは間一髪のところでエジプトを脱出、シリアに逃れて、返り咲きのための支持をヌールッディーンから得ようと思った。この客人は教養もあり、また弁舌も立ったが、ザンギーの息子は最初のうちは聞き流すだけにしていた。しかし間もなく、聞き捨てならぬ事件が起こって、態度を変えざるを得なくなる。

アモリーとヌールッディーン

というのは、エルサレムでは、カイロを舞台とする激動を、じっと見守っているように見えたからである。一一六二年二月以来、フランクは、アラブのいう「モッリ」、すなわちフールクの次男アモリーという、御しがたい野心の持ち主の新国王をいただいた。ヌールッディーンの宣伝に明らかに影響され、二十六歳のこの君主は、宗教上の勉学に励み、正義に心を配る、真面目で、敬虔な人物であるとのイメージを広めようとしていた。

しかし、似ていたのは表面にすぎない。フランクの王は英知よりも血気に富み、そして、長身と豊かな髪に恵まれているのに、かんじんの威厳に欠けていた。肩幅が異常に狭く、長くて騒々しい笑いの発作をよく起こして側近たちを悩ませたし、とくに吃音がひどくて、他人との意思の疎通がままならなかった。ただ、エジプトの征服という、彼を駆り立ててやまぬ執念と、飽くことなきその追求とが、モッリをひとかどの人物に仕上げる。

たしかに、その目的は果たされそうに見えた。一一五三年、パレスティナにおけるファーティマ朝の最後のとりで、アスカロンを西洋の騎士たちが奪って以来、ナイルの国への道は彼らに開けた。さらに、相継ぐ宰相たちは、内紛に忙しすぎたので、一一六〇年以来、内政不干渉を守ってもらうため、年貢を納めることにしていた。そこで、シャーワルの没落の直後、アモリーは、ナイルの国に広がる混乱に乗じ、六万ディナールという貢納額が期限までに支払われなかったと言いがかりをつけて、侵略に乗り出している。

彼は地中海岸に沿ってシナイ半島を横断し、ビルバイスの町を包囲した。ここは、その後何世紀もの間に干上がってしまうのであるが、大河の一支流に面した町である。ところが守備隊は、フランクが城壁の回りに攻城機械を据えつけるのを見て、たまげると同時に、すっかりうれしくなってしまった。というのは、時は九月で、ナイルは増水を始めていたからだ。そこで守り手としては何カ所か堤を切って、西洋の騎士たちをじわじわと水攻めにすればよかった。彼らは逃げ出してパレスティナに戻る時間しかなかった。彼らの第一回侵略はあっけなく終わったが、アレッポとダマスカスに、アモリーの腹のうらを見せてしまうことになる。

ヌールッディーンはためらった。熱心なスンナ派教徒として、彼はシーア派のファーティマ朝に関することについて軽蔑の念を隠してこなかっただけに、カイロの陰謀にのめりこんで足をとられる気はさらさらなかった。しかし、そうはいっても、エジプトがその富ぐるみフランクの陣営に入ってしまうのは真っぴらだ。そうなればフランクは中東一の大国になってしまう。しかも、今はびこっている無政府状態からみれば、カイロはアモリーの決意の前に長持ちすることができないだろう。

当然のこと、シャーワルはとくとくとして、ナイルの国への遠征の利点をあるじに向かって述べ立てる。そして、あるじを抱きこむために約束した。もし自分を権力の座に戻してくれるなら、遠征費の全額を払い、アレッポとダマスカスのあるじの宗主権を認め、さらに毎年、歳入の三分の一を送り届けると。ヌールッディーンは信頼できる男、シールクーフに意見を特に求めたが、彼は軍事介入論に大の賛成派で、まったくのところ、この計画への打ち込みかたのため、ザンギーの息子はついに遠征軍編成の許可を与えたのである。

シールクーフの遠征

ヌールッディーンとシールクーフ。これほど緊密に結ばれていると同時に、これほどちがっている二人の人間は、ほとんど思い浮かべることができない。ザンギーの息子が、年が経つにつれ、ますます威厳にみち、立派で、節度があり、謙虚であるのに、サラディンの叔父は短軀肥満、かつ独眼竜で、酒と大食のため、いつもあから顔だった。ひとたび怒ると狂人のように吠え、われを忘れて相手を殺すこともある。しかし、この芳《かんば》しからぬ性格が皆にきらわれたわけでもない。部下たちは、いつもいっしょにいて、食事やばか騒ぎをともにする彼を愛した。シリアで行った戦闘の際、シールクーフは、彼らにとっては不死身の体力を備えた親分だった。エジプトの戦線はさらに、彼の傑出した戦略的素質を明らかにすることだろう。

それは、まったくのところ、この企てが至難の業であるからだ。フランクにとっては、ナイルの国へ達するのは比較的やさしい。途中の唯一の障害は半砂漠のシナイ半島という広がりである。しかし、水を入れた幾百もの皮袋をラクダに積ませて行けば、騎士たちは三日でビルバイスの門に着く。一方シールクーフにとっては、事はそれほど単純でない。シリアからエジプトへ行くには、パレスティナを通過して、フランクの攻撃に身をさらさなければならないのである。

一一六四年四月、カイロをめざすシリア遠征軍の出発は、そのため練りに練った演出が必要だった。ヌールッディーンの部隊がアモリーとその騎士たちの気を引くため、パレスティナの北部で牽制作戦を行っているあいだに、シャーワルと約二千騎を率いたシールクーフはまず東へ向かい、ヨルダン川の東岸に沿って今日のヨルダンを通過し、次いで死海の南で西へ反転、川を渡って大急ぎでシナイを目ざす。

シナイに入ってからは沿岸道路から離れ、敵に見つけられるのを避けつつ、ひたすら進む。四月二十四日、シールクーフはエジプトの東の門に当たるビルバイスを奪い、五月一日、カイロの城壁の下に陣を敷いた。不意を突かれた宰相ディルガームは抵抗を準備する暇もない。皆に見捨てられ、逃げる途中を殺されて、彼の死体は野良犬の餌食になった。

こうしてシャーワルはファーティマ朝カリフ、十三歳の少年のアル＝アーディドにより、公式に宰相の座に戻った。

シャーワルの背信。シリア対フランク

シールクーフの電撃作戦は軍事的効率の手本である。サラディンの叔父は、かくも短期間にほとんど無傷でエジプトを征服し、こうしてモッリを出し抜いたことを、大いに誇ってよい。しかし、政権を再び手にするや、シャーワルは豹変する。ヌールッディーンへの約束はどこへやら、彼はシールクーフを呼び出して即刻エジプトからの退去を求めた。このような背信にわが耳を疑い、次いで激怒したサラディンの叔父は、断固留まる決意をきのうの味方に知らせる。

相手がてこでも動きそうにないのを見て、シャーワルは、配下の部隊が頼みにならないこともあり、特使をエルサレムに送って、シリア遠征軍を討つべくアモリーの援助を求めた。フランクの王はすぐ承知する。エジプト介入の口実を捜していた彼としては、カイロのあるじ自身からの援助要請に勝るものはあり得ないではないか。一一六四年七月から、フランク軍はシナイへ再度出陣する。直ちにシールクーフは、五月以来宿営していたカイロ郊外から引き揚げ、ビルバイスまで戻って籠城した。そこで幾週間にもわたり、敵の攻撃を退けたが、戦況は絶望的だった。自身の基地からは遠く離れすぎ、フランクと、その新たな味方シャーワルとに包囲されて、さすがクルドの猛将も、長持ちはとてもできまい

と思う。

ビルバイス情勢の進展ぶりを見て（と数年後イブン・アル＝アシールは語る）、ヌールッディーンは、フランクに大攻勢をかけ、彼らをエジプトから出て行かざるを得ないように仕向ける。彼はムスリムの全諸侯に手紙を書いてジハードへの参加を求め、自身はアンティオキアに近いハリームの堅固な城を攻めた。シリアに残っていた全フランクは彼と対決するために集結し、そのなかには指揮官としてアンティオキア公ボエモン〔レイモンの息子〕とトリポリ伯がいた。この戦闘でフランクは惨敗して一万人の死者を出し、アンティオキア公、トリポリ伯を含む全指揮官が捕虜になった。

この勝利を獲得するや、ヌールッディーンは、十字架を打ち出した旗指し物、戦死した何人かのフランクの金髪の巻き毛などを集めさせ、その全部を袋につめて、分別にたけた部下に託していった。「直ちにビルバイスへ赴き、うまく城内にもぐりこんで、この勝利のしるしをシールクーフへ渡し、神はわれらに勝利を与えたもうたと告げよ。そしてこれらを城壁の上に並べ立てれば、これを見て、不信心のやからどもは恐れおののくことであろうて」。

事実、ハリームでの勝利の報はエジプト戦線の様相を一変させて籠城側の士気を高め、また、とくにフランクに対し、パレスティナへ戻らせることになる。捕虜になった若いボエモン三世は、ルノーを継いでアンティオキア公国のあるじとなり、アモリーから、彼の不在中は、エルサレム王国の国事を委ねられていた。その彼が捕虜になってしまったこと、および多くの部下が殺されたことのため、国王はシールクーフと妥協を図らざるを得なかった。こうして何度かの折衝の後、両者は同時にエジプトを去ることで手を打った。一一六四年の十月末、モッリは沿岸伝いにパレスティナへ、一方クルドの将軍は、来る時に選んだ道をたどり、二週間足らずでダマスカスに帰還した。

その第二回戦。シャーワルとアモリー

シールクーフは無傷で、意気揚々とビルバイスを後にしたのだから、大いに満足した。しかし、この六カ月間の戦いでの勝者は文句なしにシャーワルだった。彼はシールクーフを利用して権力の座に戻り、次にアモリーを使ってクルドの将軍を骨抜きにした。そして彼らは次々と逃げ去り、エジプトの完全な支配権を彼に残した。以後二年以上にわたって、彼は自己の権力の地固めに専念する。

しかし、だからといって、その後の成り行きが万事めでたし、というわけにはいきそうもない。シールクーフがあの裏切りを許すわけがないとわかっているからだ。その上、シリアから定期的に届く情報によれば、あのクルドの大将は、もう一度エジプト作戦をやろうとヌールッディーンを攻め立てているというのである。

しかし、ザンギーの息子はためらっている。現状維持は好まざるところではない。要はフランクをナイルから遠ざけておくことだ。ただし、当たり前のことだが、迷いの網を切り払うことはやさしくない。シャーワルはシールクーフの新たな電撃を恐れ、予防線を張ってアモリーと相互援助条約を結ぶことにした。このためヌールッディーンは、フランクがエジプトに介入する場合に備え、この腹心が新たな介入軍の編成に着手することを許した。シールクーフはその遠征のため、甥のサラディンを含む精鋭を選ぶ。

今度は、このような準備が宰相をふるえ上がらせ、彼はアモリーに援軍派遣を懇願する。こうして一一六七年の初頭、ナイルをめざす競争が再開した。フランクの王とクルドの将軍は、それぞれ慣れた道をたどり、渇望の国へほとんど同時に到着する。

シャーワルとフランクは同盟軍をカイロの前面に配置してシールクーフを待った。しかし、シールクーフはどうせ出会うなら自分のやりかたで会おうと決める。アレッポから始まる長征を続けた彼は、エジプトの首都の南へ回り、部隊にナイルを小船で渡らせ、次いで、さえぎられることもなく北上した。東から現れると待ち構えていたシャーワルとアモリーは、彼が反対側から来るのを見た。さらに都合が悪いことに、敵はカイロの西に陣を構えた。そこはギーザのピラミッドのそばで、強力な自然の障害、すなわちナイルによって相手から離されている。

このように堅固に守られた陣営から、彼は宰相に一書を送る。〈敵フランクは孤立して、今や袋のねずみである（と彼は書く）。力を合わせて敵を討とうではないか。好機到来。このような好機は二度とやって来ないだろう〉。しかし、シャーワルは拒絶するだけでは気がすまず、使者を処刑した上で、シールクーフの手紙をアモリーのもとに届けて忠誠ぶりを示した。

こうした態度を示されても、フランクは依然として同盟者を信用していない。用がなくなれば裏切るだろうと思っていたからだ。しかし、そのフランクも、時が来たと判断する。シールクーフの脅迫的な接近を利用して、自分たちの権威をエジプトに樹立するのである。アモリーは、ファーティマ朝カリフじきじきの調印による公式の同盟が、カイロとエルサレムのあいだで結ばれることを求める。

カリフの宮殿。エジプト＝フランク同盟

中東のフランクの間では珍しいことではないが、二人の騎士がアラビア語を知っていたので、若いアル＝アーディドの館に赴いた。シャーワルは明らかに彼らの度胆を抜こうとして、ぜいたくに飾られた華麗な宮殿の方へ案内する。一群の武装した護衛兵に守られて足早に通り抜け、次は日光をさえぎっている長廊下を渡り、彫琢《ちょうたく》を施した大きな門の入り口に立ったが、これは広間と第二の門に通ずる。装飾の多い部屋をいくつも通って、シャ

ーワルと客人たちは、大理石を敷きつめ、金箔を張った列柱が囲む中庭に出たが、その中央には泉水が金銀の管をみごとにあしらい、その周りにはアフリカの各地から集められた目も彩《あや》な鳥が舞っている。

ここで、随行して来た侍従たちは、大奥で日夜をすごす宦官たちに彼らを引き渡す。そして再び客間を次々と過ぎ、ライオン、熊、豹など、飼育した野獣が遊ぶ庭に出る。その向こうで、やっとアル＝アーディドの宮殿に達するのである。

金やルビー、エメラルドをちりばめた薄絹のすだれが奥の壁にかかっている人広間。その広間に導かれるや、シャーワルは三度平伏し、剣を床に置いた。すると、その時初めてすだれがするするとかかげられ、絹の衣装に身を包み、顔はヴェールで隠したカリフが姿を現す。歩み寄り、その足もとにすわって、宰相はフランクとの同盟計画を説明する。このとき十六歳のアル＝アーディドは、物静かに耳を傾け、シャーワルの政策を是認する。

二人のフランクは、シャーワルがもう腰を上げようとしている時、信徒の長に向かって、同盟を守ると誓ってくれとの要求を出す。このような要求はもちろん、アル＝アーディドを取り巻く重臣たちの間では、破廉恥極まる言行だ。カリフ自身も不快を感じたようで、宰相はあわてて取りなす。エルサレムとの協定はエジプトにとって生死にかかわる問題である、と彼は主君に説明し、さらに懇願する。彼らが持ち出した要求のなかに不敬の表明を見るのでなく、ただ単に、東方の風習に無知のしるしを見ていただきたいと。

つくり笑いを浮かべ、アル＝アーディドは絹の手袋をはめた手を差し出し、同盟の尊重を誓う。すると、フランクの特使の一人が口をはさむ。「誓いは素手で行うべし。手袋は他日の裏切りのしるしになり兼ねざるにより」。この要求は再び騒動を起こす。カリフに対する侮辱だ、と重臣たちはささやき合う。この無法者を罰すべし……。しかしながら、シャーワルの重なる取りなしで、カリフは平静を失わず、手袋をぬぎ、素手を差し出し、モッリの特使たちが口述する誓いの言葉を、一語一語繰り返した。

この奇妙な謁見が終わるや、エジプト＝フランクの連合軍は、ナイルを渡ってシールクーフの軍を壊滅させる計画を練る。このころ彼の部隊は南方へ移動していた。アモリーの指揮する一軍がしつこく追跡する。サラディンの叔父は、進退きわまった、と見せかける。わが一番の不利な条件はシリアの本営から切断されていることだと弁えているから、追跡者をも同じ状況下に置こうとの計画だ。カイロから一週間以上行軍した後で、彼は部隊に停止を命じ、勝利の日が来たと、熱弁を振るって告示する。

アレクサンドリアの攻防

実際、衝突はその日一一六七年三月十八日、ナイルの西岸、アル＝バーバインの近郊で起こった。長かった競争で消耗した両軍は一気に決着をつけようとして激突した。シールクーフはサラディンに中央部隊の指揮を委ね、敵が攻めて来たら逃げろと命ずる。事実、アモリーと騎士たちは全力をあげて進撃し、サラディンが逃げるふりを見せると、シリア軍の左右両翼がすでに退路を遮断しているのに気づかず、がむしゃらに追跡するばかりだった。フランク騎士隊の損失は甚大だったが、アモリーは逃亡に成功する。

彼はカイロに戻る。そこには主力が残っていて、速やかに報復しようと張り切っている。シャーワルの協力を得て、彼が早くも、強力な遠征隊を率いて、南のかた、上エジプトへ戻ろうとしていたとき、まさか、と思わせる知らせが届く。シールクーフが、エジプトの最北端にある同国最大の都、地中海に臨むアレクサンドリアを奪取したというのである。

真相はこうだ。アル＝バーバインの勝利の後、他人の予測を許さぬクルドの将軍は、一日も待たず、かつ、敵が力を盛り返す余裕をもたぬうちに、エジプト全土を南から北へ疾風のように突っ切り、アレクサンドリアへ意気揚々と入城したのだった。地中海の一大港湾都市の住民は、フランクとの同盟を嫌っていたから、シリア軍を解放者として迎えた。

シャーワルとアモリーは、この戦争でシールクーフが押しつけてくる猛スピードに調子を合わさざるを得ず、後を追ってアレクサンドリアを包囲する。町では食糧が足りなかったから、一カ月もたつと、飢饉を恐れた住民は、シリアの遠征軍に城門を開いたことを後悔し始める。その上、フランクの海軍が沖合いに姿を見せて停泊したときは、状況は絶望的にさえ見えた。

しかし、シールクーフは参った、とはいわない。彼は現場の指揮をサラディンに委ね、次いで、騎兵から成る数百の精鋭をすぐって、大胆きわまる夜の脱出を敢行する。彼は全速力で敵陣を突破、夜を日に継いで、何と、上エジプトまで走りに走った。

アレクサンドリアでは、封鎖の輪がしだいにきびしく締められる。飢饉に疫病が、そして、投石機による毎日の砲撃が加わる。二十九歳の青年サラディンにとって、責任は重い。しかし、叔父の迂回《うかい》作戦が功を奏し始める。

シールクーフは、モッリがこの戦いを早く終わらせたくて焦っていること、そして、ヌールッディーンに攻め立てられている国へ早く帰りたいことを知らないわけではない。アレクサンドリアに閉じこめられる代わりに、南部に第二戦線を展開して、クルドの将軍は紛争を長期化させるぞとおどす。上エジプトで、彼は反シャーワルの蜂起さえ組織し、武器をもった多数の農民を味方につける。こうして、部隊の兵力が十分になると、彼はカイロに接近し、アモリーに、巧みに作成した一書を送った。

われらはここで共に時間を浪費している（と彼は要旨を述べる）。もし、物ごとを冷静にお考えになれば、陛下におかれては、私を国外へ追い出すことは、結局はシャーワルの利益に奉仕しているだけとお気づきになられるはず……。

アモリーは納得し、直ちに和議が整った。アレクサンドリアの包囲は解かれ、サラディンは栄誉の礼を受けて町を去る。一一六七年八月、両国の軍隊は三年前と同じように、めいめいの国へ引き揚げた。ヌールッディーンは自軍の精鋭が無事戻ったことに満足して、エジプトでのこのような不毛の事件に巻き込まれるのはこりごりと思う。

その第三回戦。カイロ炎上

しかしながら、翌年になると、一種の宿命のように、ナイルをめざす競争が再開される。カイロを去るとき、アモリーは慎重にも騎士の一隊を残して、同盟条約が十分適用されているかどうかを見守らせた。彼らの使命のひとつは、町の諸門を監督下に置き、年貢取り立ての任務をもつフランク人官僚を保護することにあった。これはシャーワルがエルサレム王国への支払いを約束したもので、その額は十万ディナールである。このような重税に外国部隊の長期駐留が絡まれば、住民の敵意はかき立てられざるを得ない。

世論はしだいに反占領軍の方へ動員されて行く。世間で、そしてカリフの側近のあいだでさえ、ヌールッディーンとの同盟の方がより少ない悪だ、というひそひそ話が聞こえる。シャーワルの知らないうちに、通信がカイロとアレッポのあいだを往来し始める。ザンギーの息子は介入を焦らず、エルサレム王の反応を観察することで満足した。

このように急速な敵意の高まりに気づかないわけがないから、カイロに駐在しているフランクの騎士たちも役人たちも恐ろしくなり、助けに来てくれとアモリーに上申する。国王は初めはためらった。駐留軍を撤退させ、中立で無害のエジプトを隣人としてもつ。このことに満足するのが賢明な選択というものだろう。しかし、血気に走る性分のため、向こう見ずの行動に走ってしまう。折から、西洋の騎士たちが多数中東へやってきて、「サラセンどもをやっつける」ことでうずうずしている。そういう彼らに励まされ、一一六八年の十月、彼はエジプトへ四度目の攻撃を仕掛けた。

この新作戦は、おぞましく、また余計な殺人から始まる。西洋人はビルバイスの町を奪い、住民を――男も女子どもも、ムスリムと同じくコプト派のキリスト教徒も――虐殺したのだ。イブン・アル＝アシールが正しく指摘しているように、〈もしフランクがビルバイスでもっと上手に振る舞ったら、いとやすやすとカイロを取ることができたであろう。町の名士たちは明け渡す用意をしていたのである。しかし、ビルバイスでの虐殺の報に接したとき、彼らは徹底抗戦を決意した〉。

事実、侵略軍が近づくと、シャーワルはカイロの旧市街フスタートに火をつけよと命じた。二万個の壺につめられた石油ナフサが店舗、家屋、屋敷およびモスクにぶちまけられた。住民たちは、ファーティマ朝によって十世紀に建設され、主として宮殿、官庁、軍営およびアル＝アズハル宗教大学などを集めた新市街へ避難した。炎は五十四日間荒れ狂う。

シールクーフはついに勝ったが……

そのあいだに、宰相は、アモリーとの接触を保ち、無茶な計画を捨てるよう説得しようとした。そして、シールクーフの新たな介入がなくてもこの接触はうまく行くと期待したが、カイロでは、彼の一派は勢力を失う。とくに、カリフのアル＝アーディドも率先してヌールッディーンに親書を送り、至急エジプトへ助けに来てくれと頼む。ザンギーの息子の心を動かそうと、ファーティマ朝の君主は自分の手紙に髪の房を封じこめた。〈これらは（と彼は説明する）、わたくしの妻たちの髪です。彼女らはフランクの凌辱から身を守ってくれるよう陛下に懇願しております〉。

この苦悩の便りに対するヌールッディーンの反応は、まったく貴重な証人のおかげでわれわれに知られている。それはほかならぬサラディンの証言である。イブン・アル＝アシールによれば次のとおりだ。

アル＝アーディドからの訴えが届いたとき、ヌールッディーンは私を召し出し、何が起こったかを知らせてくれた。次いで彼はいった。「叔父のシールクーフをホムスへ捜しに行き、すぐ来いといえ。これは一刻の猶予も許されぬ」。アレッポを出て間もなく叔父と出くわしたが、叔父はまさにそのことのためやって来ていたのだった。ヌールッディーンは彼にエジプトへ出発の準備を命じた。

クルドの将軍はそこで甥に「ついて来い」というが、サラディンは断る。

私は、アレクサンドリアで耐えた苦難を忘れるまでになっていないと答えた。すると叔父はヌールッディーンにいった。「ユースフは絶対、それがしとともに行かねばなりませぬ」。ヌールッディーンはそこで命令を繰り返した。私はいま自分が陥っている手もと不如意の状態を説明したが、かいがなく、彼は金を私に渡してやれと側近に命じた。私は刑場へ連れていかれる男のように、出かけなければならなかった。

今回は、シールクーフとアモリーの対決は起こらない。町を明け渡すよりは破壊する、というカイロ住民の決意に驚き、また、シリア軍に背後を突かれるのを恐れ、フランクの王は一一六九年一月二日、パレスティナへ引き揚げる。六日遅れてクルドの将軍はカイロに到着、住民やファーティマ朝の重臣たちから、救世主のように迎えられた。シャーワル自身も喜んでいるように見えたが、だれもだまされなかった。このところ数週間フランクと戦ったとはいえ、彼は彼らの友とみられている。その支払いをしなければならない。一月十八日になると、彼は待ち伏せにあって幕舎に監禁され、書面によるカリフの承認に基づき、サラディン自身の手にかかって殺された。この日、シールクーフは彼に代わって宰相の座に就く。刺繡《ししゅう》した絹の衣服をまとい、前任者の住居へ出かけて落ち着こうとしたとき、そこには座ぶとんさえ見当たらなかった。シャーワルの死が報じられるや、家財道具の一切が略奪されてしまったのである。

エジプトの真のあるじになるため、クルドの将軍にはなお三つの戦が必要だった。しかし、そのあとで勝利の美酒をじっくり味わう暇がない。三月二十三日、つまり勝利の一カ月後、飽食した後で、彼は不快感を覚え、胸かきむしり、あっという間もないうちに窒息死する。それはひとつの英雄談の終わりだった。しかしまた、もうひとつの英雄談の始まりでもあり、この方が限りなく広がる反響を呼ぶことになろう。

サラディン、エジプトの宰相に

シールクーフの死により(とイブン・アル＝アシールは語る)、カリフ・アル＝アーディドの重臣たちは、新宰相として、ユースフを選ぶようすすめた。軍の首脳のなかで、彼はいちばん若く、いちばん経験が少ないように見え、またいちばん弱く見えたからである。

ともあれ、サラディンはカリフの宮殿に召し出され、「アル＝マリク・アル＝ナーシル」、すなわち「勝利王」の称号と、宰相たるにふさわしい装具一式を受け取った。列挙すれば、金糸で縫い取りした白いターバン、深紅の裏をつけたチュニックを添えた衣装、宝石を象眼した剣、金を彫り込み、真珠で飾った鞍《くら》と馬具つきの栗毛の牝馬、その他多くの貴重品である。宮殿から退出して、彼は一群の随員を従え、宰相の屋敷に赴く。

数週間のうちに、ユースフは権力を確立することに成功した。まず、忠誠心が疑わしいファーティマ朝の官僚を排除し、自分の側近に交代させ、エジプト部隊内部の反乱を徹底的に鎮圧する。そして最後は、一一六九年十月、フランクの愚にもつかぬ侵入を撃退したことだ。これはアモリーの五回目の、そして最後のエジプト攻撃で、このときはナイル・デルタの東、ダミエッタの港を奪おうとした。

マヌエル・コムネノス帝は、ヌールッディーンの幕僚がファーティマ朝の支配者となったことに不安をいだき、ビザンツ艦隊の支援をフランクに約束する。しかし、そのかいはなかった。ルームは兵糧が十分でなく、味方のフランクが補給に応じなかったからである。数週間のうちに、サラディンは彼らと交渉に入り、こんな粗雑な計画を打ち切らせるよう、彼らを苦もなく説得することができた。

かくて、一一六九年の暮れを待つまでもなく、ユースフはエジプトの不動のあるじとなる。エルサレムでは、アモリーが、フランクの主要な敵、ヌールッディーンと対抗するため、シールクーフの甥を味方につけたいと考える。国王のこの期待は甘すぎるように見えるが、さりとて根拠のないことではない。実際、サラディンは、早くから、あるじとの関係について、ある程度の距離をとり始めている。もちろん、絶えず忠誠と服従を誓っているのだが、エジプトにおける事実上の権力はダマスカスあるいはアレッポが行使するわけではない。

二人の関係はしだいに実際的な、一触即発的なものになって行く。カイロでの権力が固まったにもかかわらず、ユースフは決して主君との直接対決に踏み切ろうとしない。ザンギーの息子が彼と会おうと招いても、彼は常に言を左右にして応じない。それは罠にはまるのを恐れたのではなく、あるじの前に出頭したら、力負けしてしまうのが心配だからなのだろう。

最初の深刻な危機は一一七一年の夏、ヌールッディーンがこの青年宰相に対し、ファーティマ＝カリフ朝を廃絶せよと求めたときに起こる。スンナ派のムスリムとして、シリアの支配者は、「異端の王朝」の精神的権威が、いまや自分に属する土地に根を張っていることを許すわけには行かないのである。そこで彼はこの点に関する信書を何通もサラディンに送りつけるが、黙殺されてしまう。

サラディンは、相当部分がシーア派である住民の感情に逆らい、また、ファーティマ朝の重臣たちから疎外されることを恐れたのだ。さらに彼は知らないわけではない。彼はカリフのアル＝アーディドのおかげで、宰相として、正統な権威を保持している。そこで、もしカリフを退位させれば、エジプトにおける彼の権威を公式に保証しているものを失ってしまう。彼はそのことを恐れた。この場合、彼はヌールッディーンの単なる代表になってしまうのである。さらに彼は、ザンギーの息子の固執のなかに、宗教心からの行為よりは、はるかに政治的な計画をかぎとっている。

ファーティマ朝の滅亡

八月になると、シーア派カリフ朝の廃絶に関するシリアのあるじの強要は、脅迫的な命令となる。

進退きわまって、サラディンは住民の敵対的な反応に対処する準備にかかり、カリフの廃位を告げる公式声明を用意するまでになる。しかし、その発表は依然としてためらう。アル゠アーディドはまだ二十歳だが、いま重病の床にあり、サラディンは彼と友情で結ばれていて、その信頼を裏切ることなど、とうていできないからだ。

ところが一一七一年九月十日の金曜日、カイロ滞在中のモースルのさる住民が、モスクに入り、説教師より先に壇にのぼって、アッバース朝カリフの名で礼拝を行った。すると、奇妙なことに、そのときも、そして後日になっても、反作用は何も起こらない。この男はサラディンを窮地に追い込むため、ヌールッディーンから回された手先だろうか。そうかも知れない。しかし、いずれにせよ、この事件のあとでは、どんなためらいがあるにせよ、宰相はもう決定を先へ延ばすことができない。

次週の金曜日になると、集団礼拝の際にファーティマ朝の名に言及しないよう命令が出た。アル＝アーディドはそのとき瀕死の床にあって、ほとんど意識がなかった。ユースフはこの知らせを彼に告げることを部下たちに厳禁する。「もし治ったら（と彼は説明する）、いつでも知る時間があるだろうし、そうでないなら、精神的苦痛なしに死なせることだ」。事実、アル＝アーディドは、自分の王朝の不幸な運命を知らずに、間もなく没した。

シーア派のこのカリフ帝国は、栄光に包まれることの多かった二世紀の統治の後、こうして没落したのであったが、この没落は大方の予想どおり、暗殺教団の深い嘆きのもとになる。彼らは、ハサン・イブン・アル＝サッバーフの時代以来、ファーティマ朝が自分たちの長い眠りを覚まし、シーア派の新たな黄金時代の幕を開いてくれるものと、これまで期待していたからだ。その夢が永遠に消え去ったのを見て団員たちの落胆は甚だしく、シリアにおける彼らの頭領、「山の長老」の名で知られるラシードゥッディーン・シナーンは、アモリーに使者を送って、同志もろともキリスト教に入信したいと告げさせたほどであった。

暗殺教団は当時、シリア中部にいくつもの城塞と村を所有していて、けっこう平和な暮らしを送っており、このところ、派手な行動を慎んでいるように見えた。ラシードゥッディーンはもちろん、訓練の行き届いた殺人者チームと献身的な説教師たちを依然もってはいたが、教団の多くの信徒たちは律義《りちぎ》な農民になり、神殿騎士団への年貢の納入にも応じている。

入信を約束したとき、「長老」がとりわけ期待したのは、非キリスト教徒だけに支払いを課せられていた年貢から、信者たちを解放することであった。これに対し、神殿騎士たちは、財政上の利益を軽く見ないから、不安の念をもって、アモリーと暗殺教団との間の折衝を見守り、妥結が目前に迫ると、彼らはこれをつぶそうと決意する。一一七三年のある日、ラシードゥッディーンの使者たちが国王との会見を終えて戻る途中、神殿騎士たちは彼らを待ち伏せにかけて皆殺しにする。以来、暗殺教団の改宗についての話は二度と語られることがない。

深まる主君との不和

このような挿話は別として、ファーティマ・カリフ朝の廃絶は、重要な、そして予想もつかなかった結果をもたらす。つまりサラディンに、そのときまで持っていなかった政治的次元を与えたのである。ヌールッディーンは明らかに、そのような結果を期待してはいなかった。シリアのあるじの単なる代表の地位にサラディンを引き下げる代わりに、カリフの死亡は、彼をエジプトの実際の君主に、そして、没落王朝が蓄積した巨大な富の正統な管理者にしてしまう。以来、二人の関係は悪化して行くばかりである。

このような出来ごとの後で、サラディンが死海の南、シャウバク〔十字軍史家のいうモンレアル」にあるフランクの城塞に大胆な遠征を行ったときのことだが、城兵が降伏しようとしたとき、彼はヌールッディーンが、この作戦に加わろうとして、みずから部隊を率いてこちらへ向かって来るとの知らせを受ける。と、ユースフは猶予を置かず、陣地を撤収して全速力でカイロへ戻れと部下に指令した。彼はザンギーの息子に送った書状のなかで、エジプトに混乱が発生したため、至急帰国せざるを得なかったと弁明する。

しかし、ヌールッディーンは真に受けない。サラディンの不忠と裏切りを非難し、彼は自身でナイルの国へ赴き、一切を手中に収めようと誓う。憂慮した青年宰相は、父親のアイユーブを含む側近を集め、ヌールッディーンが脅迫を実行に移した場合、どう対応すべきかを図る。何人かの部将が、ザンギーの息子に対し武器を取る用意があると発言し、サラディンも同意しかけたとき、アイユーブが怒りに震えてさえぎる。

彼の発言は、ユースフをまるで腕白小僧扱いである。「わしはおまえの父親じゃ。ここにおまえを愛し、おまえの幸福を望む者がいるとすれば、このわしだけじゃ。さはさりながら、知っておけ。ヌールッディーン殿がおいでとなれば、わしが平伏し、その足もとの土に口をつけるのを、何びとも止めることはできぬ。もし殿が、おまえの首をこの剣で斬れとお命じになれば、わしはそうする。この国は殿のものであるからじゃ。殿に宛て、わしのいうように手紙を書け。わたくしは、殿がエジプトへ御親征なさろうとしているとうかがいましたが、その必要はありませぬ。この国は殿のものであります。殿におかせられては、わたくしに馬かラクダを差し向けられるだけで十分であります。さすればわたくしは、つつましく、従順な臣下として参上するでありましょう」。

この会合が終わってから、アイユーブは再び息子を、今度はかげに呼んだ。「おい、ヌールッディーン殿がおまえの領土に少しでも手を出してみろ。わしは殿に刃向かって死ぬまで戦うつもりじゃ。なれど、おまえはなぜ、野心をそんなに表へ出す。時はおまえとともにある。神の御加護に任せようぞ」。納得して、ユースフは父の提案による書状をシリアへ送る。ヌールッディーンは安心し、最後の土壇場で、懲罰作戦を取りやめた。

しかし、この緊急事態の教訓から、サラディンは間もなく兄弟の一人トゥーラーンシャーをイエメンに派遣する。彼の使命はこの南西アラビアの山国を征服し、ザンギーの息子が再びエジプトを取ろうと思った場合、アイユーブ家の亡命地にすることであった。そのとおりに、大した困難もなく、イエメンは占領される。ただし、「ヌールッディーン王の名において」であった。

ヌールッディーンの死

一一七三年七月、シャウバクで実現しなかった会合から二年足らず後、同様な事件が起こる。サラディンがヨルダン川の東へ遠征したとき、ヌールッディーンは部隊を率いて戦うために出陣する。しかし、このときも、あるじの面前に出ると思うと恐ろしく、宰相は、父が危篤だといって、急ぎエジプトへの帰途につく。事実、アイユーブは落馬がもとで昏睡状態にあった。しかし、ヌールッディーンはこの新たな弁明に満足する気はなく、八月にアイユーブが死ぬと、今やカイロに全幅の信頼を置ける人物が一人もいなくなったことに気づく。そのため彼はエジプトを一手に掌握する時が来たと考える。

〈ヌールッディーン殿はエジプトへ侵攻し、サラーフッディーン・ユースフを排除する準備にとりかかった。というのは、彼が自分と協力するのがこわくてフランクとの戦いを避けていることを確認したからだ〉。この時十四歳になっていたわれらが歴史家イブン・アル＝アシールは、明らかに、ザンギーの息子に味方している。〈ユースフは、ヌールッディーン殿の直接の隣人になるよりは、国境にフランクがいた方がよいと思った。そこでヌールッディーン殿はモースルその他へ手紙を出して、部隊の派遣を求めた。しかし、エジプトへの親征を準備中に、神は何びとも異議を唱えられぬ命令を彼に下したもうた〉。

シリアのあるじは重病に倒れる。強度の狭心症に襲われたらしい。医師たちは瀉血《しゃけつ》をすすめたが、ヌールッディーンは拒む。「六十の老人から血など抜くものではない」。そこで、ほかの治療が試みられたが、かいがなかった。一一七四年五月十五日、ヌールッディーン・マフムード、ムスリム＝シリアを統一し、アラブ世界に占領者との決戦を準備させた聖王、ムジャーヒド〔ジハードに加わる戦士〕が死んだと、ダマスカスで発表された。

その夜、どのモスクも人であふれ、彼をしのんでコーランのいくつかの章句が唱えられた。サラディンは、最初の数年間は紛争に明け暮れたが、時が経つとともに、ヌールッディーンの競争相手としてよりは、その継承者と見られるようになって行く。

しかしながら、差し当たって、故人の一族や側近たちを支配したのは反感であり、彼らはユースフがこの大混乱に乗じてシリアを攻めるのではないかと思って、時をかせぐため、この知らせをカイロへ通告するのを避けた。しかし、サラディンは、どこにも友人がいたから、伝書鳩を使って、巧みに書いた親書をダマスカスへ送る。〈主君ヌールッディーン殿についてのある知らせが、呪われたる敵側から届いた。あってはならないことだが、もしそれが事実なら、われらの心に不和が起こり、われらの精神が不条理にとらわれることを特に慎しまなければならない。敵だけが利益を得るからだ〉。

このような和解的な言葉にもかかわらず、サラディンの上昇によって起こされた敵意は激しいものになって行く。

10　サラディンの涙

中東情勢の地殻変動

ユースフ、なんじは行き過ぎ、限度を超えた。ヌールッディーン殿のしもべにすぎないのに、今では権力をひとり占めしようというのか。心せよ。なんじを無から引き出したわれらは、なんじを元へ引き戻すことができるのだぞ！

何年か後、アレッポの高官たちからサラディンに送られたこの警告は、いかにも非常識に見える。しかし、カイロのあるじが東アラブの主要人物として現れ始めた一一七四年という時点では、彼の功績はまだ万人に明らかでない。ヌールッディーンの側近のあいだでは、彼の生前中もまた死後も、ユースフという名さえ二度と口にされなかった。彼を名指しするときは、「成り上がり」「忘恩の徒」「逆臣」などと呼ぶ。いちばん使われたのは「身の程知らず」である。

概していえば、サラディンは身の程知らずであることを慎んだ。身の程知らずとは分《ぶん》を超えることであるが、そうなったのは彼ではなくて彼の運であり、これが政敵の頭に来た。なぜならこの三十六歳のクルドの部将は決して大望をいだいた人物ではなく、彼の初舞台を見た連中の知る限りでは、もしも運命がいや応なしに彼を舞台の正面に押し出さなかったら、彼は並び大名の一人で満足していたであろうと思われるからだ。

エジプトへ出かけたのは心ならずもそうしたのであり、征服の過程では端役を演じたにすぎない。しかしながら、目立たずにいてさえ、権力の頂上に達してしまう。彼は断固としてファーティマ朝の廃絶を宣言したのではなかった。しかし、そのような決断をせざるを得なかったところ、気がついたら、もっとも豊かなムスリム王朝の継承者になっている。そして、ヌールッディーンがこらしめようとしたとき、ユースフは抵抗する必要さえなかった。主君は突然没して、十一歳の少年アル＝サーリフしか後継者として残さなかったからだ。

二カ月足らず後の一一七四年七月十一日、今度はアモリーが赤痢にかかって没した。強力なシチリア水軍の支援を受けて、またもやエジプトへ遠征しようと、準備中のところであった。彼はエルサレム王国を息子のボードワン四世に残す。この十三歳の少年は当時もっとも呪われていた病いであるレプラにかかっていた。

こうしてみると、中東全域でサラディンの押さえがたい上昇を阻止できるのは、ただ一人の君主、ルームの皇帝マヌエルしかいない。彼はいつの日かシリアの主権を手中に収め、フランクと協力してエジプトを侵略しようと思っていた。しかし、ヌールッディーンをかれこれ十五年も悩ましたビザンツ軍は、まさにサラディンの上昇を仕上げるかのように、一一七六年九月、クルジュ・アルスラン一世の孫、クルジュ・アルスラン二世のため、ミリオセファルムで壊滅した。マヌエルは東方キリスト教帝国を混乱のなかに沈めた後、間もなく没する。

サラディンの信奉者たちが、このような一連の思いがけぬ変事のなかに神の摂理を見たことを、われわれは非難できない。ユースフ自身は功績を決して運のせいにしようとはせず、常に気を配って、神に次ぎ、「わが叔父シールクーフ」「わが主君ヌールッディーン」に感謝した。まったくのところ、サラディンのもうひとつの偉大さはその謙虚さのなかにある。

ある日、サラーフッディーンが疲れたので休もうとしていると、彼のマムルーク〔奴隷〕の一人がやって来て用紙を差し出し、署名してくれという。「余は疲れておる。一時間して参れ」、とスルタンはいったが、男は引き下がらず、その紙をほとんどサラーフッディーンの顔にくっつけるようにしていう。「わが君、御署名を」。スルタンは答える。「だが、手もとにはインクがない」。彼は幕舎の入口に腰かけており、マムルークは内部にインク壺があるのに気づく。「そこにあります。インク壺は、幕舎の奥です」と彼は叫ぶ。これはまさに、サラーフッディーンに向かって、自分でインク壺を取りに行けと命じていることになる。スルタンは振り向き、インク壺を目にしていった。「ふむ、そのとおりじゃ」。そこで彼はからだをうしろへ伸ばし、左手で支え、右手でインク壺をつかむ。そして彼は署名した。

サラディンの特別秘書で伝記作家であるバハーウッディーンが語るこの事件は、彼が当時の、いや、あらゆる時代を通じての王侯たちとどれだけ違っていたかをまざまざと示す。つまり、位の絶頂を極めても、しもじもの連中とはしもじもの気持でつきあえるということだ。彼の年代記作者たちは、たしかに、彼の勇気、正義、そしてジハードへの熱意を語るが、そのような筆づかいのあいだから、もっと感動的かつ人間的なイメージが絶えず現れている。

ある日のこと（とバハーウッディーンは語る）、フランクとの野戦の際であったが、サラーフッディーンが側近を呼び寄せた。読み終えたばかりの手紙を手にし、さて話をしようとしたが、急に嗚咽《おえつ》し始めた。何が何だかわからなかったが、そのさまに接して、われわれはもらい泣きせざるを得なかった。ややあって、涙で声をつまらせながらいう。「タキウッディーンが、甥が死んだのじゃ」。そしてまた熱い涙が流れ、われわれも応じた。私は気を取り直していった。「われらがいま、いかなる陣地にいるかを、かたがた、お忘れ召さるな。われを忘れて泣いたことのゆるしを、神に求めようではござらぬか」。サラーフッディーンは応じた。「そのとおりじゃ。神よ、われをゆるしたまえ」。そしてつけ加える。「このこと、内密にな」。次いで彼は薔薇の水を取り寄せ、目を洗った。

サラディンの涙は近親の死のためにだけ流れるのではない。

ある時のことだが（とバハーウッディーンは回想する）、フランクを前にしたスルタンの本陣へ私が馬を乗りつけたとき、一人の斥候が、胸をたたいて嘆き悲しんでいる女を連れて来た。説明していうには、「この女はフランクの側からやって来て、御主君に会わせてくれと申すので、こうして連れて参りました」。サラーフッディーンが通訳を介して質問すると、答えは次のとおりであった。「ムスリムの泥棒たちがきのうわたくしの幕舎に押し入り、幼い娘を連れ去りました。ゆうべは泣き明かしましたが、朝になると隊長たちが申します。ムスリムの王はなさけ深いおかただ。向こうへ行かせるから、娘のことを王にじきじきお願いしてみろ。そこでわたくしはこうしてお伺いし、あなたさまにおすがりする次第でございます」。心を動かされて、サラーフッディーンの目から涙があふれた。彼は部下を奴隷市場へやって娘を捜させた。すると一時間もたたぬうちに、一人の騎兵がくだんの娘を肩にかついで戻って来た。その姿を見るや、母親は地面に身を投げ、顔を砂まみれにするので、皆もこらえ切れずに泣いた。彼女は空の方をながめ、わけのわからぬことを述べ始めた。こうして娘は返され、彼女は付き添われて、フランクの陣に戻った。

ヌールッディーンとの違い

サラディンを知る人びとは、彼のからだつきについて、背は低く、細身《ほそみ》で、ひげは短く、手入れがよい――ぐらいしか語っていない。彼らはそれよりも、彼の顔色について語るのを好む。それは考え深く、何かしら憂愁を帯びているが、突然明るい微笑がわいて、相手をくつろがせるのである。彼はいつも客には愛想よく、食事をして行けと引き留め、相手が不信心者〔キリスト教徒〕であろうと敬意をこめてもてなし、彼らの要求をすべて満足させる。

彼は、訪れた客が落胆して引き揚げることに我慢ができなかったから、なかには、ちゃっかりと利用する者も出てくる。ある日、それはフランクとの休戦期間中のことであったが、アンティオキアの領主、例のプリンス・アルナートが前触れもなくサラディンの幕舎の前に現れ、スルタンが四年前に取った地方を返してくれと頼み、彼はそれに応じた……。

サラディンの気前のよさは時には気違い沙汰すれすれになる。

彼の経理官たちは（とバハーウッディーンは明らかにする）、不時の出費に備えて、いつも一定の金額を隠していたものだ。もし主君がその準備金の存在を知ると、すぐ使ってしまうからである。このような配慮をしていたにもかかわらず、スルタンが没したとき、国庫にはティールの金塊一個と銀貨四十七ディルハムしかなかった。

側近のなかにはサラディンの浪費ぶりを非難する者がいたが、彼はむとんちゃくな微笑を浮かべて答える。「この世には、金が砂粒ほども大切でないと考えている人間もおるのだ」。実際、彼は富とぜいたくを心から軽蔑していて、ファーティマ朝カリフ家の豪華な宮殿が彼の所有に帰したとき、彼はそれらに諸侯を住まわせ、自分はといえば、宰相用のもっと質素な屋敷に住む方を選んだ。

これはサラディンのイメージをヌールッディーンの方へ近づける多くの特徴のひとつに過ぎない。とはいえ、彼の政敵たちは彼のなかに主君の猿真似をする男しか見ないのだが、実際には、彼は他人との接触の際、とくに兵士たちとの場合では、彼の先任者よりは、ずっと温かいところを見せている。そして、宗教上の掟を厳格に守るにしても、ザンギーの息子が時として見せたやや狂信的な態度はとらなかった。いえることは、サラディンはみずからに求めることが多いが、他人に対してはそうでなく、とはいえ、イスラムを侮辱する者に対しては、それが「異端」の徒であろうが、またフランクであろうが、彼の先任者よりはずっと厳しい姿勢を示した。

このような個人差はあるが、その差を超えて、サラディンはヌールッディーンのずば抜けた偉大さから、特に初期のころは、強い影響を受けている。彼はふさわしい後継者であろうとし、同じ目標を休むことなく追求する。それはすなわち、アラブ世界を統一すること、そして強力な宣伝機関を駆使して、被占領地、とくにエルサレムの回復のため、精神的にも、また軍事的にも、ムスリムを動員すること——の二つである。

ダマスカスへの挑戦状

一一七四年夏、ダマスカスで、諸侯が若いアル＝サーリフを囲み、フランクと結ぶことさえ考えながら、サラディンに対抗する最良の方策を練っていたとき、カイロのあるじは彼らに正真正銘の挑戦状を送りつけた。そのなかで、彼はヌールッディーンとの紛争を賢明にも伏せ、ためらうことなく、自分こそ主君の事業の継承者、かつ、その遺産の忠実な管理者であることを表明している。

（彼は書く）。いまは亡きわれらが王が、貴公らのなかから、余ほど信頼に足る人物を指名していたならば、最も重要な地方であるエジプトを授けたのも、同一人物に対してであったろう。ヌールッディーン殿がもしこれほど早く没しなかったら、幼君を教育し、面倒をみる役を余に授けたであろうことを、よく考慮せられよ。さて、貴公らは、あるじと御幼君に仕えるのは御自分たちばかりであるがごとく振る舞い、余を除け者にしようと試みておられるとか。されど、余は間もなく参上し、先君の御冥福を祈らんがため、然るべき行動をとるであろう。君側の奸は罰せられる。

ここにかつてのような控え目な男を認めることはむずかしい。それはまるで主君の死が、彼のなかから、長い間抑えていた闘争的性格を解き放ったかのようだ。事実、この通信は的確な役割を担っていたから、状況は一変する。これは、サラディンがムスリム＝シリアの征服を始めるための宣戦布告だったのである。

一一七四年十月にこの信書を送ったとき、カイロのあるじは七百騎を率い、早くもダマスカスへの途上にあった。その数はシリアの首都を包囲するには足りないが、ユースフは事態を計算していた。彼の手紙の異常にきびしい調子に恐れをなし、アル＝サーリフとその一派はアレッポへの退却を選ぶ。フランクの領土を、以後「シールクーフの間道」と呼ばれるようになる道をとって無事に通過し、サラディンが十月末、ダマスカスの城外に到着すると、彼の一族に親しい人びとが急いで城門を開き、彼を迎えた。

剣を交えることもなく得た勝利に乗じ、彼は進撃を続ける。ダマスカスの守備は兄弟の一人に任せ、彼は中部シリアへ向かってホムスとハマを落とす。この電撃戦の最中に、イブン・アル＝アシールは語る。〈サラーフッディーンはヌールッディーンの息子、アル＝サーリフ王の名において行動すると主張している。自分の目的はフランクの手から国土を守ることにある、と彼は述べた〉。

ザンギー朝に忠実なこのモースルの歴史家は、サラディンについては少なくとも懐疑的で、その二枚舌ぶりを非難している。彼はまったく間違ったわけではない。ユースフは強奪者の役を演じたくなかったから、自分はアル＝サーリフの保護者なのだといった。「いずれにせよ（と彼はいう）、この少年は一人では統治できない。後見人、摂政が必要であって、その役を演ずるのに私以上の者はいない」。その上彼はアル＝サーリフに次から次へと手紙を送って忠誠を誓い、カイロとダマスカスのモスクで彼のために礼拝させ、彼の名で貨幣を鋳造している。

少年王はしかし、このような行為にまったく無感覚だった。一一七四年十二月、「取り巻きどもの有害な影響からアル＝サーリフ王を守るため」、サラディンがアレッポを囲んだとき、ヌールッディーンの息子は町の人びとを集めて感動的な演説を行った。「神も人をも顧みず、わが国を余の手から取り上げようとする、不義、不忠のこの男を見よ。余はみなし子だから、おまえたちに頼る。おまえたちをかくも愛した亡父を思い出して、どうか余を守ってほしい」。

深く心を動かされて、アレッポ人はこの「逆臣」と徹底的に戦おうと決心した。ユースフは、アル＝サーリフとの直接紛争を避け、囲みを解いた。その代わり、今後は「エジプトとシリアの王」と宣言することに決め、もはやいかなる君主にも依存していないことを示す。年代記作者たちはさらにスルタンの称号で呼ぼうとしたが、彼自身は決してこの称号を用いなかった。サラディンはその後何度かアレッポの城下に戻ったが、ヌールッティーンの息子とは、決して矛を交えない。

アレッポ、暗殺教団に頼る

この絶え間ない脅威を避けるため、アル＝サーリフの顧問たちは暗殺教団の助けを借りることに決めた。彼らはラシードゥッディーン・シナーンと折衝し、ユースフを排除する確約を得た。「山の長老」はファーティマ朝の墓を掘った男を片づける以上のものを求めなかった。最初の攻撃は一一七五年の初めに行われる。暗殺者たちはサラディンの陣地に潜入、彼の幕舎までたどり着いたが、部将の一人が彼らを見つけ、行く手を阻む。彼は重傷を負ったが、警報が出され、衛兵が駆けつける。激闘のすえ、一味は殺された。

しかし計画は延期されたにすぎず、一一七六年五月二十二日、サラディンが再びアレッポ地方で戦っていたとき、一人の刺客が彼の幕舎に現れ、彼の頭に短剣の一撃を与えた。

だがまったく幸いにも、スルタンはさきの事件にこりて、帽子の内側に鎖帷子《かたびら》をかぶっていた。刺客はふた突き目で首をねらう。しかし、そこでも刃はとおらない。サラディンは厚い布地の長衣を着ており、その頸部は鎖帷子で強化されていたのだ。そこへ折よく一部将が駆けつけ、片手で短剣をつかみ、もう一方の手で斬りつけた。相手は倒れる。サラディンが起き上がる暇もなく、二人目の刺客がとびかかり、ついで三人目も。しかし、それまでのあいだに衛兵たちが駆けつけていて、相手を殺す。ユースフはふらつく足で幕舎を出たが、無傷でいるのが信じられないくらいだった。

正気に戻るや、彼は中部シリアにある暗殺教団の本拠を攻めようと決心した。シナーンはその地域に十数個の城塞を維持しており、サラディンが攻囲したのはそのなかでも難攻不落、断崖の頂きに張りついたマスヤーフの城であった。しかし、一一七六年の八月、この暗殺教団の国で何が起こったかは、たぶんひとつの謎としていつまでも残ることだろう。説明の第一はイブン・アル＝アシールによるもので、それによれば、シナーンがサラディンの母方の叔父へ手紙を送り、為政者の一族全員を血祭りに上げると誓った。暗殺教団からのこのような脅迫は、とくにスルタン暗殺の二度の試みの後だけに軽視できない。そこで、マスヤーフの包囲は解かれた。

しかし、二番目の説明は暗殺教団自身からなされる。それは教団に残存した数少ない文書のなかに記載されているもので、団員の一人、アブー・フィラース某なる人物の署名がある。彼によれば、城塞が包囲されたとき、シナーンは不在だった。彼が二人の仲間を連れて隣接する丘の上に陣取り、戦況のゆくえを追っていると、サラディンは部下たちに、彼をつかまえに行って来いと命じた。相当数の一隊がシナーンを囲んだが、兵士たちが彼に近づくと、彼らの五体はある不思議な力のためしびれてしまった。

そのとき「山の長老」は、スルタンと水入らずで話し合いたい旨を告げるよう、兵士たちに求める。恐れおののき、彼らは一目散にスルタンのもとへ駆け戻り、一部始終を告げる。サラディンは、この会談は実りがないと思い、幕舎のまわりに石灰と灰をまかせ、どんな足跡も探知できるようにする。その一方で彼は日暮れになると、たいまつを持った衛兵を警備のために配置する。丑三《うしみ》つどき、彼ははっと目がさめ、気がつくと、見知らぬ人影が幕舎からすべるように出て行く。それはシナーンそのひとだ。謎の訪問者は寝台の上に毒入りの菓子と一枚の紙を残しており、サラディンはそこにしるされた文字を読む。「なんじはわれらの思うまま」。そのときサラディンは思わず恐怖の叫びを上げたという。駆けつけた衛兵たちは何も見なかったと誓う。翌日、サラディンは急いで囲みを解き、ダマスカスへ戻った。

アレッポ、開城す。フランクの分裂

この話は疑いもなく、だいぶ潤色されているが、サラディンが暗殺教団への対策の完全変更を直ちに決めたことは事実である。どんな種類の異端にもがまんができないのに、彼はこの秘密結社の領土を二度と脅やかそうとしない。それどころか、彼は以後彼らと和解して、ムスリムであれフランクであれ、少しずつ敵の外堀を埋めて行こうとする。こうしてスルタンは、シリア制圧の戦場で、切り札を全部手のうちに収めようとしたのである。ダマスカスの奪取以来、彼がいわば勝ち馬であることは事実だが、紛争は泥沼化している。フランク諸国に対し、アレッポに対し、ザンギーの子孫が支配しているモースルに対し、さらにはジャジーラや小アジアの諸侯に対して、交えざるを得なかった多くの戦いで、彼の精根は尽きかける。また、これとは別に、彼は定期的にカイロへ戻って、陰謀や密通の動きを封じなければならない。

情勢は一一八一年の終わりになって、ようやく動き始めた。アル＝サーリフが、十八歳で、毒を盛られてか、急死したからである。イブン・アル＝アシールは彼の臨終を感動的な筆致で語る。

病状が悪化すると、侍医たちはぶどう酒を少しとるようすすめた。彼はいう。「まず、法学者の意見をきかなくては」。そこで主だったウラマーの一人が枕もとに呼ばれ、宗教は薬として酒の使用を認めていると説明する。アル＝サーリフは尋ねる。「神は私の命を終わらせると決めたもうているのに、もし私が酒を飲むのを見たら、考えを変えられるでしょうか」。法学者は「否」と答えざるを得なかった。「それでは（と臨終の男は結論する）、禁じられた飲み物を胃袋に入れたまま、私は創造主の前に出たくない」。

一年半後の一一八三年六月十八日、サラディンはアレッポへ正式に入城した。以後、シリアとエジプトは、ヌールッディーン時代のような名目上ではなく、アイユーブ家の宗主による不動の権威のもと、実質上、ただひとつになる。しかし、フランクは、奇妙なことに、この強力なアラブ国家の出現が日増しに彼らを強く締めつけているのに、このような事態はより大きな連帯を発揮させるに至らない。それどころか、エルサレム王がレプラのため五体がくずれ、不随に陥っているというのに、二派が対立して権力を争っているのである。ひとつはサラディンとの和解に好意的で、トリポリ伯レイモンが指導する。他方は過激派で、その代弁者はさきのアンティオキア公ルノー・ド・シャティヨンだ。

非常に日焼けした肌、わし鼻、そしてアラビア語をよくしゃべり、イスラムの著作を精読するレイモンは、もしその長身が彼の西洋人的血統を裏切らなかったら、シリア人貴族として十分とおったであろう。イブン・アル＝アシールは語る。

当時のフランクのなかにあっては、トリポリの領主でサンジルの子孫、レイセン・

イブン・レイモン・アル＝サンジーリほど勇敢かつ賢明な人物はいなかった。しかし大へんな野心家で、王になることに執心していた。一時期、摂政の地位に就いたが、間もなく遠ざけられた。このことを根にもった彼は、サラーフッディーンに手紙を書いて彼の側に立ち、フランクの王になるための援助を求めた。サラーフッディーンはこの要請を喜び、ムスリム側の捕虜になっていたトリポリの騎士の何人かを、直ちに釈放した。

戦争と平和と

サラディンはこの反目を注意深く見守った。レイモンが率いる「中東派」がエルサレムで勝ちそうなとき、彼は協調的な姿勢をとる。一一八四年、ボードワン四世はレプラの症状の最終段階に入り、手足は萎《な》え、目は見えなくなった。しかし、彼の勇気と良識は欠けることなく、サラディンとの善隣関係を樹立しようとするトリポリ伯を信頼した。

この年、ダマスカスを訪れたアンダルシアの旅行家イブン・ジュバイルは、戦争が行われているのに、隊商たちがフランクの領土を通過し、ダマスカスとカイロの間を気楽に往復していることに驚いている。〈キリスト教徒たちは（と彼は記載する）、ムスリムにしかるべき税を払わせ、一方キリスト教徒の商人たちは、ムスリムの領土を通るときは、運ぶ商品に応じて通過料を払う。両者のあいだの了解は申し分なく、平等互恵が守られている。

戦う人びとは戦争に専念しているが、人民は平和に暮らしている〉。

サラディンは、この共存状態を急いで終わらせようとは露ほども思っていないので、平和の道をもっと遠くまで行く用意があることさえ示す。事実、一一八五年三月、レプフ王が二十四歳で没し、王位は六歳の甥ボードワン五世が受けて、摂政職がトリポリ伯に委ねられると、新摂政はこの地位を固めるには時が必要だと思い、急いでダマスカスに使節団を送って、休戦を要請する。サラディンは西洋人との決戦が十分にできる状態にあると確信してはいたが、有無をいわせぬ対決を今すぐしようとは思っていないことを示し、四年間の休戦に同意した。

しかし、幼年王が一年後の一一八六年八月に没すると、摂政の役は無に帰する。イブン・アル＝アシールの解説によれば、〈幼君の母は最近西洋からやって来たフランク、ギー某なる男に恋をして結婚したので、幼な子の死に伴い、王冠を夫の頭上にのせ、総大司教、司祭、修道僧、聖ヨハネ騎士、神殿騎士、諸侯らを召集して、彼女が権力をギーに渡したことを告げ、彼への服従を誓わせた。レイモンは拒否し、サラディンと協調する方を選んだ〉。このギーとはフランスの一地方リュジニャンのギー干で、うすぼんやりの美男、政治的・軍事的能力の持ち合わせが皆無で、典型的な大勢順応型の人物だ。まったくのところ、彼は「タカ派」のあいだの操り人形にすぎず、その一派の長はかの「プリンス・アルナート」ことルノー・ド・シャティヨンであった。

悪役ルノーの再登場

キプロスでの悪事、北部シリアでの略奪行の後で、この男は一一七五年、ヌールッディーンの息子に釈放されるまで、十五年余の歳月をアレッポの牢獄ですごす。だが、抑留生活は彼の倫理的欠陥を助長しただけであった。これまで以上に狂信的に、貪欲《どんよく》に、そして残忍になったアルナートは、この数十年来の戦争と殺人による以上の憎悪をアラブとフランクのあいだに引き起こす。

釈放されはしたが、アンティオキアは義子のボエモン三世が治めていたので、領主の地位に戻ることができず、エルサレム王国に移って、若い未亡人と素早く結婚したが、この女性は婚資として、ヨルダン川の東側の領土、とくに、カラクとシャウバク〔モンレアル〕という強力な城塞を与える。こうして彼は神殿騎士団、および最近やって来た多くの騎士たちと組み、エルサレムの宮廷で勢力を伸ばして行くのだが、これに一時ながら対抗できたのはレイモンただ一人であった。

彼が強行しようとした政策は、八十年前のフランクの第一回侵略の際と同じもの、つまり、絶えずアラブと戦い、無差別に略奪と殺人を重ね、新たな領土を獲得することである。彼にとっては、どんな和解も妥協も裏切りになる。どんな休戦にも、またどんな約束にも縛られない。そして、不信心者と交わした誓約に何の価値があるのかね――といってせせら笑う。

一一八〇年、地域内における物資と人員の自由往来を保証する協定が、ダマスカスとエルサレムのあいだで結ばれた。数カ月後、裕福なアラブ商人のキャラバンが、シリア砂漠を通り、メッカに赴くところをルノーに攻撃され、全商品が没収される。サラディンは抗議したが、ボードワン四世はこの臣下を罰することができない。

一一八二年秋、事態は深刻化する。アルナートはメッカそのものを襲撃しようと決めたのだ。アカバ湾に面するアラブの小さな漁港エイラートで乗船し、紅海の海賊どもを水先案内に雇って、遠征隊は海岸沿いに南下、メディナの外港であるヤンブーを、次いでメッカから程遠からぬラビーグを襲う。途中、ルノーの部下たちは、ジッダへ向かうムスリムの巡礼船を一艘沈没させている。〈皆はびっくり仰天した（とイブン・アル＝アシールは説明する）。なぜなら、これらの地域の住民は、商人にしろ武士にしろ、これまで一人のフランクも知らなかったからだ〉。こうした成功に酔い、侵入者たちはたっぷり時間をかけて、船に獲物を満載する。

さて、ルノー自身は北上して領地へ向かい、一方部下たちは何カ月もかかって紅海の沿岸をたどる。このとき、サラディンの弟のアル＝アーディルは、留守中のエジプトの統治を任されていたのであったが、艦隊を編成して強盗団の追跡にかかり、全滅させた。生き残りの何人かはメッカへ引き立てられ、広場で打ち首になる。モースルの歴史家の結論によれば、聖地を侵そうとする者への見せしめの罰であった。この狂気の沙汰の知らせは、もちろんムスリム世界に広まり、以後アルナートは敵のフランクを通じて最もおぞましき人物の象徴になる。

サラディンは反撃に出て、ルノーの領土を何度か攻めた。しかし、怒ってはいても、スルタンは自分を抑え、寛大な態度を示す。たとえば一一八三年十一月、彼がカラク城の回りに投石機を据えつけ、岩の塊で爆撃を始めたところ、守り手から通知が来て、城内では、いまこのとき、公女の結婚式が挙げられているという。花嫁とはルノーの継娘ではあったが、サラディンは守り手に向かい、新婚夫婦が住むはずの棟はどこかと尋ね、今度は部下に向かってその場所は撃つなと命じた。

サラディン、ついに立つ（一一八七年四月）

このような騎士的行為も、残念ながら、ルノーにはまったく通じなかった。しばらくの間賢明なレイモンのおかげでおとなしくしていたが、一一八六年九月のギー王の即位とともに、再びわが道を突っ走る。数週間後、まだ二年半有効な休戦を無視して、彼は、メッカ街道を平和にたどっていた巡礼とアラブ商人の大キャラバンに、猛禽のように襲いかかり、武装した兵士たちを皆殺しにし、残りは捕虜にしてカラクへ拉致《らち》した。そのなかのある者がルノーに休戦条項を喚起させたところ、相手はなめた調子でうそぶいた。「なんじらのムハンマド〔預言者〕とやらが助けにくればのう」。何週間かたって、この言葉がサラディンに伝えられると、彼はアルナートをこの手でじきじき成敗《せいばい》すると誓う。

しかし、スルタンは差し当たり、努力して時機を待ち、ルノーに使節団を送って、協定に基づき、捕虜の解放と財貨の返還を求める。ルノーが対面を断ったので、使節団はエルサレムに赴き、ギー王に迎えられたが、王はこの臣下の悪業に不快を催したものの、思い切って彼と衝突はできない。使節たちは食い下がる。では、アルナート公の人質は、どんな協定、どんな誓約にもお構いなく、地下牢に留まらざるを得ないのでしょうか。しかし、無能なギーは責任をとらない。

休戦は破れた。サラディンはその期限切れまで約束を守るつもりだったが、戦闘状態へ戻るのに何の不安もいだかない。急使をエジプト、シリア、ジャジーラその他の諸侯のもとへ派遣して、フランクが卑怯《ひきよう》にも約束をないがしろにしたことを告げ、同盟者および家臣に向かい、全兵力を挙げて占領者に対するジハードに参加するよう訴えた。イスラムのあらゆる地域から幾千もの騎兵や歩兵がダマスカスに殺到する。なびく旗、兵士が日ざしや雨を避けるためのラクダの毛の小幕舎、コーランの章句や花文字の詩句で飾るなど、多彩な織物でつくった諸侯の大きなあずま屋……。町は、こうしたものの海のなかに沈む船のようであった。

動員が進むあいだ、一方のフランクは内紛に明け暮れている。ギー王は今こそ政敵のレイモンを排除する好機と踏んで、彼がムスリムに内通していると非難し、エルサレム軍は、ガリラヤ湖畔の小さな町で、トリポリ伯の妻に属するテベリア〔ティベリアス〕を攻める準備にかかる。急の知らせを受けた伯はサラディンに会いに出かけて同盟を提案、スルタンは直ちに受けいれて一隊を派遣し、テベリアの守備を強化した。エルサレム軍は退く。

一一八七年四月三十日、アラブやトルコ、クルドの戦士たちが引きも切らず、大波のようにダマスカスへ押し寄せているころ、サラディンはテベリアへ伝令を送り、レイモンに向かって、同盟規約に基づき、斥候隊にガリラヤ湖畔を偵察させて頂きたいと申し入れる。伯は困惑したが、さりとて拒むことはできない。そこで彼は次のように釘を刺すにとどめる。ムスリム兵は日没以前に彼の領地を去ること、および、彼の臣下の個人および財産に手を出さないこと。そして不慮の事態を避けるため、ムスリム部隊が通過する全周辺地区に予告を出し、住民は外出するなと要請した。

翌五月一日、金曜日の未明、サラディンの副将が指揮する七千騎はテベリアの城下を通過する。その夕方、彼らは来た道を逆行し、伯の要請を厳格に守って村にも屋敷にも手を出さず、財物も家畜も奪わなかったが、それでも事件を避けられなかった。幸か不幸か、神殿騎士団と聖ヨハネ騎士団の総長が二人とも、前夜レイモンの伝令が来てムスリム隊の到来を告げたとき、偶然にも当地の一城塞にいたのである。修道戦士たちはかっとした。彼らにとって、サラセンとの条約など存在しない。大急ぎで数百の騎兵と歩兵を集め、彼らはナザレの北、サッフーリーヤの村の近くで、ムスリムの騎兵隊を襲うことにした。しかし、たちまちのうちにフランク兵は圧殺され、逃亡できたのは神殿騎士団の総長だけであった。

罠を仕掛ける

イブン・アル＝アシールは詳述する。

この敗北に脅え、フランクは総大司教、司祭、修道士および多数の騎士をレイモンのもとに送り、サラーフッディーンとの同盟をきびしく責めた。「なんじはイスラムに改宗したに相違あるまい。さもなくば、いま起こったことにがまんなるまいからな。ムスリムがなんじの領地を通ることも、神殿騎士や聖ヨハネ騎士が殺され、あるいは捕虜となるのも、指をくわえて見ておるわけはないからじゃ」。トリポリやテベリアの伯自身の兵士たちも同様の非難を行い、総大司教はさらに彼を破門し、その結婚を無効にするとおどした。このような圧力を受けてレイモンは自信がくじけ、謝罪し、後悔する。彼らは彼を許して和解し、彼に向かい、その部下を国王のもとに置き、ムスリムとの戦闘に参加させるよう求めた。伯はそこで彼らとともに出発する。フランクはアッカの近くで騎兵、歩兵から成る部隊の編成を行い、ゆっくりと、サッフーリーヤの村をめざして進んだ。

ムスリムの陣地では、これら修道戦士団の壊滅は、それがこれまで皆の恐怖と嫌悪の的だっただけに、勝利の一つの前兆になる。以後、諸部将も兵士も早くフランクと剣を交えたいと願う。六月になると、サラディンはダマスカスとテベリアの中間に全軍を集めた。歩兵や志願兵を数えずとも、一万二千の騎兵が彼の前を行進して行く。馬上から彼はその日の命令を下したが、その叫びは幾千人もが発する喚声によって繰り返され、こだまとなってとどろき渡る。「神の敵に対する勝利を!」

幕僚たちに向かい、サラディンは状況を冷静に分析した。「われらに与えられたこの機会は二度とやって来ないだろう。余の考えでは、ムスリム軍は一度限りの決戦で不信心者全体と雌雄を決しなければならぬ。わが軍が解散せざるうちに、敢然としてジハードに身を投ずるのだ」。スルタンが避けようとしたこと、それは、戦争の季節は秋に終わるので、彼の家来も味方も、決定的勝利を得る前に、部隊とともに領地へ戻ってしまうことなのである。しかし、フランクは極度に慎重な戦士たちだ。ムスリム勢力がこれほど再集結しているのを見たら、彼らは決戦を避けようとするのではあるまいか。

サラディンは敵に罠を仕掛けることに決め、うまく引っかかってくれるよう神に祈る。彼はテベリアをめざし、わずか一日で町を占領した上で各所に放火し、城の前に包囲の陣を構えさせた。この城にはレイモン伯夫人とひと握りの守備隊がこもっている。その抵抗を粉砕するのは、ムスリム軍にとって赤子の腕をねじるようなものだが、スルタンは制止した。じわじわと圧力を強めて総攻撃を準備していると見せかけ、そして反応を待つのである。

戦機は熟す

イブン・アル＝アシールは語る。

サラーフッディーンがテベリアを占領して焼いたとの報に接して、フランクは会議を開いた。ある者は、出撃してムスリムと戦い、城を取られるのを阻止すべしという。しかし、レイモンは反対した。彼はいう。「テベリアはわが城、囲まれているのは身どもが妻でござる。されど身どもは城が奪われ、妻が捕えらるるを承諾する用意あり、もしサラーフッディーンの攻勢がそこで留まるものならば。なんとなればこの歳月、ムスリムの軍勢をこの目で多々見て参ったが、今日、サラーフッディーンが掌握するものほど、数多くかつ強大なるはなし。彼との力比べは避けりようではござらぬか。後日になればテベリアを取り戻し、身代金を払うことなど、いつでもできることでござろうよ」。しかし、カラクの領主、アルナート公がいう。「貴公はムスリム勢強しと語られて、われらをおじ気づかせる御所存か。彼らを愛しその友情を好まれておらるるからじゃな。さもなくば、かかる言辞を弄さるることはなきはず。身どもはかくお答え申す。量よりも、質でござるとな」。そこで伯はいう。「身どもは貴公らと一体なれば、御望みのまま振る舞い、ともに戦い申そう。なれど、何が起こるか、いずれおわかり召さろうて」。

西洋人のあいだでは、再び過激派の理屈が勝ちを得た。

このとき以後、決戦の膳立てが整う。サラディンの軍は果樹に覆われた沃野に展開した。背後には、ヨルダン川の水源であるテベリアの湖〔ガリラヤ湖〕の淡水が広がり、また北東のかた、はるか遠くにはゴラン高原の荘重な輪郭が望まれる。ムスリムの陣地の近くには、頂きが二つある丘がそびえて「ヒッティーンの角《つの》」と呼ばれるが、ヒッティーンとは、丘の中腹にある村の名前だ。

七月三日、約一万二千の兵力のフランク軍が行動を開始した。サッフーリーヤとテベリア間の道のりは遠くなく、普通ならせいぜい四時間の行軍で走破できる。だが夏になると、パレスティナのこの地一帯は完全に不毛となって泉も井戸も涸《か》れ、川も干上がってしまう。とはいえ、サッフーリーヤを早朝出発したフランクは、昼過ぎには湖岸で渇きをいやせると信じて疑わなかった。しかし、サラディンは綿密に罠を仕掛けている。日もすがら、彼の騎兵が敵を悩ます。前から、後ろから、両側面から攻め立てて、引きも切らず矢の雨を浴びせるのである。こうして西洋人側に若干の損失を与えたが、かんじんなのは、その行進の速度を遅らせたことだ。

日没の直前、フランクはさる台地の鼻にたどりついた。そこは展望が開けている。すぐ足もとには、日干しれんがの家から成るヒッティーンの寒村が広がり、谷間のいちばん奥にはテベリアの水がきらめいている。そして、ずっと近く、岸辺に沿って広がる緑野は、サラディンの軍に占められている。水を飲むには、何と、スルタンの許可を得なければならない。

サラディンはほくそ笑む。彼にはわかっている。フランクが疲れきり、渇きで死にそうなことを。また、夜までに湖への道を切り開く力も時間もないことを。したがって、夜は一滴の水もなく過ごさざるを得ないことを。その夜、サラディンは残る時間を祈りと、幕僚たちとの会合に分けた。そして、何人かの部将には敵の後方に回って退路を断つことを命じ、さらに各人が部署に就いたことを確認し、命令を繰り返した。

ヒッティーンの会戦（七月四日）

翌日、一一八七年七月四日、夜明けの最初の光が差し込むや、完全に包囲されたフランクは、渇きでふらふらになり、やみくもに丘を駆け降りて、湖に達しようとする。前日の精根尽きた行軍で騎兵より苦労をなめた歩兵は、斧や大槌を重荷のように持ってめくら滅法に突っ走り、一波また一波、剣と槍の固い壁にぶつかって粉砕される。生き残りは算を乱して丘へ押し返され、もう敗北は必至と悟った騎士たちとまじり合う。どの防衛線も維持できない。しかしながら、彼らは捨て身の勇気を振るって戦う。ひと握りの側近を率いたレイモンは、ムスリムの陣地を突破して活路を開こうとする。彼と顔見知りのサラディンの幕僚たちは、その逃亡に目をつぶったので、彼はトリポリまで駆けに駆けた。イブン・アル＝アシールは語る。

伯爵の脱出後、フランクの降伏は目前にある。ムスリムは乾いた草に火をつけ、風は騎士たちの目に煙を吹きつける。渇きと、炎と、煙と、暑熱と、戦闘のほてりに攻め立てられ、フランクはもはや耐え切れない。しかし彼らは、決闘以外に死から逃れる道はないと覚悟し、激しい攻撃を仕掛けたので、ムスリムは一時たじたじとなるほどであった。ところが、攻撃の都度、フランクは損害を出して数が減る。そしてムスリムは「真《まこと》の十字架」を奪った。これはフランクにとっては最も重大な損失だ。というのは、彼らの主張するところでは、救世主は——彼の上に平和あれ！——この上で十字架にかけられたからである。

イスラムによれば、キリストが十字架にかけられたのは外見だけにすぎない。なぜなら、神はマリアの息子を愛されたから、このような忌むべき苦痛が彼に加えられるのをお許しになるわけがないからである。

この損失にもめげず、フランクのなかの最後の生き残り、百五十騎余りの精鋭が勇敢に戦い続け、ヒッティーンの村の上の高地に陣を構えて、幕舎を張り、抵抗をくわだてる。しかしムスリム兵が四方から迫るので、残って立つのは王の幕舎だけになってしまった。以下はサラディンの実子、当時十九歳のアル＝マリク・アル＝アフダルが語る。

ヒッティーンの会戦の際、私は父のそばにいた。それは私の初陣だった。フランクの王が丘の上にいて、部下とともに激しい攻撃を仕掛けると、わが軍は父が立つ場所の辺りまで後退せざるを得なかった。彼は青ざめ、いら立ち、神経質にあごひげを引っぱっている。彼は進み出て叫んだ。「サタンに負けるな！」。ムスリムは再び丘の攻撃に移る。その圧力でフランクが後退するのを見て、私はうれしくて叫んだ。「やっつけたぞ！」。しかし、フランクは前よりも激しく攻めて来て、味方はまた父のそばまで後退した。彼は今度も味方を立て直して攻撃に移させ、敵はたまらず丘の方へ退却する。私はまた叫んだ。「やっつけたぞ！」。しかし父は私の方を向いていった。「黙れ。あの高いところにある幕舎が倒れなければ、やっつけたことにはならんのだ」。この言葉が終わらぬうちに、王の幕舎は崩れた。するとスルタンは馬から下り、大地にひれ伏して、感涙にむせびながら神に感謝した。

勝利。ルノーを処刑

歓喜の叫びのなかでサラディンは起き上がり、再び馬上の人となって、幕舎へ向かった。彼のもとへ名だたる捕虜が、とくにギー王とルノー公が連れて来られた。スルタンの顧問で作家のイマードゥッディーン・アル・アスファハーニがその席に列なる。彼は語る。

サラーフッディーンは、自分のそばに座るよう王をいざなった。次にアルナートが入ってくると、王のそばに位置させ、彼の悪業の数々を思い起こさせた。「いくたびなんじは誓い、次いでその誓約を破ったか。いくたびなんじはみずから尊重もせぬ協定に署名したか」。アルナートは通訳を介して答える。「王たるものはいつもかく振舞うものだ。身どもはそれ以上のことは何もしておらぬ」。このあいだ、ギーは渇きにあえぎ、酒に酔ったように頭をふらつかせており、その表情は内なる恐怖をあらわにしていた。サラーフッディーンは彼にいたわりの言葉をかけ、冷えた水を運ばせて彼にふるまった。王は飲み、残りをアルナートに差し出すと、彼も渇きをいやした。そのとき、スルタンはギーにいう。「あなたは彼に飲ませる前に私の許しを求めなかった。だから私は彼に赦免を与える義務を負うものではない」。

事実、アラブの伝統によれば、飲みものか食べものを提供された捕虜は命を助けられる。しかしサラディンは、自分の手で殺すと誓った男の場合は、そういう約束ごとを守るわけには行かないから釘を刺したのである。イマードゥッディーンは続ける。

このような言葉を述べてからスルタンは外に出、馬に乗り、捕虜たちを恐怖のとりこにしたまま遠ざかった。彼は部隊の帰営を監督し、次いで幕舎に戻る。そこへアルナートを連れて来させ、剣をとって一歩進み、頸部と肩甲骨のあいだを一撃した。アルナートが倒れると、部下が首を斬り、足を持って胴体を王の方へ引きずった。王は震え始める。このような動転している姿を見て、スルタンは彼を安心させる語調でいった。「この男はただ悪業と背信のためにのみ殺されたのです」。

事実、王と大部分の捕虜は釈放された。しかし、神殿騎士と聖ヨハネ騎士らはルノー・ド・シャティヨンの運命をたどる。

フランクの諸都市を回復

サラディンは記念すべきこの日が終わるのを待たず、主だった諸侯を集め、この勝利は侵略者によりかくも長きにわたって物笑いにされて来たわれわれの名誉を回復したものだと語り、彼らの勝利を祝福した。彼の判断では、以後フランクにはもう軍隊がないから、この機会をとらえ、一刻の猶予もなく、彼らが不当にも占領していた地域を取り戻さなければならない。そこで翌日、それは日曜日であったが、テベリアの城を攻める。城主のレイモン夫人はどんな抵抗も無益と悟って開城する。サラディンはもちろん、守備隊を全財産もろとも無事に出発させた。

続く火曜日には、意気上がる部隊はアッカの港へ進撃、無条件降伏を受ける。この町は西方貿易の要《かなめ》だったから、長期にわたり重要な経済的地位を確保していた。スルタンは多くのイタリア人商人に向かい、必要な限りの保護を提供するからと約束して、残留させるよう努めたが、彼らは北隣の港のティールへ去る方を選ぶ。まったく残念とは思ったが反対せず、彼は全財産を持ち出す許可さえ与え、盗賊を防ぐための護衛をつけてやった。

次いでスルタンは、みずからこのような大軍を率いて移動することの愚を悟り、諸侯に命じてパレスティナ各地の要塞を落とさせることにした。ひとつ、またひとつ、ガリラヤとサマリヤのフランクの拠点は、数時間で、あるいは数日中に降伏する。とくにナーブルス、ハイファ、ナザレの場合がそうで、住民は皆ティールかエルサレムへ向かう。ただひとつ、激しい衝突が起こったのはヤーファで、ここではサラディンの弟、アル＝アーディルの率いるエジプト軍が強力な抵抗を受けた。そのため、勝利を得るや、アル＝アーディルは全住民を奴隷にする。イブン・アル＝アシールの語るところでは、彼自身もアレッポの市で、ヤーファから来た若いフランク女性の捕虜を買い求めたという。

彼女には一歳の子どもがいた。ある日、抱いていた腕から落ちて顔にひっかき傷ができると、彼女は大声をあげて泣く。なぐさめようとして私はいった。大した傷じゃないから、これしきのことでそんなに泣くものではないよ。彼女は答えた。そのことで泣いてるのではありません。わたくしたちを襲った不幸のせいです。六人の兄弟はみんな殺され、夫と姉妹たちのゆくえはわからないのです。沿岸地帯の全フランクのなかで（と、このアラブの歴史家は明確に述べる）、ただヤーファの住民だけがこのような運命を受けた。

事実、他のどの場所でも、回復運動は平穏に進む。アッカでの短い滞在の後、サラディンは北上してティールの城外に達したが、この強固な城壁のために時間を空費しまいと考え、海岸づたいに勝利の行進を続ける。七月二十九日、サイダ〔シドン〕は七十七年の占領の後で戦わずに降伏、次いで何日かの間隔を置いてベイルートとジュバイル〔ビュブロス〕が落ちる。ムスリム軍は今やトリポリ伯領のすぐそばまで来たわけだが、サラディンは、この方面からの脅威はまったくないと思い、軍を南に返して再びティールの前面で停止し、攻囲すべきか否かを考える。

何度かためらったが(とバハーウッディーンは語る)、スルタンは結局攻めるのをやめた。彼の部隊は四方に散っている上に、余りにも長期の戦で疲れ切っている。おまけにティールは、今や沿岸の全フランクが集結しているから、まったく防御が固いのである。そこで彼は、奪回がもっとやさしいアスカロンを攻めることに決めた。

サラディンは後日、この決断をひどく後悔することになるだろう。しかし、当分のあいだは勝利の行進が続く。九月四日、アスカロンが、次いで神殿騎士団に属していたガザが降伏する。同時にサラディンは、幾人かの部将をエルサレム地区へ派遣し、彼らはベツレヘムを含む数拠点を奪う。以後、スルタンにはひとつの願望しか残らない。彼の勝利の戦と彼の生涯を聖地の回復で飾ることだ。

エルサレムを囲む

彼は、かのカリフ・ウマルのひそみにならい、この由緒深い都に破壊も流血も見ずに入城できるだろうか。エルサレムの住民に通達を送って、彼は町の将来について話し合おうと要請する。名士たちから成る代表団がアスカロンにやって来たとき、勝者側の提案は合理的なものだった。すなわち、都は戦闘なしに引き渡される。去りたい者は全財産を携行できる。キリスト教の聖地は尊重され、将来巡礼に来る者は何ら干渉されない。しかし、サラディンはあきれてしまう。フランクといったら、威勢がよかったころと同じく、いばりくさって答えるのだ。エルサレムを渡す、イエスが死んだこの町を？　ふざけるな！町はわれらのもの。断固守り抜いてお目にかけよう……。

今や、サラディンは、エルサレムの奪取は剣による以外にないと決断し、シリア各地に分散していた部隊に向かい、聖地の周辺に集まれと命ずる。部将という部将が駆けつけた。ムスリムとして、最後の審判の日、創造主にこういいたくない者がいるだろうか。「私はエルサレムのために戦いました！」。さらには、「私はエルサレムのために殉教しました！」。サラディンはといえば、聖地に入れば片目を失うと、ある日占星術師が予言したものだが、その時こう答えている。「聖地を取るためなら、両目をなくしてもよい」。

包囲された市内では、防衛の指揮はラムラーの領主バリアン・ディブランが執った。イブン・アル＝アシールによれば、彼は〈フランクのあいだでは、国王とほぼ同等の地位にある領主〉である。彼は自軍の敗北の直前にヒッティーンを去ることができ、ティール〈亡命した。妻がエルサレムに残っていたので、彼は夏のあいだにサラディンに妻の捜索許可を求め、武器を携行しないこと、聖地では一夜しか過ごさないことを誓約していた。ところが着いてみると、残留を懇願されてしまう。抵抗を指揮するには、彼をおいて権力ある人物がいないのである。しかしバリアンは信義を重んずる騎士だ。エルサレムとその市民の防衛は、スルタンとの約束を破らずには受諾できない。彼はサラディン自身の前に出頭していかにすべきかを問うた。するとスルタンは寛大にも、彼を誓約から解放した。もし義務が聖地に残って武器を取れと命ずるなら、そうすればよい！ 次いでスルタンは、バリアンがエルサレム防衛の準備に多忙で妻を避難させることができなかったので、護衛をつけ、彼女をティールまで送り届けてやった。

サラディンは信義の士に対しては、よしそれがもっとも手ごわい敵であろうと、何ごとも拒まない。しかし、この特殊な件では、危険は最小であった。どんなに勇敢でも、バリアンはムスリム部隊に太刀打ちできない。いかに城壁が堅く、フランクの住民が首都に深い愛着をいだいていても、守り手の数はひと握りの騎士と、軍事体験が皆無の数百人のブルジョワに限られている。

さらに、エルサレムに住む正教派、ヤコブ派など、東方キリスト教諸派の人たちはサラディンびいきで、聖職者はとくにそうだった。彼らはカトリックの高位聖職者たちに絶えずなめられていたからだ。一方、スルタンの主だった顧問の一人はユースフ・バティトという正教派の司祭で、この男がフランクおよび東方キリスト教社会との折衝に当たる。攻略が始まる直前、正教派の聖職者はバティトに向かい、もし西洋人ががんばり続けるなら城門を開くと約束している。

その前夜

実際のところ、フランクの抵抗は勇敢だが短く、明るい見通しは何もない。エルサレムの包囲は九月二十日に始まり、六日後、サラディンはオリーヴの山に陣を構え、部隊に向かい、総攻撃に備えて、いっそうの締めつけを求める。九月二十九日、工兵は城郭の北についに割れ目をつくる。そこは一〇九九年七月、西洋人が突破口を開いた場所のすぐそばであった。戦闘の継続はもうこれまでと、バリアンは通行証を要請してスルタンの前に出る。

サラディンは、今度は非妥協的だ。住民に対して、戦いのずっと前に、最良の降伏条件を示したではないか。今となっては、もう交渉などの時でない。彼は、かつてフランクがやったように、剣に賭けて町を取ると誓ったのだ。彼をこの誓約から解き放つ唯一の方法は、エルサレムが彼に門を開いて、完全に、そして無条件で彼に委ねることである。

バリアンは生命の安全を約束させようと食い下がったが（とイブン・アル＝アシールは詳述する）、サラーフッディーンは何も約束しない。気をやわらげようとしたが効果はなかった。そこで彼は次のように語りかける。「スルタンよ、この町には神のみぞその数を知る群衆が住み、戦闘の継続に気が進まないでいる。生を愛し、死を嫌っているからだ。また彼らは、なんじがこれまで多くの者に為したように、自分たちの命をなんじが守ってくれると期待しているからだ。されどわれら、死がもし逃れがたきものと悟れば、持てる限りのものに火をかけ、戦利品としてただの一ディナールも、ただ一ディルハムも、また奴隷に売るべきただ一人の男も、ただ一人の女もなんじらに残すまい。次にわれらは、岩のドーム、アル＝アクサーのモスクその他の場所を破壊し、われらが抑留する五千人のムスリム兵捕虜を血祭りに上げ、馬およびあらゆる家畜の息の根を断つ。かくて最後に出撃し、生きんがために戦う者のごとくなんじらと戦い、一人ならずなんじらを殺さずんば死ぬべからず」。

脅しに心を打たれたのではなく、サラディンは相手の熱意に動かされた。しかし、そうかんたんに軟化ぶりを見せるわけにも行かないので、彼は重臣たちの方を向いて尋ねた。イスラムの聖地を破壊から免れさせるために、町を剣に賭けて取るという誓いから解放されるかどうかと。彼らの答えは肯定的だったが、手のつけようもないあるじの気前のよさを弁えているから、フランクを去らせる前に、彼らから金銭的補償を取り立てるべきだと主張した。今も続く長い戦のため、国庫は完全にからっぽになっているからである。

彼らの説明によれば、不信心者たちは事実上の捕虜である。そこで自分の自由を買い戻すために、各人は身代金を払わなければならぬ。男は十ディナール、女は五、子どもは一。バリアンはその原則をのんだが、そのような額を払えない貧者への恩典を願い出る。彼らのうち、ざっと七千人を三万ディナールで解放してはもらえまいか——。経理官たちの怒りをよそに、またもやこの要求は受諾される。満足して、バリアンは武器を置けと部下たちに命じた。

聖地解放（十月二日）

一一八七年十月二日、金曜日。イスラム暦では五八三年ラジャブ月二十七日。それはムスリムが、エルサレムへの預言者の夜の旅を祝う日である。サラディンは聖地への堂々たる入城を行った。部将や兵士には厳しい命令が出される。フランクであろうが中東の人であろうが、キリスト教徒に対して指を触れてはならぬと。実際に、殺人も略奪も行われなかった。何人かの狂信者たちが、かつてフランクが行った暴虐への報復のしるしとして、聖墳墓教会を破壊すべしと主張したが、サラディンは彼らをたしなめた。それどころか、礼拝所に対する警備を強化し、フランクでも望むときはいつでも巡礼に来ることができると発表した。もちろん、岩のドームの頂上に立っていたフランクの十字架は引き下ろされた。教会に変えられていたアル＝アクサーのモスクは、壁に薔薇水をふりまいた後、ムスリムの礼拝所に戻った。

サラディンが一群の同志に囲まれ、落涙し、祈り、ひれ伏しながら、聖所から聖所へと移っていた時、大部分のフランクは町に残っていた。金持ちは亡命に先立ち、屋敷、店舗、家具などの売り立てに忙しく、その買い手は現地に残る正教派やヤコブ派のキリスト教徒だ。その他の財貨は後日、サラディンが聖地へ居住させるユダヤ教徒の家族に売られることになる。

ところで、バリアンはといえば、最貧層の自由を買い戻すための金策で大わらわだった。身代金自体はそれほど高くない。王侯ともなれば、十万あるいはそれ以上といわずとも、ふつうは数万ディナールだ。しかし、貧しい者にとっては、一家族につき二十ディナール台の額は一年あるいは二年分の収入に当たる。そこで何千もの恵まれざる人びとは各城門の辺りに群れて恵みを乞う。兄と同じく物わかりのよいアル＝アーディルは、千人の貧しい捕虜を身代金なしで解放する許可をサラディンに求める。それを聞いて、フランクの総大司教は七百人の、バリアンは五百人の追加を願い、しめて全員が釈放される。次いでスルタンは自分自身の考えから、老齢者は無償で立ち退きが許され、捕虜のなかの家長は釈放されると発表する。一方フランクの未亡人および孤児については、彼は全額免除だけでは気がすまず、贈り物を添えた上で立ち退かせた。

サラディンの経理官たちはさじを投げていた。最貧層を対価なく解放するなら、少なくとも金持ちの身代金を増額せよ。このような誠実な公僕の怒りは次の事態を知って絶頂に達する。エルサレムの総大司教が、金銀、じゅうたんその他、貴重な品の限りを多数の車に山ほど積んで町から出て行くのである。イマードゥッディーン・アル＝アスファハーニもさすがに眉をひそめ、自身詳しく書きとめている。

私はスルタンにいった。「総大司教は二十万ディナールを下らぬ相場の財宝を運んでいます。われわれは財産の持ち出しを認めましたが、教会や修道院の宝物は認めていません。こんなことをさせてはなりませぬ」。しかしサラーフッディーンは答えた。「われらは署名した合意文書を厳格に適用しなければならぬ。そうすれば、信者が協定に違反したとだれからもとがめられることはないだろうし、それどころか、キリスト教徒はいついかなるところでも、われらが与えた親切を思い出すことであろう」。

そのとおり、総大司教は一般人並みに十ディナール払い、つつがなくティールに着くよう護衛の恩恵を受けた。

聖地でひれ伏す幸福

サラディンがエルサレムを征服したのは、財物を集めるためでも、ましてや復讐のためでもない。彼が特に求めたのは、自身の説明によれば、神と信仰にかかわる義務を遂行することであった。彼の勝利、それは聖地を侵略の束縛から、流血も、破壊も、また憎悪もなく解放したことだ。彼の幸福、それは、彼なくしてはだれも祈れなかった聖地でひれ伏すことができることから生まれる。

十月九日の金曜日、それは勝利から一週間後のことであるが、公けの儀式がアル＝アクサーのモスクで催された。この記念すべき機会に際し、多数の宗教人が説教する名誉を争い、結局ダマスカスのカーディー〔法官〕でアブー・サアド・アル＝ハラウィの後継者、ムヒーウッディーン・アル＝ザキが黒い豪華な衣装をまとい、スルタンの指名で説教壇に登る。彼の声はよくとおり、力づよいが、かすかな震えが心の動きを物語っていた。

「イスラムにこの勝利を与えたまい、一世紀にわたる破滅の後、この町を信徒に戻したもうた神に栄光あれ。回復成就のため、神が選びたもうた軍隊に名誉を。そしてサラーフッディーン・ユースフ、アイユーブの息子、この民族に、さげすまれていた威厳を回復したなんじに救いあれ！」。

V　猶予（一一八七～一二四四年）

エジプトのあるじがエルサレムをフランクに渡そうと決めたとき、憤激のあらしがイスラム全土を揺さぶった。

シブト・イブン・アル＝ジャウジ
アラブの年代記作者（一一八六～一二五六年）

11　両雄、相見《あいまみ》えず

サラディン、判断を誤る

エルサレムの回復後、英雄として尊敬されはしたものの、サラディンはやはり批判の対象となる——側近からはやんわりと、そして反対派からは次第にきびしく。

サラーフッディーンは（とイブン・アル＝アシールはいう）、決断のなかに毅然《きぜん》たるところが決してなかった。ある町を囲み、守り手の抵抗が長びくと、彼は飽いて囲みを解く。ところで王たる者は、運命がほほえんでいるときでも、このように振る舞うべきでない。成しとげて、その成功の果実をもぎとるよりも、毅然として失敗した方がましな場合がよくあるものだが、ティールにおけるサラーフッディーンの行動ほど、この真理をよく語っているものはない。ここでムスリムが不運をなめたのは、ひとえに彼の過ちによる。

ザンギー朝に忠実なこのモースルの歴史家は、決して体系的な敵意を明らかにしているわけではないが、サラディンに関してはいつも一歩退いている。もちろんイブン・アル＝アシールはヒッティーンやエルサレムの後、アラブ世界にどよもした歓呼の大波のなかにいた。だからといって彼は、いささかの独断もなく、英雄が犯した過ちを取り上げざるを得ない。ティールの場合では、この歴史家による非難はまったく正しい。

サラーフッディーンは、フランクの町あるいは城塞を、アッカ、アスカロン、エルサレムのように奪うたびに、敵の騎士や兵士がティールへ亡命するのを許している。そのためこの町は事実上、難攻不落になってしまった。沿岸のフランクは海外にいるフランクに通信を送り、そこで後者は助けに行くぞと約束する。自軍に対するティールの防衛の一半を組織したのは、サラーフッディーン自身だというべきではあるまいか。

たしかに、敗者を遇したときのスルタンの寛大さをとがめることはできない。無益な流血への嫌悪、約束の厳格な尊重、行為のたびに示される感動的な気高さ、こうしたものは「歴史」の目から見れば、少なくとも、彼の征服と同様の価値をもつ。しかしながら、彼が重大な政治上・軍事上の過失を犯したことは疑う余地がない。エルサレムを奪ったとき、彼は西洋に挑戦したこと、そして相手が反撃に出ることを弁えていた。このような条件下で、何万ものフランクが、沿岸きっての強固な城塞であるティールに陣を構えるのを許すとは、新たな侵略へ理想的な上陸拠点を提供したことになる。しかもこの時、引き続き抑留されているギー王の不在中に、騎士たちはとりわけねばり強い指導者をひとりの人物のなかに見出している。アラブの年代記作者が「アル＝マルキシュ」と呼ぶマルキ〔侯爵〕、西洋から最近やって来たモンフェラートのコンラートである。

難攻不落のティール。ギーの背信

危険に気がついてはいるものの、サラディンはこの男を過小評価した。一一八七年十一月、聖地の征服から数週間たって、彼はティールの攻囲を始めるが、断固たる決心でやったわけではなかった。このフェニキアの古代都市は、エジプト水軍の大規模な支援がなければ、とてものこと奪取できない。サラディンはそのことを心得ていたが、その城壁の前に姿を現したとき、支援の船隊はわずか十隻にすぎず、うち五隻は守り手に猛撃されてたちまち焼かれ、残りはベイルートへ逃げ帰ってしまった。水軍がないと、ムスリム軍は、町と陸地を結ぶ狭い中道《なかみち》を通らなければ、ティールを攻めることができない。

このような状況では、攻囲は何カ月も続きかねなかった。フランクはアル＝マルキシュによって手際よく配備され、断固戦う構えのようだからなおさらだ。終わるめどのない戦いに疲れ、大部分の部将はサラディンに断念をすすめる。スルタンは金があれば何人かを手もとに引きとめることができたろう。しかし、兵士は冬は高くつき、国庫はからっぽで、自身も疲れた。そこで彼は部隊の半数を復員させ、次いで囲みを解いて北上し、多くの町や城塞を苦もなく回復して行く。

ムスリム軍にとって、それは新たな勝利の行進である。ラタキア、タルトゥース、バグラス、サファド、カウカブ……征服の名簿は長くなるから数えるのをはしょり、中東のフランクに残っている方を挙げれば、ティール、トリポリ、アンティオキアとその港、および孤立した三つの城塞にすぎない。しかし、サラディンの周辺で、鋭い観察眼の持ち主は誤たずに考える。どんな新たな侵略もくじくことができるという保証がないなら、このような征服を重ねたところで何になろう？　しかし、スルタン自身は落ち着き払って、びくともしない。「もしフランクが海の向こうからやってくるなら、ここのフランクと同じ運命を受けるであろうよ！」。シチリアの一船隊がラタキアの港外に姿を見せたとき、彼はこう叫んだものだ。一一八八年七月、彼はさらに、ムスリムに対し二度と武器をとらぬとおごそかに誓わせはしたが、ためらわずにギー王を釈放している。

この最後の贈り物は彼に高くつくことだろう。一一八九年八月、このフランク王は誓約を破り、アッカの港を攻囲しにやってくる。手の内の兵力は大したものではなかったが、以後船が日ごとにやって来て、次から次へと西洋の戦士を岸辺にはき出すのだ。イブン・

アル＝アシールは語る。

エルサレムの陥落後、フランクは喪服をまとって海の向こうへ出かけ、あらゆる地域、とくに大ローマで援助と救いを求める。人びとを復讐へと駆り立てるため、彼らは、血まみれの救世主と——彼の上に平和あれ——彼をなぐりつけているアラブを描いた絵を携行している。彼らはいう。「見たまえ、こちらが救世主で、こちらがムスリムの預言者ムハンマド、救世主を死ぬほどなぐっている！」。心動かされてフランクは女も含め集結する。そして、来れない者は、彼に代わって戦いに行く者の費用を出す。敵の捕虜の一人が私に語ったことであるが、彼は一人息子なのに、母親は家を売って彼のいでたちを工面したという。フランクの宗教的・心理的な動機は以上のようなもので、彼らは目的に達するためなら、どんな難儀をも克服する用意がある。

まったく、九月の上旬以来、ギーの部隊は援軍に次ぐ援軍を受けた。こうして、全フランク戦争を通じて最も長く、最も耐えがたいもののひとつ、アッカの合戦が始まる。この町は長い鼻の形をした岬の上に築かれている。南は港で、西は海。北と東は二つの堅固な城壁が直角を形づくる。

町は二重に囲まれた。ムスリムの守備隊が堅く陣取る城壁をめぐり、フランクがしだいに厚くなる包囲の弧を描くが、彼らは背後にいるサラディンの軍を考慮しなければならぬ。最初、彼は敵をはさみ打ちにしてやっつけようとしたが、たちまち目的達成は無理と悟った。なぜなら、ムスリム軍が連戦連勝しても、フランクは直ちに損失を埋める。ティールから、海のかなたから、昇る朝日が戦士の群を運んでくるからだ。

ドイツ皇帝フリードリヒ一世

一一八九年十月、アッカの合戦が激烈なころ、サラディンはアレッポからの通信を受けた。それによれば「アルマンの王」、つまりドイツ皇帝フリードリヒ・バルバロッサ〔赤ひげ〕がコンスタンティノープル経由、二十万か二十五万の部隊を連れてシリアへ進撃中とある。スルタンは深く憂慮した――と、そのとき彼のそばにいた、忠実なバハーウッディーンは語る。〈事態は極めて重大とみた彼は、全ムスリムをジハードに召集し、カリフに状況の推移を告げる必要があると判断した。そこで彼は私に向かい、シンジャル、ジャジーラ、モースル、イルビルの諸侯に会いに行って、ジハードに加わるため、彼ら自身兵を率いてやってくるように仕向けよと命じた。次いで私はバグダードへ赴き、信徒の長に腰を上げさせることになっており、この任務を果たした〉。〈ローマに居を構える法王はフランクの人民にサラディンは書面のなかで力説している。〈カリフの眠りをさますため、エルサレムへの進撃を命じております〉。また同時に、〈西洋のフランクが東洋のフランクと関連行動をとっているから〉として、サラディンはマグリブ〔北アフリカ〕とムスリム＝スペインの首脳に信書を送り、同胞の救援に赴くよう訴えている。

全アラブ世界で、国土回復によって喚起された熱狂は恐怖へ席をゆずる。フランクの復讐は恐ろしいぞ、血の海の二の舞いになるぞ、聖地はまた取られるぞ、シリアとエジプトはふたつとも侵略者の手に落ちるぞ――こんなひそひそ話が聞こえる。しかし、またもや偶然が、あるいは神の摂理が、サラディンのために生じた。

ドイツ皇帝は意気揚々と小アジアを通り抜け、一一九〇年の春、クルジュ・アルスランの後継者たちの都コンヤの前面に達し、たちまち城門を突破してからアンティオキアへ使節を送ってその到着を告げた。アナトリア南部のアルメニア人たち〔正教派〕はおののき、司祭はサラディンのもとに使者を急派して、この新たなフランクの侵略から自分たちを守ってくれと嘆願した。六月十日、極暑のため、フリードリヒ・バルバロッサはタウロス山脈のふもと、さる小川で水浴したが、そのとき心臓の発作に襲われたのか、イブン・アル＝アシールの説明では、〈深さがせいぜい腰ほどのところで水死する。彼の軍隊は四散した。ドイツ人とは、フランクのなかでもとりわけ数が多く、またがんこな民族であるが、神はこうしてムスリムに彼らの悪意から免れさせたもうたのである〉。

アッカの攻防

ドイツの危険は奇跡的に除かれた。しかしこの数カ月間というもの、サラディンは身の自由を奪われ、アッカの寄せ手に決戦をいどむことができなかった。以後パレスティナのこの港をめぐる戦線は停滞する。スルタンは反撃をかわすに足りる援軍を受けても、いまやフランクを追い払うことができない。徐々に現状維持が確立する。小ぜり合いの合い間に騎士と諸侯たちは互いに宴会に招待し合い、おだやかに談笑し、バハーウッディーンが報じているように、時には競技に熱中したりする。

ある日、両陣営では戦いに疲れ、子どもの試合をやることにした。町から二人の少年が出て、不信心者の二人の相手と腕を競うのである。格闘のさなか、ムスリム側の一人が相手にとびかかり、引っくり返してのど首を押さえた。息の根を止めてしまいそうなのを見て、フランクが駆け寄っていった。「それまで。相手は今やなんじの捕虜。われらはなんじから彼を買い戻そうぞ」。少年は二ディナールを受けとって相手を放してやった。

まるで縁日の出し物のような調子だが、戦う本人たちの環境はあまり愉快なものではない。死傷者の数は増え、伝染病がはびこり、冬は食糧の補給が容易でない。サラディンが気がかりなのは、とくにアッカ守備隊の状況だった。西洋から船が着くにつれ、海上封鎖はますます激しくなる。二度にわたり、数十隻から成るエジプト船隊が封鎖線を突破して港にたどり着いたが、損失が大きい。やがてスルタンは籠城側への補給のため策略を弄せざるを得なくなる。一一九〇年七月、彼はベイルートで一艘の大船を用意し、小麦、チーズ、玉ネギ、羊などを山のように積みこませた。

その船にはムスリムの一隊が乗り組んでいた（とバハーウッディーンは語る）。彼らはフランクの服装をし、あごひげを剃り、十字架を帆柱にかけ、甲板の目立つところに何頭もブタを置いた。彼らは敵船の間を静かに通り抜けて町に近づく。しかし、制止され尋問される。「アッカの方へ行くようだが」。びっくりしたふうを装い、ムスリムが反問する。「まだ町を取っちゃおられんのですかい？」。フランクは彼らが味方に用があるのだと思いこんで答える。「いや、まだ取ってはおらん」「よっしゃ。それならお味方の陣地のそばに着けましょうや。ところでね、うしろの方に船が一艘来ているんで、町の方へは行かぬよう、ひとつ知らせてはくださらんか」。実際のところ、ベイルート人たちは、フランクの船がうしろから来ていることを、来がけに見たにすぎなかったのだが、敵の船乗りたちはすぐそちらへ出向き、一方われらが船乗りたちは満帆にしてアッカに向かい、歓喜の叫びで迎えられた。町は食糧不足に苦しんでいたからである。

イギリス王リチャード一世

このような奇計は、しかしながら、そうそう繰り返せるものではない。サラディン軍が敵の締めつけを緩めることができないと、アッカの降伏は目に見えている。ところで、月日が経つにつれ、第二のヒッティーンとなるべきムスリムの勝利の機会はますます遠ざかり、一方西洋からの戦士の波は干上がるどころか高まるばかりで、一一九一年四月には、フランス王フィリップ二世が部隊とともにアッカの近郊に上陸、次いで六月初めには、イギリス王リチャード獅子心王が続いた。

このイギリス王（マリク・アル＝インキタル）は（とバハーウッディーンは語る）、勇敢、精力的、かつ戦闘では豪胆な男であった。地位からいえばフランス王より低かったが、ずっと裕福で、戦士としてはずっと高名だった。途中キプロスに寄ってこれを奪い、人員と軍需品を満載した二十五隻のガレオン船を率いてアッカの前面に姿を現すや、フランクは歓喜の叫びをあげ、大いに火を燃やしてその到着を祝った。一方ムスリム側といえば、このできごとで、彼らは急に気がくじけてしまう。

三十三歳、イギリスの王冠をいただくこの赤毛の巨人は、けんか好きで軽薄な戦士の見本である。戦士はだれでも崇高な理想をかかげるものだが、彼の場合はそれよりも、度外れの粗暴性と、無節操とが前面に押し出されている。西洋人として、彼のもつ魅力、彼の申し分ない教祖性に打たれない者はいないのであるが、その一方でリチャード自身はサラディンに魅了され、到着するやすぐ彼に会おうとしている。

リチャードはアル＝アーディルに使者を送り、兄との会見をお膳立てするよう申し入れた。しかしスルタンは一瞬のためらいもなく答える。「王たるものは協定の締結後に初めて顔を会わせるものだ。ひとたび互いに知り、ともに食事をしたら、戦争するなど思いも及ばなくなってしまう」。

しかし彼は、互いに供の兵士を侍らすという条件で、弟がリチャードに会うことを許した。こうして折衝は重ねられるわけだが、大きな収穫には至らない。バハーウッディーンの説明では、〈実際のところ、使者を差し向けるフランクの意図は、とくにわが方の利点・欠点を知ることにあり、これを迎えるわが方も、まさに同じ目的をもっていた〉。リチャードはエルサレムの征服者と真実会いたいと思っていても、交渉のためだけで中東に来たわけではないのである。

アッカ落つ（一一九一年七月）

こうしたやりとりが続けられているあいだに、イギリス王はアッカ総攻撃の準備に熱中する。外界から完全に遮断された町は飢餓のなかにある。何人かのえり抜きの泳ぎ手だけが依然として、命を賭して連絡を保っている。バハーウッディーンはさるコマンドの冒険を詳述する。

これは、この長期戦を通じて、もっとも伝奇的、またもっとも模範的な挿話のひとつである。そのムスリムの泳ぎ手の名はイーサーといって、夜、敵船の下をもぐり抜け、籠城軍が待ちこがれる向こう側に姿を現すのであった。ある夜彼は千ディナールと何通もの手紙をつめた袋を三つかかえてとび込んだが、見つけられ、命を失った。われわれはすぐ、何か変事が起こったと悟る。なぜならイーサーは、町の鳩をこちらへ向けて放って、安着をその都度報告していたからだ。何日か後、なぎさに出ていたアッカの住民は、浜辺に打ち上げられた遺体を見つけた。近寄ってみると、それは泳ぎ手イーサーで、お金も、手紙を入れた封蠟も、腰にしっかりくくりつけたままだった。まるで命があるかのように忠実に、死んでもなお使命を果たす男が、いったいこれまでいたであろうか。

だが、何人かのアラブの戦士の英雄的行為だけでは十分でない。アッカ守備隊はついに万事休した。一一九一年夏の初め、籠城側の訴えは絶望の叫びそのものである。「われらは力の限界にあり、降伏以外に道はない。明日までに何ごとも為されざる場合は、われらは命の安全を要請し、町を引き渡す予定」。サラディンは絶望の底に沈む。包囲された町を救うあらゆる手段を失い、彼は慟哭《どうこく》した。側近は彼の健康を案じ、医師は鎮静剤を調合する。彼は伝令に向かい、総攻撃をかけてアッカを解放することを全部隊に触れて回れと命ずる。しかし、部将たちは従わない。「なぜ（と彼らは反論する）、全ムスリム軍を無用にも危地にさらすのか」。今やフランクは余りに数多く、堅固に陣地を構えているから、どんな攻撃も自殺行為になってしまうのである。

一一九一年七月十一日、二年にわたる攻囲の後、十字架を浮き出させた旗が突然アッカの城壁の上に現れた。

フランクはどっとばかりに歓呼の叫びを上げ、われわれの陣営は虚脱感にとらわれた。兵士たちは嘆き悲しみ、スルタンはといえば、子どもに死なれたばかりの母親のようであった。私は彼に会いに出かけ、できる限りのことをして彼を慰めた。私は彼にいった。今後はエルサレムと沿岸諸都市の将来を考え、アッカで捕虜になったムスリム兵の運命について人事を尽くさなければならないと。

苦痛を乗り超え、サラディンは捕虜解放のための条件を討議しようと、リチャードのもとに使者を送る。しかし、イギリス人は急いでいた。この成功を足がかりに大攻勢をかけようと決意したので、彼は捕虜問題にかかずらう余裕がなかった。四年前、フランクの町がひとつ、またひとつと落ちて行ったときと同じである。唯一の違いといえば、サラディンは捕虜をかかえこみたくないので釈放したのに対し、リチャードは皆殺しにする方がよいと思ったことだ。

二千七百人のアッカ守備兵は、約三百人の婦女子ら家族とともに、町の城壁の前に集められる。綱で数珠つなぎにされたので、彼らはひとつの巨大な肉の塊のようだ。フランクの戦士たちは、こうして引き渡された彼らに剣、槍、そして石さえも使って襲いかかり、断末魔のあえぎがすっかり絶えるまで続けた。

サラディンの暗い日々

問題をこのように手早く片づけたリチャードは、部隊を率いてアッカを去り、海岸沿いに南へ向かう。彼の船隊は密着して従い、一方サラディンは、内陸を平行して走る道をとる。両軍のあいだで衝突は何度も起こったが、どれも決定的なものではない。スルタンはいま悟っている。侵略者がパレスティナ沿岸を回復するのを阻止できず、ましてやその軍隊を絶滅することもできないと。彼の願いは、彼らを封じ込め、万難を排してエルサレムへの道を阻むことに限られる。この都市の喪失はイスラムへの痛撃になるからだ。

彼はいま、生涯のもっとも暗い日々を生きていると思う。深く動揺してはいるが、それでも努めて部隊と側近の士気を保つ。この側近たちに痛い目に合わされたことを忘れてはいないが、彼は説明する。自分とその人民はここに住み、留まっている。それに対し、フランクの王たちは、いずれは終わる遠征に加わっているにすぎない。フランスの国王は、中東に百日過ごしたあとで、八月にパレスティナを去ったではないか。イギリスの王にしろ、遠い自国へ早く帰りたいと、これまでに何度もいったではないか。

一方でリチャードは外交交渉も始めている。一一九一年九月、彼の部隊がいくつかの勝利を、とくに、ヤーファの北、アルスーフの沿岸平野で収めたばかりの時、彼はアル＝アーディルを説得して、敏速な協定に達しようとした。

双方ともに死者を出している（と親書のなかで彼はいう）。国は廃墟と化し、起こることごと、すべてわれらの手の遠く及ばぬところにある。それでよいとは思い召されぬであろう。われらにとり、いさかいのもとは三つ、すなわちエルサレム、「真《まこと》の十字架」および領土の三つにすぎぬ。エルサレムに関しては、そはわれらが信仰の場、最後の一兵まで戦うとも、放棄は断じて受けいれられぬ。領土に関しては、望むところはヨルダン川の西の地区がわれらに返還さるべきこと。さて、十字架に関しては、貴公らにとりては木の切れはしにすぎぬものであろうが、われらにとりてその価値は無限。スルタンにおかれては、そをわれらに返し、もって消耗の戦にとどめを打たれんことを。

アル＝アーディルはこの親書を直ちに兄に伝え、兄は首脳と協議の後、返書をしたためさせる。

聖地は、われらにとりても貴公らと同じこと。われらにとりてはさらに重要でさえある。われらが預言者はその地へ向けて夜の奇跡の旅を行われたのであり、最後の審判の日、われらはここに集うのである。ゆえにわれらがそを放棄するなどは論外。ムスリムたるもの、断じて認めるべきものではない。領土に関しては、そはいにしえよりわれらが大地にして、貴公らの占領は一時的なものにすぎぬ。貴公らがここに住み着くことができたのは、当時の居住者たるムスリムが弱体なりしため。されど戦ある限り、われらは貴公らの占有を許すわけには参らぬ。さて十字架に関しては、そはわれらが手の内なる主要な切り札。そを手離すはイスラムにとりて重要なる譲歩を対価として得る時のみ。

リチャードの奇妙な提案

両者のいいぶんのがんこさは、人をあざむくものではない。双方は最大要求を出したのだから、当然、妥協の道は閉ざされてはいないのだ。まったくのところ、このやりとりの三日あと、リチャードはサラディンの弟にまことに奇妙な提案を行っている。

アル＝アーディルが私を呼びつけて（とバハーウッディーンは語る）、最終折衝の結果を知らせてくれた。めざす協定によれば、アル＝アーディルはイギリス王の妹と結婚する。彼女はシチリアのあるじと結婚したのだが、相手は死んでしまった。そこで兄は妹を中東へ連れて来て、アル＝アーディルにとつがせようとしたのである。夫婦はエルサレムに住むことになろう。王はアッカからアスカロンまでの支配地域を妹に与え、妹は沿岸、つまり「サーヒル」の女王になる。スルタンは自分が所有する沿岸を弟に与え、彼は「サーヒル」の王になる。十字架は彼らに委ねられ、両軍の捕虜は解放される。次いで平和がこうして確立されたら、イギリス王は海のかなたの自国へ戻る。

アル＝アーディルは大いに気乗りがしていて、バハーウッディーンに最善を尽くしてサラディンを説得してくれと頼む。年代記作者はやってみようと約束する。

そこで私はスルタンの前に出て、聞いたことを繰り返した。彼はすぐ、反対すべきことは何もないといったが、さらに、自分の考えでは、イギリス王自身こんな取り決めはけっしてのむまい、と述べ、さらに、何か冗談か、さもなくばぺてんがあるだけだ、とつけ加えた。私は彼の賛意の確認を三度も求め、彼はそうした。私はアル＝アーディルのもとに戻り、スルタンの同意を告げた。彼は急いで使者を敵陣に送り、彼の答えを伝えた。しかし、この呪われたイギリス人がいうには、この提案を知らせたところ妹は激怒した。彼女はムスリムには決して身を任すまいと誓っていたからである。

サラディンが見抜いたように、リチャードはぺてんにかけようとしたのだ。彼はスルタンが彼の案をにべもなくけとばすことを望んだ。そうなれば、アル＝アーディルは大いにむくれることだろう。ところが受諾したので、サラディンは逆にフランクの王の二股外交をあばいたことになる。この何カ月来、リチャードは事実アル＝アーディルと特別な関係をつくることに努め、彼を「わが兄弟」と呼んでその野心をくすぐり、彼を利用してサラディンと対立させようとした。それは気の利いた戦術だった。

スルタンは自分の方でも同様の手段を用いる。彼はリチャードとの交渉と並行して、ティールのあるじ、アル＝マルキシュ・コンラートと話し合いを進めた。彼はリチャードを、自分の領土を奪おうとしている男だと疑っていたから、両者の関係は極度に緊張していた。コンラートはサラディンに向かい「海のフランク」に対する同盟を申し入れるまでになる。スルタンはこの提案を額面どおりには受け取らなかったが、彼をだしにして、リチャードへの外交的圧力を強化する。リチャードはコンラートの政策に激怒して、数カ月後彼を暗殺させてしまう。

いら立つリチャード

作戦が失敗したので、イギリス王はアル＝アーディルにサラディンとの会見を設営するよう求める。しかし回答は数カ月前と同じであった。

王たるものは協定の締結後に初めて相会するものだ。いずれにせよ（と彼はつけ加える）、余はなんじの言葉がわからず、なんじは余の言葉を知らぬ。そこでわれら二人の信頼に足る通辞が必要となる。ゆえにこの人物がわれらのあいだの使者となればよい。かくて合意に達するとき、われらは相会する。そうなれば友好がわれらのあいだに確立されるであろう。

交渉はさらに一年も長引く。エルサレムにこもって、サラディンは時をかせぐ。彼の和平提案は単純である。すなわち、両者は保有するところを維持する。フランクはもし望むなら、武器をもたずにやって来て、聖地巡礼を行ってよい。ただし、聖地はムスリムの手中に帰する。リチャードは帰国熱に駆られ、力ずくでも決定を急がせようとして、二度もエルサレムめざして進軍するが、攻めることはできない。彼はまた、あり余る精力を発散させるため、何カ月もかかり、アスカロンに強力な城塞をつくろうとし、その築城に没頭した。ここを将来のエジプト遠征への出発点にしようというわけだ。しかし工事が終わると、サラディンは、和平締結以前に城塞は完全に破壊されるべしと要求する。

一一九二年八月、リチャードは万策尽きた。大病にかかった上、多数の戦士には見放される。彼らは彼がエルサレムを奪回しようとしないとなじるのだ。またコンラート殺害の罪を問われ、友人たちからは一刻も早くイギリスに帰ろうとせき立てられる。彼はもう出発を遅らせることはできない。アスカロンは当方に残してくれと、哀願に近い調子で頼んだが、返事は否定的だった。そこで彼は再び親書を送って要請を繰り返し、もし相応の和平が六日以内に調印されないなら、〈当地で越冬せざるを得ないこと〉を明らかにする。

最後通告もどきの言葉を聞いてサラディンはほくそ笑み、使者に座るよううながしてから、さて次のように話しかけた。「王に告げよ。アスカロンについては、余は譲らぬ。当地に越冬の企てについては、致しかたないと思う。何となれば、王はよく御存知だが、彼が奪った土地は去ると同時に取り戻されてしまうし、また去らずとも取られかねないからじゃ。あたら働き盛りの身をもちながら、してまた、この世の喜びを味わうこともできるのに、家族と故国から二カ月もかかる遠い土地で、そも本気で越冬なさる御所存か。余はといえば、この地で冬も、また夏も、さらには次の冬もまた夏も過ごすことができる。何となればな、余は面倒を見てくれる子どもたちや友垣に囲まれ、余の国におるのであるし、夏には夏の部隊が、冬には冬の部隊がおるからじゃ。余はまた一介《いっかい》の老人、もはやこの世の楽しみにふける年ではない。余はこうして残って待つ用意あり。神がわれらのうちの一人に勝利を与えたもうまでな」。

平和条約調印さる（一一九二年九月）

このような言葉に明らかに心が動き、リチャードはその数日後、アスカロンを放棄する旨をサラディンに知らせる。かくて一一九二年九月初め、効力五年の平和条約が締結された。フランクはティールからヤーファまでの沿岸地帯を確保し、エルサレムを含む残りの領土に対するサラディンの権威を認める。西洋の戦士たちはスルタンから通行証をもらい、聖地へ駆けつけてキリストの墓に祈る。サラディンはそのなかの主だった者を丁重に迎え、食事にさえ招いて、信仰の自由を守る固い意思を彼らに請け合う。しかし、リチャードは行くのを断った。彼は征服者として入城しようと誓った町に客として行きたくなかったのだ。平和条約調印の一カ月後、彼は聖墳墓にもサラディンにもまみえることなく、中東を去る。

スルタンは西洋との苦難にみちた対決から、ついに勝者として抜け出すことができた。たしかに、フランクはいくつかの都市の管理権を取り戻し、ほぼ百年の猶予を獲得した。しかし二度と、彼らはアラブ世界を振り回す力をつくり上げることができない。彼らが管理するのはもはやまことの国家ではなく、入植地以上のものではないのである。

これだけの成功にもかかわらず、サラディンはやつれ、何かしら身の衰えを感じた。これがあのヒッティーンのカリスマ的な英雄であろうか。諸侯に対する権威は弱まり、中傷者たちはますます辛辣の度を加える。からだの調子もよくなかった。健康状態は決してすぐれていなかったし、長年にわたり、ダマスカスやカイロで宮廷医師の定期診断を受けざるを得なくなっている。とくにエジプトの首都では、スペインから来たユダヤ＝アラブ系の名医、マイモニデスの名の方が有名なムーサー・イブン・マイムーンの治療を受けた。

フランクとの闘争のもっとも困難な年月を通じ、サラディンはしばしばマラリアの発作に襲われ、何日も床に就かざるを得なかった。しかしながら、一一九二年になって、医師たちを心配させたのは、何かの病気の進み具合ではなく、全身的な衰弱、スルタンに接する者にはだれでもわかった一種の老衰現象だった。サラディンはまだ五十五歳にすぎなかったが、人生の終わりに近づきつつあることを自覚していたように見える。

サラディンの死（一一九三年三月）

生涯の最後の日々を、サラディンは近親たちに囲まれ、愛する都市ダマスカスで静かに過ごした。バハーウッディーンは片ときもそばを離れず、愛情をこめて彼の立居《たちい》振る舞いのひとつひとつを書きとめる。一一九三年二月十八日の木曜日、彼は城塞にある宮殿の庭でスルタンといっしょになる。

スルタンはいちばん幼い子どもたちに囲まれ、日かげに座っていた。彼は、中で待っているのはだれか、と尋ねる。「フランクの使者たちと、諸侯、名士のかたがた」との答え。彼はまずフランクを呼ばせる。彼らが面前に進んだとき、彼は男の子どもたちの一人、かわいくてたまらぬアブー・バクル殿下を膝の上にのせていた。ひげのない顔、髪の剃りかた、奇妙な服装などのフランクの様子を見て、子どもはおびえ、泣き出す。スルタンはフランクたちにわびて謁見を打ち切り、彼らが伝えようとしたことを聴かなかった。ややあって私にいう。「きょうは何か食べたかね」。これは食事へ招く彼の流儀だ。彼はつけ加える。「何か食べものを持って参れ」。ヨーグルトつきのいためごはんや、その他軽い料理が出され、彼は食べた。それを見て私は安心した。というのは、私は彼が全然食欲がないと思っていたからだ。このところ彼は動きがにぶく、何も口へ運べなかった。彼はどうにかこうにか腰を上げ、中座することを皆にわびた。

この木曜日、サラディンは十分元気になったと思い、馬に乗って、メッカ帰りの巡礼のキャラバンを迎えに行く。しかし、二日後になると、もう起き上がれない。彼は徐々に昏睡状態にはいり、意識はしだいに戻らなくなる。彼の病気の知らせは町にあまねく広まり、ダマスカス人は自分たちの町がやがて無政府状態になるのではないかと不安がる。

略奪を恐れ、衣類はスークから姿を消した。毎夜、私がスルタンの枕もとを離れ、わが家への道をたどると、町の人びとは私の道をふさぎ、私の表情から、不可避の事態がもう起こったのではないかと探ろうとした。

三月二日の夜、病室は女官であふれ、彼女らは涙をこらえることができない。サラディンが危篤状態になったので、長子のアル＝アフダルはバハーウッディーンおよび、もう一人の側近、カーディーのアル＝ファーディルに向かい、夜を城塞のなかで過ごしてくれと頼む。「それは軽率な（とカーディーは答える）。なんとなれば、もし町の人びとがわれらの退出を目にしなかったら、彼らは最悪の事態を察し、略奪に走るかも知れませぬ」。そこで病人を見守るため、城塞の内部に住むさる長老が呼ばれた。

スルタンが意識を失ったまま横たわっているとき、この人物はコーランの章句を読み、神と来世について語った。私が翌朝戻ったとき、彼はすでに死んでいた。神よ、彼に慈悲を与えたまえ！ 聞くところによると、かの長老が章句を読み、「アッラーのほかに神なし、アッラーにのみわが身を委ねまつる」といったとき、スルタンは微笑し、その表情は明るくなった。そして、彼はこときれた。

彼の死が知れわたると、ダマスカス人は城塞へ押しかけたが、衛兵が中へ入れさせない。ただ、名だたる諸侯と主だったウラマーだけが許可され、宮殿の客間にすわった故スルタンの長男、アル＝アフダルに哀悼の意を述べた。静粛を維持するため、詩人と説教師が招かれた。サラディンのいちばん幼い子どもたちは、通りへ出て、泣きながら群衆のなかへ消えた。

こうした耐えがたい光景は（とバハーウッディーンは語る）、正午の祈りのあとまで続いた。人びとは心をこめて遺体を洗い、経帷子《かたびら》を着せた。このことのために使われた品物は借り物だった。彼は私物を何ひとつ持たなかったからだ。浄めの儀式は神学者のアル＝ダワーヒリが取りしきり、私も招かれたのであったが、私は参列する勇気がなかった。正午の礼拝の後、人びとは遺体を運び出して、布で包まれた棺のなかに納めた。葬礼の行列を見かけると、群衆は哀悼の叫びを上げ始めた。次いでひと群れ、またひと群れと、遺骸へ祈りにやってくる。かくて、スルタンは宮殿の庭の方へ運ばれた。この宮殿は彼が病気中、治療を受けたところである。次いで西のあずまやの中に埋められた。埋葬したのは午後の祈りの時であった。神よ、彼の魂を聖化し、その墓に輝きを与えたまえ！

12　「公正《アル・アーディル》」と「完全《アル・カーミル》」の時代

アル＝アーディルの登場

当時のどの偉大なムスリム指導者とも同じく、サラディンは内乱という直接後継者をもった。彼がこの世を去るや、帝国はたちまち分割される。息子の一人はエジプトを、他はダマスカスを、次はアレッポを、という具合だ。幸運にも、彼の十七人の息子は、一人娘も含め、戦うには若すぎたので、細分化にもなにがしかの限界があった。しかし、スルタンにはほかに二人の兄弟と何人もの甥がいて、皆が皆分け前を欲しがり、あわよくば、遺産をそっくり頂こうとする。そこで戦いと同盟と裏切りと、そして暗殺の約九年という歳月が必要になり、その結果アイユーブ帝国はやっとただ一人の長、有能な調停者で、リチャード獅子心王の義兄弟になりかけたアル＝アーディル（「公正」という意味）に従うことになる。

サラディンはこの弟を大して信用していなかった。余りに弁舌さわやかで、余りに謀略好きで、余りに野心的で、西洋人については甘すぎるからだ。そこで領地としてはそれほど重要でないところ、つまりヨルダン川の東、ルノー・ド・シャティヨンから取ったカラクを授けた。この不毛で、ほとんど無人の領地からだったら（とスルタンは見つもった）、この男、よもや帝国をうかがうことはあり得まい。しかし、彼は弟を見損なった。

一一九六年七月、アル＝アーディルはアル＝アフダルからダマスカスを奪う。サラディンの息子はこの時二十六歳だったが、統治能力は皆無だった。そこで宰相ディヤー＝ウッディーン・イブン・アル＝アシール（かの歴史家の兄弟）に実権を委ね、自分はアルコールとハレムの楽しみにふけっていたところ、叔父の陰謀に手もなくかかって排除され、サルハドに近い城塞に追放されてしまったのだ。

アル＝アフダルは後悔にさいなまれ、以後は放蕩の暮らしから足を洗い、祈りと瞑想に身を捧げることを誓う。ところが一一九八年十一月、サラディンのもう一人の息子で、エジプトのあるじのアル＝アジーズがピラミッドの近くで狩猟中、落馬して死ぬ。するとアル＝アフダルは、隠遁生活を捨ててその跡継ぎになろうという誘惑に抗し切れない。しかし、叔父はさっさと彼からこの新領土を奪い、隠遁生活へ追い返してしまった。二〇二年以来、五十七歳のアル＝アーディルはアイユーブ帝国の不動のあるじになる。

彼は、傑出した兄のようなカリスマも、また天才も持ち合わせていなかったが、最良の行政官だった。アラブ世界は彼の指導のもと、平和と繁栄と、そして寛容の時代を迎える。エルサレムの回復とフランクの弱体化のあとでは、聖戦はもう存在価値をもたなくなったと判断し、新スルタンはフランクに対して、共存と経済交流の政策をとり、何百人ものイタリア商人がエジプトに在留することを奨励することさえやってのける。こうして前例を見ぬ平穏が以後何年にもわたり、アラブ＝フランク戦線を支配して行く。

そのころフランクは……

初めのころ、アイユーブ家がお家騒動に明け暮れていたので、フランクはばらばらになった領土を少しはもとに戻そうと努力した。中東を去る前、リチャードは、今では首都がアッカになったエルサレム王国を、甥の一人、アラブがアル＝コンド・ヘッリと呼ぶシャンパーニュのアンリ伯爵《コント》に委ねた。リュジニャンのギーに関しては、ヒッティーンの敗北という失点があるので、うやうやしく退場させられてキプロスの王になったが、この王朝は以後四世紀にわたり、島のあるじとして留まる。

アンリ・ド・シャンパーニュは、国の弱体ぶりを埋め合わせるため、暗殺教団と同盟する道を探り、彼らの城塞のひとつアル＝カハフへみずから出かけ、統領に会う。山の長老ことシナーンは少しばかり前に没していたが、後継者も教団に専制権を行使していた。フランクの客人にその証拠を見せようとして、団員の二人に城壁の上からとび降りろと命ずると、二人は一瞬のためらいもなく実行した。統領はもっと続けようとさえしたが、アンリはそれまで、と頼み、同盟条約が結ばれた。教団は客人に敬意を表し、われらが役に立つ殺しの当てがないかと尋ねたが、アンリは謝意を表し、機会があれば御奉仕をお願いたてまつると約束するに留めた。運命の皮肉というべきか、この光景を目のあたり見て間もなくの一一九七年九月十日、リチャードの甥はアッカの彼の宮殿の窓から、まったくの偶然で落ちて死ぬ。

彼の没後何週間かのうちに、この時期を特徴づける珍しい衝突が起こっている。狂信的なドイツ人巡礼団がサイダとベイルートを奪った。彼らはエルサレム街道で粉砕されてしまうが、一方そのころ、アル＝アーディルはヤーファを取り戻す。しかし、一一九八年七月一日、効力五年と八カ月の新たな休戦協定が結ばれる。サラディンの弟が自己の権力の足固めに利用した休戦だ。

思慮深い政治家として、以後彼は、新たな侵略を回避するには、沿岸のフランクと和解するだけでは十分でなく、かんじんなのは西洋自身に話しかけることだと弁える。イタリア商人たちとの友好関係を足がかりに、無軌道な戦士の大群をエジプトとシリアに運ばせないよう彼らを説得する。これは現実的な良策ではあるまいか。

一二〇二年、彼は息子のエジプト副王アル＝カーミル（「完全」という意味）に託して、地中海の主要な海洋国家であるヴェネツィア共和国との交渉に当たらせる。実務主義と商業上の利益という共通言語を持っている両国はここでたちまち合意に達した。まずアル＝カーミルはヴェネツィアに対し、アレクサンドリアやダミエッタなど、ナイル・デルタの港への入港を保証し、必要な保護と援助のすべてを提供する。その見返りに、ドージェ〔総督〕が支配する共和国は、エジプトに対するいかなる西洋の遠征も援助しないことを約束する。

イタリア人たちは、実は巨額の契約金と引き換えに、約三万五千のフランク戦士をエジプトへ運ぶと、西洋の一群の貴族たちとのあいだで契約したばかりだった。したたかな商売人であるヴェネツィアはこの両契約のどちらも破るまいと決心する。

コンスタンティノープル略奪（一二〇四年四月）

この騎士たちは、乗船の用意怠りなく、このアドリア海の都に着いたとき、ドージェのダンドロに温かく迎えられた。〈それは盲目の老人で（とイブン・アル＝アシールは語る）、馬に乗るときは従者に引いてもらわなければならなかった〉。こうした高齢と不自由にもかかわらず、ダンドロは十字架の旗のもと、自身遠征に加わるつもりだと告げる。しかしながら、出発する前、騎士たちに約束の金額を請求する。そして彼らが支払いの延期を申し入れると、彼はひとつの条件をつけて受諾する。すなわち、遠征をザダルの港の征服から始めること。そこはこの何年来、アドリア海におけるヴェネツィアの競争相手なのであった。

騎士たちは心ならずも、この要請に応じざるを得なかった。ザダルはローマの忠実なしもべ、ハンガリー王に属するキリスト教徒の町だからである。しかし、彼らに選択の余地はない。ドージェはこのささやかな奉仕か、契約金の即時支払いかを迫るのだ。ザダルはこうして一二〇二年十一月、攻撃され、そして略奪された。

だが、ヴェネツィア人はもっと高いところをねらっている。今や彼らは、コンスタンティノープルに回り道して、西洋側に友好的な若い王子を皇帝につけるよう、遠征の首脳を説得しにかかる。もし、ドージェの最終目標がずばり、彼の共和国に地中海の制海権を与えることだったならば、彼の話術はしたたかなものだ。ギリシア人の「異端者ども」に対する騎士たちの不信感を利用し、ビザンツの無限の富をほのめかして、もしルームの都を掌握すれば、ムスリムに対するずっと有効な攻撃を仕掛けることができると、首脳たちに説明したからである。その結果、雄弁が勝を占める。一二〇三年六月、ヴェネツィアの船隊はコンスタンティノープルの前面に達した。

ルームの王は戦わずして逃げた(とイブン・アル゠アシールは語る)。そしてフランクは若い候補者を王座に据える。しかし権力については名目にすぎない。決議はすべてフランクが取るからだ。彼らは人民に酷税を課し、支払い不能なことがわかると、金や宝石のすべてを奪う。たとえそれが十字架や、救世主の(彼の上に平和あれ!)絵姿についていても。ルームはそのため決起し、若い国王を殺し、フランクを都から追放して、各城門をふさいだ。彼らは兵力がわずかだったから、クルジュ・アルスランの息子でコンヤのあるじ、シュレイマーンに急使を送り、助けを求める。しかしそれはできなかった。

ルームはたしかに防衛できる状態になかった。軍隊の相当部分がフランクの傭兵から成っている上、多くのヴェネツィア人居留民が城壁の内部でも彼らに反抗したからだ。一二〇四年四月、わずか一週間の戦闘の後、町は城門を破られ、三日のあいだ、略奪と殺人に委ねられる。イコン、彫像、万巻の書、無数の芸術品など、ギリシアとビザンツの文明の証拠が強奪あるいは破壊され、何千もの住民がのどをえぐられた。

ルームのすべてが殺されるか、身ぐるみはがれた(とモースルの歴史家は伝える)。何十人かの名士たちはフランクに追われ、ソフィアと呼ばれる大聖堂に避難しようとした。そこで一群の司祭や修道僧が外へ出て、十字架と福音書をかかげ、寄せ手に命乞いをしたが、フランクはその懇願に耳を貸さない。彼らは全員を殺し、聖堂を荒らした。

遠征軍について来た一人の娼婦についての話もある。彼女は総主教の座にすわって、みだらな歌を歌い出したという。一方、酔っぱらった兵士たちは、近くの僧院でギリシア人の修道女を犯すのだった。「歴史」のもっとも汚れた行為のひとつ、このコンスタンティノープル略奪には、イブン・アル＝アシールが述べたように、東方ラテン皇帝として、フランドルのボードワンの即位が続くが、もちろん、ルームはその権威を決して認めない。宮廷の生き残りはニケーアに落ち延び、この町は五十七年後の奪回まで、ギリシア人帝国の首都になる。

エジプトを攻める

シリアにおけるフランクの入植地を強化するどころか、コンスタンティノープルの気が狂った一団は、彼らに痛撃さえ与える。実際のところ、中東でひと旗あげようとやって来た多くの騎士たちにとって、ギリシア人の土地は以後最良の見通しを提供する。取るに値する領土、集めるに値する富がここにあるのに比べれば、アッカ、トリポリ、あるいはアンティオキアなどの狭い沿岸地帯はひと旗組の食指を全然動かさしめないのだ。

差し当たりシリアのフランクは、この遠征の脱線によって、エルサレムに対する新作戦を起こすに足りる援軍が来る当てもなくなったので、一二〇四年、スルタンに対して休戦の更新を求めざるを得なくなる。アル＝アーディルは六年間の更新に応じた。彼は今や勢威の絶頂にあるとはいえ、回復事業に身を投じようとは露ほども思わぬ。沿岸地帯にフフンクがいたって、気にすることは全くないからだ。

シリアのフランクの大部分も平和の延長を望んでいる。しかし海の向こうでは、とくにローマでは戦闘の再開しか考えていない。一二一〇年、アッカ王国は、婚姻によって、このほど西洋から来た六十歳の騎士、ジャン・ド・ブリエンヌに転がりこんだ。一二一二年七月、彼は向こう五年間の休戦をしぶしぶ更新したが、絶えず使者を法王に送って、一二一七年の夏以降に攻撃が開始できるよう、強力な遠征軍の準備を急がせてほしいとせき立てる。実際に、武装巡礼団を乗せた第一団の船は期限切れから少しの遅れで九月、アッカに着く。やがて何百艘かが後に続き、一二一八年四月には、新たなフランクの侵略が始まる。その目標はエジプトだった。

アル＝アーディルはこの侵攻に驚き、かつ落胆した。彼は権力を握って以来、いや、その以前でさえ、リチャードと折衝したとき、戦争状態に終止符を打とうとして、万全を期したのではなかったか。宗教人たちは、彼が金髪の連中との友情のためにジハードの大義から逸脱したと非難する。彼は長年にわたりそういう悪口に耐えて来たのではなかったか。何カ月にもわたり、七十三歳のこの病身の男は、手もとに届く報告に信を置こうとしなかった。一団の気違いドイツ人どもが、ガリラヤの村々をせっせと荒らし回る。それは彼も身に覚えのある遠出であり、心配するには及ばない。しかし、四半世紀の平和の後に、西洋が大侵攻に乗り出すなどということは、彼には考えられないようだった。

ダミエッタの攻防

しかしながら、情報はだんだん正確になる。一万数千のフランクの戦士がダミエッタの前面に集結している。そこはナイルの東流の出口を制御する町だ。父の指示により、アル＝カーミルは部隊を率い、敵を求めて出撃する。だが彼は相手の数に恐れをなし、対決を避け、慎重に陣を港の南に敷くが、これは守備隊を大規模な戦闘に引きずりこまれないように維持するためだ。

ダミエッタはエジプトで防御がもっとも固い町のひとつである。その城壁は、東と南は、沼沢地の細長い帯で囲まれ、一方北と西では、後背地との恒久的な連絡を確保している。そこで敵は、大河の管理を確保することができる時しか、町を効果的に包囲できない。このような危険に備えて、町は、太い鉄の鎖からなる巧妙な仕掛けを工夫した。一方の端は町の城壁につなげられ、他方は対岸に近い小島に築かれたとりでに結ばれる。この鎖がナイルへの接近を阻止するのである。

フランクは、この鎖を外さない限り、どんな船も通ることができないとわかったので、とりでに襲いかかる。三カ月のあいだ、彼らの突撃はみな退けられたが、その後で彼らは妙案を思いつく。二艘の大船をしっかりと固定してくりつけ、その上に一種の浮かぶやぐらをとりでの高さに達するまで築くのだ。一二一八年八月二十五日、彼らはとりでを奪取する。鎖は断ち切られた。

何日か後、伝書鳩がこの敗北の知らせをダマスカスにもたらしたとき、アル＝アーディルが受けた衝撃は深かった。明らかに、とりでの陥落はダミエッタの落城につながり、さらには、カイロ街道に侵略者を阻止できる障害は何もないのである。長期戦を行うにも、彼はもはや力なく、意欲もない。数時間後、彼は心臓発作でこと切れる。

ムスリムにとって、真の破局は川のとりでの陥落などではなく、老スルタンの他界なのであった。軍事面では、アル＝カーミルが実際に敵を封じこめ、大損害をこうむらせ、ダミエッタ包囲の完成を阻止することに成功している。それに反し、政治の面では、不可避の跡目相続争いが起こる。息子たちがこの宿命から逃れるよう、スルタンが努力したのも及ばなかった。彼は生存中、すでに領土を分割している。エジプトはアル＝カーミルに、ダマスカスとエルサレムはアル＝ムアッザムに、ジャジーラはアル＝アシュラフに、その他さして重要でない領地はその弟たちに、という具合いだ。

しかし、野心のすべてを満足させることはだれにもできない。この兄弟の場合は実際にけっこう仲が良かったのであるが、それでもある種の紛争は避けられない。カイロでは、多くの諸侯が、アル＝カーミルの不在につけこみ、彼の弟の一人を王座に据えようと画策した。クーデタがまさに成功しようとしたとき、急を知らされたエジプトのあるじは、ダミエッタとフランクを放置して陣をたたみ、ナイルをさかのぼって首都に達し、ようやくのことで秩序を確立して、陰謀家どもを罰することができた。この間、侵略軍は放棄された拠点を直ちに占領する。ダミエッタは包囲された。

アル＝カーミル、フランクを破る（一二二一年八月）

アル＝カーミルは、ダマスカスから軍を率いて駆けつけた弟、アル＝ムアッザムの支援を受けたが、それでも町を救うことはできず、ましてや侵略を終わらせる見込みはない。そのため平和交渉を始めるに際し、彼はとりわけ太っ腹だ。アル＝ムアッザムにエルサレムの城壁の破壊を要請してから、彼はフランクに信書を送り、エジプトから引き揚げてくれるなら、聖地を明け渡すことを確約する。しかし、フランクは、いまや立ち場は有利と思って、交渉を拒否する。一二一九年十月、アル＝カーミルは提案の内容を詳しく述べた。明け渡すのはエルサレムばかりでなく、ヨルダン川の西のパレスティナ全土も含み、「真《まこと》の十字架」も引き出物として返す……。

今度は侵略軍が腰を上げて、この提案を検討する。ジャン・ド・ブリエンヌおよびシリアのフランク全員は賛意を表した。しかし、最終決定権はスペイン人枢機卿ペラギウス某に属している。過激な聖戦派で、ローマ法王はこの男を遠征軍の長に指名していた。彼はいう、断じてサラセンなどと交渉してはならぬ。そして、拒否をはっきり示すため、ダミエッタに対する攻撃を直ちに始めよと命令する。守備隊は、戦闘と飢饉と最近の疫病のために数が激減し、形ばかりの抵抗しかできなかった。

ペラギウスはいまやエジプトをそっくり取ろうと決心する。でも、しばらくはカイロめざして進撃しなかったが、それはドイツとシチリアの王にして西洋最強の君主、ホーエンシュタウフェン家のフリードリヒ二世〔赤ひげ王の孫〕が、大軍を率いて間もなくやってくるといわれていたからだ。アル＝カーミルは、もちろんそのうわさを耳にしていたから、戦争の準備にとりかかる。彼の使者はイスラム世界を駆けめぐり、兄弟、いとこおよび味方に助けを求める。さらに彼は、アレクサンドリアに遠からぬデルタの西で船隊を建造、この新海軍は一二二〇年の夏、キプロスの沖で西洋の船団を襲って壊滅させた。

アル＝カーミルは、こうして敵が制海権をもぎ取られたので、急いで新たな和平提案を行い、三十年の休戦条約に調印する旨つけ加える。しかし反応はない。ペラギウスは、この大盤振る舞いのなかに、カイロのあるじが窮地に陥っている証拠を見る。しかもフリードリヒは皇帝としてローマで戴冠し、直ちにエジプトへ出発すると誓ったと、このほど聞いたばかりではないか。遅くとも一二二一年の春には、何万の船、何万の兵士を従え、ここに姿を現すはずではないか。したがって、フランク軍は目下のところ、戦争も和平もすべきでない。

しかし、フリードリヒが実際に現れるのは八年後のことである！　ペラギウスは夏まで我慢した。一二二一年七月、フランク軍はダミエッタを発し、勇躍してカイロ街道をたどる。エジプトの首都では、アル＝カーミルの部隊は住民の逃亡を阻止するために兵力を割かなくてはならない。しかし、スルタンは自信にみちている。二人の弟が助けにやって来たからだ。アル＝アシュラフはジャジーラの部隊とともに彼に合流し、侵略軍のカイロ接近を阻止しようとしている。またアル＝ムアッザムはシリア軍とともに北へ向かい、大胆にも敵とダミエッタのあいだに割って入った。

アル＝カーミル自身はといえば、うれしさを包み切れずに、ナイルの増水をじっと観察している。ナイルの水位が西洋人が気がつかぬうちに高まり始めたのだ。八月半ば、大地は泥沼と化してすべりやすくなったから、騎士たちは停止し、全軍を退却させざるを得ない。

退却行動が始まるか始まらないかのうちに、一隊のエジプト兵が機先を制して堤防を切る。一二二一年八月二十六日のことであった。数時間のうちに、そしてムスリム軍が退路をふさいでいるうちに、フランク軍は泥海のなかで身動きができなくなる。二日後、ペラギウスは、軍を全滅から救おうと必死になり、使者をアル＝カーミルのもとに送って和を乞う。アイユーブ家の宗主は諸条件を書き取らせる。フランクはダミエッタから撤退し、八年の休戦条約に調印する。その代わり、彼らの部隊は無事に出帆できる。明らかに、エルサレムを与えることなど、もはや問題外だった。

完全な、そして予想外の勝利を祝いながらも、多くのアラブは、アル＝カーミルはいったい本気で聖地をフランクに渡そうと提案したのかと考える。時間をかせごうとするための策略だったのだろうか。この点については間もなくはっきりわかってくる。

フリードリヒ二世の登場

ダミエッタ危機の厳しい日々を通じ、エジプトのあるじは、フランクがその到着を待望していた有名なフリードリヒ、アル＝エンボロル〔emperor　エンペラー、皇帝〕について、しきりに問いを発していた。彼は人がいうほど、ほんとに強力なのだろうか？　彼は実際ムスリムに対して聖戦を行おうとしているのだろうか？　周りの者に尋ね、また、フリードリヒが国王になっている島、シチリアから来た旅行者から聞けば聞くほど、アル＝カーミルの驚きは増して行く。一二二五年、この皇帝がジャン・ド・ブリエンヌの娘ヨランドと結婚し、こうしてエルサレム王にもなったと知るに及んで、彼は有能な外交官である貴族、ファクルッディーン・イブン・アル＝シャイフを長とする使節団を送ることに決めた。

パレルモに着くや、ファクルッディーンは驚嘆してしまった。まこと、フリードリヒについていわれていることは本当なのだ。彼はアラビア語を完全に話し、かつ書き、ムスリム文明に対する称賛を隠さず、野蛮な西洋について、そして特に大ローマの法王について、ばかにした態度を示す。彼の側近も、また近衛兵もアラブであり、彼らは礼拝の時間になると、メッカの方に向かってひざまずく。この好奇心旺盛な精神の持ち主は、当時アラブの学問の恵まれた中心だったシチリアで青春を過ごしたので、愚鈍で狂信的な西洋人との一体感などほとんど持っていない。彼の王国では、ムアッズィーン〔ムスリムの祈りの際の朗唱係〕の声が何の拘束もなく響き渡るのである。

ファクルッディーンはやがてフリードリヒの友人、そして腹心になる。彼を通じて、ドイツ皇帝とカイロのスルタンの関係は緊密化する。二人の君主はアリストテレスの論理学、霊魂の不滅、宇宙の起源などを扱った書簡を交わす。アル＝カーミルは動物観察に対する相手の情熱を知って、熊、猿、ひとこぶラクダおよび一頭の象を贈り、皇帝はそれらを私有の動物園のアラブ人管理者に委ねた。スルタンは、教養ある指導者を――果てしない宗教戦争の無益さを自分のように理解できる人物を――西洋のなかに見出して、満足せざるを得ない。そこで彼はためらわずフリードリヒに向かい、近い将来東方に来て欲しい希望を表明し、できればエルサレムの所属を協議するために会いたいとつけ加える。

このような底抜けの気前のよさの表明は、この提案が為されたとき、聖地はアル＝カーミルのものではなく、弟のアル＝ムアッザムに属しており、二人が仲たがいしたばかりということを考えれば、ずっとよく理解できる。アル＝カーミルの胸のうちでは、味方のフリードリヒがパレスティナを占有すれば、アル＝ムアッザムの企てに対して彼を守ってくれる緩衝国がつくられることになる。もっと長期的に見れば、生き返ったエルサレム王国は、エジプトと、脅威を増しつつあるアジアの戦士集団〔モンゴル〕との間に、有効的に割って入ることができるのだ。

熱心なムスリムなら、これほど冷静に、聖地を放棄することなど断じて考えないだろう。しかしアル＝カーミルは伯父のサラディンとはだいぶ毛色がちがう。彼にとって、エルサレム問題とは何よりもまず政治的・軍事的であって、宗教的側面は世論に影響が出る時だけ考えようという程度なのだ。自分がイスラムよりキリスト教に近いなどと思っていないフリードリヒは、まず同じ考えである。聖地を手に入れたいと思っていても、それはキリストの墓で瞑想するためでは全然なく、このような成功が、法王に対する戦いのなかで、彼の立場を強化するからである。東方遠征が遅れているとして、法王は彼を破門したばかりだった。

顔を立てるための駆け引き

一二二八年九月、アッカに上陸した皇帝は、アル＝カーミルの助けを借り、勝者としてエルサレムに入城し、この実績で敵どもの口を封ずることができると確信していた。ところがこのほど、中東政治の状況を根底からくつがえす事件が起こったため、カイロのあるじは、実のところ大弱りの有様だった。というのは前年の十一月、アル＝ムアッザムが急死し、ダマスカスを息子のアル＝ナーシルという無経験の息子に残したからだ。こうなると、アル＝カーミルにとっては、近い将来、ダマスカスもパレスティナも、自身の力で取れそうになったのだから、エジプトとシリアのあいだに緩衝国家をつくることなど、もはや問題外になってしまった。換言すれば、フリードリヒは、友情を旗じるしに、エルサレムと周辺地区を要求するだろうが、そのような人物の到来は、まず彼の好むところではない。そこで事態の急変を皇帝に告げて、彼は逃げの一手を打つ。

フリードリヒは、エルサレムの占領は形式にすぎないと思っていたから、わずか三十騎しか連れて来ていない。そこで彼はアル＝カーミルに対し、人参と鞭《むち》の手段に訴える。〈余はなんじの友である（と書面にしたためる）。この旅をするように仕向けたのはなんじである。今や教皇と西洋の国王すべては余の使命に通じている。もし手ぶらで戻るとなれば、余は威信のすべてを失う。伏して願う、余にエルサレムを与えよと。さすれば余は頭を高く保っておれるのだ〉。

アル＝カーミルは心動かされ、彼もまた皇帝に対し、その友ファクルッディーンに贈り物を持たせ、二重の意味をもつ回答を送る。〈余もまた（と彼は説明する）、世論に配慮しなければならぬ。もし余がエルサレムをなんじに引き渡せば、この行為につきカリフから罰せられるのみならず、余の地位を脅やかしかねぬ宗教上の反乱をも引き起こしてしまうであろう……〉。要するに、双方にとっては、顔を立てることが一番の大事なのである。

フリードリヒはファクルッディーンに向かい、名誉ある解決の手段を見つけるよう頼む。するとと相手は、スルタンの事前の了解に基づき、救命袋を投げる。「サラディンにより、いかなる戦闘もなく、このように高い犠牲を払って獲得したエルサレムを譲り渡すこと、人民は断じて承認致しませぬ。それに反し、もし聖地にかかわる協定が、流血の惨を避けることができますならば……」。皇帝は理解した。彼は微笑し、友に助言を感謝して、しるしばかりの部隊に戦闘準備を命ずる。一二二八年十一月。彼がヤーファ港をめざして粛々と進軍すると、アル＝カーミルは、西洋の大王に対する長期の、激烈な戦いに備えよと、全国に振れ回らせた。

聖地のフリードリヒ（一二二九年二月）

数週間後、一戦も交えることなく、合意文書が用意された。フリードリヒはエルサレム、同市を海岸と結ぶ回廊、およびベツレヘム、ナザレ、サイダ周辺、ティールの東のティブニン城を手に入れる。一方、ムスリムは聖地において、主な聖堂が集まっているハラム・アル＝シャリーフ〔聖域〕での行動の自由を確保する。この条約は一二二九年二月十八日、フリードリヒと、スルタンの名代ファクルッディーンのあいだで調印された。一カ月後、皇帝はエルサレムへ赴く。ムスリムの住民は、イスラムの信仰の場に仕える何人かの聖職者を除き、アル＝カーミルの命により立ちのいていた。彼はナーブルスのカーディー、シャムスッディーンに迎えられる。この法官は彼に町の鍵を渡し、一種の案内役をつとめる。本人自身の口から皇帝の訪問について語ってもらおう。

フランクの王である皇帝がエルサレムを訪れたとき、私はアル＝カーミルの要請により、彼と行動をともにした。いっしょにハラム・アル＝シャリーフに入ると、彼はまず小モスクを一巡する。次いでアル＝アクサーのモスクへ行くと、彼はその建築美をほめ、「岩のドーム」でも同様だった。彼は説教壇の美に打たれ、階段を頂上までのぼった。下りると私の手をとり、もう一度アル＝アクサーの方へ連れて行く。そこでは一人の司祭が、福音書を手に、モスクへ入ろうとしていた。激怒して、皇帝は彼にどなりつける。「だれが貴様をここに連れて来た。貴様の同類が許しもなく、再びかかることをなすならば、その目玉をえぐり出してくれるぞ！」。司祭は震えあがって退散した。その夜、私はムアッズィーンに向かい、皇帝の気分を損なわないよう、祈りへの呼びかけをやめてほしいと頼んだ。しかし皇帝は翌朝、私があいさつに赴いたとき尋ねた。「カーディーよ、ムアッズィーンはなぜ、いつものように祈りへの呼びかけを行わなかったのか」。私は答えた。「陛下の御為を思い、わたくしがやめさせたのでございます」。皇帝は答えた。「そんなことをするには及ばなかったのだよ。私がエルサレムで一夜を過ごしたのは、とりわけ夜のムアッズィーンの呼びかけを聞きたかったからなのだ」。

「岩のドーム」を訪れたとき、フリードリヒは次のような銘文を読んだ。〈サラーフッディーンはこの聖なる都をムシュキリーンの手から清めた〉。ムシュキリーンというアラビア語は「習合主義者」、時には「多神教徒」をも意味し、唯一神の信仰に他の神々を習合させる人びとに対して用いられ、この文脈では特に、三位一体を信ずるキリスト教徒を指している。そのことに気づかぬふりをして、皇帝はにやにや笑いながら、困り切っている相手に尋ねたものだ。「このムシュキリーンとは、いったいだれのことなのでしょうか」。何分か後、ドームの入り口にかかっている金網を見て、何のためかと彼は尋ねる。「小鳥たちが入るのを防ぐためです」という答えに対し、フリードリヒは明らかにフランクを当てこする一言を加えて、聞く者を唖然とさせる。「そして神はブタどもが入るのを許したもうたわけですか！」。

　右の挿話はダマスカスの年代記作者、シブト・イブン・アル＝ジャウジによるもので、一二二九年当時、四十三歳の才気あふれる雄弁家だった彼は、このような観察から、フリードリヒがキリスト教徒でもムスリムでもなくて、まずはまちがいなく無神論者であるとの証拠をつかんだとしている。彼はまた、皇帝をエルサレムで近くから見た人びとの証言をもとに、次のようにつけ加える。皇帝は〈赤毛で頭は禿げ、近視であり、もし奴隷だったらディルハム銀貨で二百枚の価値もないだろう〉。

アル＝ナーシルの抵抗

シブトの皇帝嫌いは大多数のアラブの感情の反映だ。別の状況下であったら、イスラムとその文明に対する皇帝の友好的な言動はたぶん評価されたことだろう。しかし、アル＝カーミルが調印した条約の表現が世論を憤慨させる。〈聖地がフランクの手に渡ったとの知らせが伝わると（と、この年代記作者はいう）、文字どおりのあらしがイスフムの全土を揺さぶった。このできごとの重大さのため、公然たる服喪の示威運動が組織された〉。バグダードで、モースルで、そしてアレッポで、人びとはモスクに集まり、アル＝カーミルの裏切りを非難した。しかしながら、反応がいちばん激しかったのはダマスカスだ。〈アル＝ナーシル王は私に、ダマスカスの大モスクに住民を集めよと要請された（とシブトは語る）。エルサレムで起こったことを語るためである。私は引き受けざるを得なかった。信仰に対する義務が私にそうせよと命じたからだ〉。

興奮した群衆を前にして、この年代記作者＝説教師は黒地の絹のターバンを頭に巻いて説教壇に上る。「いま受け取った嘆かわしき知らせは、われらの心を千々に砕く。巡礼はもはやエルサレムに赴くことを得ず、コーランの章句はその学院でもはや唱えられない。ムスリムの指導者たちが受けた恥辱は今日いかに大であることか！」。アル＝ナーシルはみずから示威運動に参加する。

彼と伯父アル＝カーミルの間に、公然たる戦いが宣せられた。アル＝カーミルがフリードリヒにエルサレムを引き渡した時だっただけに、エジプト軍はすぐダマスカスをきびしく封鎖する。シリアの首都の住民は若い君主を中心に団結した。彼らにとって、カイロのあるじの裏切りに対する闘争は格好な動員の合言葉になる。しかしながら、シブトの雄弁もダマスカスを救うのに十分でない。数の圧倒的優位を足場に、アル＝カーミルはこの対決の勝者になって町の降伏を手に入れ、自己の権威のもと、アイユーブ帝国の統一を取り戻す。

一二二九年六月以後、アル＝ナーシルは首都を放棄せざるを得なくなる。無念だが、決して絶望せず、彼はヨルダン川の東、カラク城に居を構えて、休戦期間を通じ、敵と対決する不屈の精神の象徴になって行く。多くのダマスカス人は彼の人間性に引きつけられ、また、信心深い多数の戦士は、他のアイユーブ家の大げさな融和政策に失望し、この勇敢な青年貴公子のおかげで希望を保つ。彼が侵略者に対するジハードを続行するよう同志を励ましているからだ。〈私以外のだれが（と彼は書く）、イスラムを守ろうとして全力を尽くしているだろうか。私以外のだれが、神の大義のため、万難を排して戦っているだろうか〉。

一二三九年十一月、休戦期限満了の百日後に、アル＝ナーシルは奇襲によりエルサレムを奪う。全アラブ世界は歓喜で爆発した。詩人たちはこの勝者を大伯父のサラディンになぞらえ、このようにアル＝カーミルの裏切りがまいた恥をそそいだ彼に感謝した。

アル＝ナーシルを擁護する人びとは、しかしながら、彼がカイロのあるじと、一二三八年におけるその死の直前に和解したことをいい落としている。彼はたぶん、こうすればダマスカスの統治権を返してもらえると期待したのだろうか。また、詩人たちも同様に、この貴公子が奪回後のエルサレムを守ろうとしなかったことを指摘するのを避ける。町の防衛が不可能と見込んだ彼は、部隊とともにカラクに引き揚げる前、ダビデの塔や最近ノランクが構築した防御施設を急いで取り壊しているのだ。宗教的情熱は政治的、軍事的な現実主義と裏腹の間柄だということだろうか。

このタカ派の指導者のその後の言動は、しかしながら、陰謀に明け暮れている。アル＝カーミルの他界に続く相変わらずの跡目相続争いのとき、アル＝ナーシルはためらうことなく、いとこたちに対抗する同盟をフランクに持ちかけている。西洋人を引きつけるため、彼は一二四三年、エルサレムに対する彼らの権利を公式に承認し、ハラム・アル＝シャリーフからムスリムの聖職者を引き揚げさせることまで申し入れた。アル＝カーミルはどれほど妥協を重ねても、そこまで行ったことは決してない。

VI 追放（一二四四〜一二九一年）

タタールと呼ばれるモンゴルに東から、フランクに西から攻められ、ムスリムがこれほどの危機的状況に置かれたことはかつてない。ただ神のみが、まだ彼らに救いをもたらすことができるだろう。

イブン・アル＝アシール

13　モンゴルの鞭《むち》

歴史家の悲嘆。草原の騎士たち

　これから語ろうとするできごとは余りにもおぞましく、私は何年ものあいだ、そのことに触れるのを避けて来た。イスラムとムスリムに死が襲いかかったと告げるのは、なまやさしいことではない。ああ、私は、母が私に生を与えなければよかったと、また、このような不幸のすべての証人にならずに死ねばよかったと思う。神がアダムをつくりたもうて以来、世界は決してこのような惨禍にあったことがないと、ある日だれかにいわれたら、そのとおりだと、ためらわずに思いたまえ。それはまぎれもない事実なのだから。史上最大の悲劇としてよく引用されるのは、ネブカドネザルによるイスラエルの子らの虐殺、およびエルサレムの破壊だろうが、とてものこと、いま起こったばかりのできごとに比べようがない。否、この世の終末まで、かかる規模の破局に接することはたぶん決してないだろう。

膨大な著書『完史』を通じ、イブン・アル＝アシールは、どんな時でも、これほど悲壮な調子で書いていない。彼の悲嘆、恐怖、そして疑念はページをめくるごとに噴出の度を強めるが、それはまるで迷信にでも頼って、やがてはチンギス・ハーンという災厄の主の名を口にしなければならぬ時が来るのを遅らせているかのようだ。

モンゴルの征服者の興隆はサラディンの死の直後始まったが、アラブがその脅威の接近を身に感じたのは、やっと四半世紀後のことである。チンギス・ハーンはまず、中央アジアのトルコ系、モンゴル系の諸部族を自己の権力下にまとめ上げることにつとめ、それから世界の征服に乗り出したからだ。征服は三方向をめざす。東では、中国帝国が隷属化し、次いで併合される。北西では、ロシアと東ヨーロッパが次つぎと荒廃化する。西では、イランが侵略される。「都市という都市は徹底的に破壊しなければならぬ（とチンギス・ハーンは語った）。世界全体が広大な草原に戻って、モンゴルの母親たちが自由で幸せな幼な子たちに乳をやることができるために」。事実、ブハーラ、サマルカンド、ヘラートなどの由緒ある都市は破壊され、住民は圧殺されることになる。

イスラム世界に対するモンゴルの最初の進出は、フランクの一二一八年から一二二一年にかけてのエジプト侵略と時期を同じくする。アラブ世界は二つの火災に囲まれた形で、このことは、エルサレム問題に対するアル＝カーミルの妥協策をある程度裏付けている。しかし、チンギス・ハーンはイランの西まで冒険することをつつしむ。一二二七年、彼が六十七歳で没するとともに、アラブ世界に対する草原の騎士たちの圧力はしばらくのあいだ弛緩した。

シリアでは、災厄はまず、間接的な形で現れる。モンゴルは行く先々で王朝を片はしから踏みつぶしてしまうのだが、そのなかのひとつ、フワーリズム・トルコはそれに先立つ年月、イラクからインドにかけて、セルジューク・トルコに交替していた。栄光の時期を過ごしたこのムスリム帝国が滅ぼされると、その残党は恐るべき勝者から遠く逃れて行かざるを得なくなり、一万を超えるフワーリズム騎兵はある日シリアに姿を現し、諸都市を略奪したり、住民を人質にして身代金を取るかたわら、傭兵としてアイユーブ家の内紛に加わったりした。

一二四四年六月、フワーリズム軍団は自身の国をつくるだけの力が十分あると思い込み、ダマスカスに打ってかかる。そして隣接の村々を略奪し、グータの緑野を荒らしたが、町の抵抗にぶつかって長期の包囲戦ができなくなり、目標を変えてエルサレムへ急進、七月十一日、難なくこれを奪う。フランクの住民は大部分が被害を免れたとはいえ、町は略奪され、火を放たれた。数カ月後、彼らはまたもやダマスカスを襲うが、今度はアイユーブ家が団結したため大敗の憂き目にあい、シリアの全都市に大きな安心感を与える。

フランス王ルイのエジプト侵攻

この時フランクの騎士たちはエルサレムの奪回にまったく出ない。フリードリヒの熟練した外交手腕のおかげで、西洋人は十五年間にわたり、聖地の城壁の上に十字架の旗を翻して来たのであったが、その彼は聖地の運命に無関心になってしまった。東方への野心を引っこめて、彼は今、カイロの首脳とできるだけの友好関係を望んでいたから、一二四七年、フランス王ルイ九世がエジプト遠征を企てたとき、それを思いとどまらせようと試みている。それどころか、彼はアル＝カーミルの息子アル＝サーリフ・アイユーブに対し、フランス軍の準備状況を定期的に通報しているのである。

ルイが中東へ出かけたのは一二四八年九月であるが、春以前に戦いをいどむのは危険が大きすぎると思い、エジプトの沿岸へ直行しない。その代わりキプロスに落ち着き、この休養の期間中に、ひとつの夢の実現につとめる。これは十三世紀末まで、いやそれ以後でさえもフランクにつきまとう夢で、つまり、モンゴルと同盟を結んでアラブ世界をはさみ討ちにしようというものだ。以後、東西からの侵略者同士のあいだで定期的に特使が行き交う。

一二四八年末、ルイはキプロスで使節団を迎えたが、このとき彼らはモンゴル人のキリスト教への入信もあり得ることをほのめかす。この見通しに興奮し、彼は返礼として、高価で敬意にみちた贈り物を急いで託す。しかし、チンギス・ハーンの後継者たちは彼の言動の意味がわからず、フランス王をその辺りの臣下並みに扱って、毎年これと同額の贈り物をせよと彼に求める。この誤解のため、アラブ世界は少なくとも当面、両方の敵からの計画的攻撃を避けることができた。

したがって一二四九年六月五日、エジプトを攻めたのは西洋人だけということになるが、攻守双方の君主は当時の習慣どおり、鳴り物入りの宣戦布告をしている。ルイの場合は次のとおりだ。

〈余はすでにいくたびか警告を発したが、なんじはまじめに受け取っておらぬ。よってわが覚悟は決まった。余はなんじの国土を攻める。なんじが十字架への忠誠を誓おうとも、わが意は変わらぬ。わが軍は数多きこと浜の真砂《まさご》のごとく山野を覆い、運命の剣をかざして進む〉。フランス王はこの脅しの証拠として、一年前、スペインのムスリムに対するキリスト教徒のいくばくかの成功を敵に思い知らせる。〈われらは立ち向かうなんじらを家畜のごとく追い払い、男どもは殺し、女どもは後家とし、娘子どもは引っ捕えた。このことから、なんじらは何も学ばないのか〉。

アル＝サーリフの答えもこれに劣らない。〈物ごと知らずめ。なんじらが占領した土地を、われらがすでに、また先日も回復したことを忘れたか。なんじらにもたらした損失を忘れたか〉。スルタンは明らかに数の上で劣勢を意識し、コーランのなかに、活力の基になる章句を見いだす。〈そもいくたび、神の照覧により、兵力の小なる者が大を破ったか。その神が勇者とともにあればなり〉。この章句に励まされて、彼はルイに予言する。〈なんじが敗北は目前にあり。無謀な戦にはまりこみ、いずれは後悔のほぞをかむことであろうよ〉。

マンスーラの攻防（一二五〇年二月）

フランクは、しかしながら、緒戦で圧勝している。ダミエッタは三十年前、フランクのさきの遠征の際は勇敢に抵抗したものだが、今度は戦わずに放棄された。この落城の知らせはアラブ世界に混乱の種をまき散らし、大サラディンの後継者たちがいかに腰抜けぞろいかを暴露してしまう。スルタンのアル＝サーリフは結核で動けず、軍の指揮を取ることもできなかったので、エジプトを失うよりは父アル＝カーミルの政策を継ぐにしかずと、ルイに対し、ダミエッタとエルサレムとの交換を申し入れる。

しかしフランス王は、敗残の、しかも瀕死の「不信心者」との取り引きをはねつけた。このためアル＝サーリフは抗戦を決意し、病める身をかごでマンスーラへ運ばせる。これは「勝利者」という意味で、アル＝カーミルにより、さきのフランク侵略軍が撃破された場所に建てられた町だ。しかし不幸にも、スルタンの病状は急速に悪化する。激しい咳の発作がとどまるところを知らず、十一月二十日、ついに危篤に陥るのだが、このときフランクはナイルの減水に意を強くし、ダミエッタを後にしてマンスーラをめざす。三日後、側近を茫然自失させたまま、スルタンは没した。

敵が城門に近づきつつあるとき、どのようにしてスルタンの死を軍隊や人民に発表できようか。しかも息子のトゥーラーンシャーはイラク北部の戦線にいて、戻るには数週間もかかるのだ。ところがこのとき、意外な人物が登場する。「真珠の木」を意味するシャジャル・アル＝ドゥッル。アルメニア系の女奴隷で、美しく、かつ才知にたけ、久しくアル＝サーリフの愛妻の地位を占めていた。彼女はスルタンの近親たちを集め、後継者の到着まで秘密を守ることを命ずる一方で、フリードリヒの友、老侯ファクルッディーンに要請して、スルタンの名による手紙を書かせ、ムスリムにジハードを訴えている。

ファクルッディーンの同僚の一人で、シリア人の年代記作者イブン・ワーシルによれば、フランス王は早くもアル＝サーリフの死を知ったようで、勇躍して軍事的圧力を強めにかかる。しかし、エジプト軍の陣営では十分に長いあいだ秘密が保たれ、士気の低下を防ぐことができた。

冬の期間を通じ、マンスーラをめぐる攻防は激しかったが、一二五〇年二月十日、さる裏切りに助けられ、フランク軍は奇襲をかけて町へなだれ込む。当時カイロにいたイブン・ワーシルは語る。

ファクルッディーン殿は入浴中に急を知らされた。彼はわが耳を疑いながらも、即座に甲冑《かっちゅう》も鎖帷子《かたびら》も身につけず、馬にとび乗り、見回りに出たところを敵に襲われ、倒れた。フランクの王は町に入り、スルタンの館にさえ達した。敵兵たちが辻々に展開する一方で、ムスリム兵や住民は右往左往して逃げ道を捜す。イスラムは致命傷を受けたようで、フランクは勝利の果実をもぎ取るところであったが、そのとき、マムルークのトルコ人部隊が登場した。敵は辻々に散っていたので、われらが騎兵たちは勇敢に襲いかかる。至るところで、不意打ちにあったフランクを、剣や大槌で殺しに殺す。朝早く、伝書鳩がカイロに着いてフランクの攻撃を告げたが、戦闘の結果については ひとことも触れていない。われわれは不安の底に沈んだ。翌日まで町じゅうが悲嘆にくれたが、そのとき新たな便りがいくつも届いて、トルコのライオンたちの勝利を知らせた。カイロの辻々は祭りの場と化した。

ルイ、捕虜に。アイユーブ朝滅亡

引き続く数週間、この年代記作者はエジプトの首都から、同時進行する二種類の事件を観察する。それは東アラブの政治地図に変動を与えるもので、ひとつは、フランク最後の大侵攻に対する勝利の戦い。他のひとつは史上に例を見ぬ革命。というのはこの革命は、以後約三世紀にわたり、奴隷〔マムルーク〕将校の階級を権力の座に就けるからだ。

マンスーラにおける敗北後、フランス王は戦況が持ちこたえられなくなったことに気づく。町の奪取はとてもできず、その上無数に水路が走る泥地でエジプト兵に四方から悩まされるのだ。ルイは交渉することに決める。

三月初め、彼はエジプトに戻ったばかりのトゥーラーンシャーに対し、ダミエッタとエルサレムの交換というアル＝サーリフの提案を受け入れる用意ありとの和解の親書を送る。新スルタンの返書は折り返し届いた。それによれば、アル＝サーリフが行った寛大な申し出はアル＝サーリフの存命中受諾されるべきであった、ということになる。今となっては、もう遅すぎる。実際のところ、四方からの締めつけが強まっているのだから、彼が望みうる限りのことは、軍を救い、エジプトから無事に去らせることなのである。

三月半ば、数十艘のエジプト船隊がフランク水軍に大打撃を与え、大小合わせて約百艘を撃破するか、あるいは捕獲し、侵略者がダミエッタに退却する可能性のすべてを断ち切る。四月七日、侵略軍は封鎖を突破しようと試みたが、数千の義勇兵も加わったマムルーク部隊に襲われて、数時間後には万事休す。フランス王は部下が虐殺されるのを止めるため、降伏し、そして助命を求める。鎖につながれて、彼はマンスーラに連行され、アイユーブ家の一役人の家に幽閉された。

新スルタンの輝かしい勝利は、おかしなことに、彼の権力を強めるどころか、逆に没落の方へ彼を引きずって行く。トゥーラーンシャーがマムルークの主だった将校と衝突してしまったからだ。彼らは、もっとものことながら、エジプトが救われたのは自分たちのおかげであると思い、国の運営に当たって決定的役割を担うことを求めた。これに対し、スルタンは新たに得た威信を利用し、自身の部下を責任ある地位に就けようとする。フランクに対する勝利から三週間後、一群のマムルークは三十歳のトルコ人、バイバルス・アル＝ブンドゥクダーリという名の勇将のもとに集まり、実力行使を決めた。

一二五〇年五月二日、主君が催した宴会の終わりを見計らって、反乱が起こる。バイバルスに肩を斬られ、傷ついたトゥーラーンシャーは、船で逃れようとしてナイルの方へ走ったが、つかまってしまう。彼は命を助けてくれと頼み、永久にエジプトを去って、位を捨てると約束する。しかしアイユーブ朝最後のスルタンは情け容赦もなくとどめを刺される。カリフは、マムルークが旧主の墓を建てるのを受け入れるよう、わざわざ使者を送って取りなさなければならなかった。

女性スルタンの出現。ルイ、釈放さる

クーデタはこうして成功したものの、マムルークの将校たちは王位を直接奪うのをためらう。そこでいちばん賢い連中が頭をひねり、この生まれつつある権力に正統なアイユーブ朝の外観を与えることができるような妥協の道を見つける。こうして明らかにされた解決法は、この奇妙な事態に首をかしげた証人、イブン・ワーシルが指摘しているように、ムスリム世界の歴史において、画期的なものであった。

トゥーラーンシャーの暗殺後（と彼は語る）、諸侯およびマムルークはスルタン陣屋のそばに集まって、アイユーブ家のスルタンの妻シャジャル・アル＝ドゥッルに権力を与え、彼女が女王とスルタナ〔女性スルタン〕になることを決めた。彼女は国事を掌握し、玉璽《ぎょくじ》を開設したが、その名乗りは「ウンム・ハリール」、すなわち、彼女が生んだ夭折《ようせつ》した息子、ハリールの母、ということだ。あらゆるモスクでの金曜日の説教は、カイロおよび全エジプトのスルタナ、ウンム・ハリールの名で行われた。これはイスラムの歴史では前例のないことであった。

即位後間もなく、シャジャル・アル＝ドゥッルはマムルークの首領の一人、アイバクと結婚して、彼にスルタンの称号を授ける。

アイユーブ朝からマムルークへの交代は、侵略者に対するムスリム世界の姿勢がはっきりと硬化したことを示す。サラディンの子孫たちはフランクに対してむしろ融和的であり、権力が弱まると、彼らは東西双方からイスラムを脅かす危険に対処することができなかった。マムルーク革命はたちまち、軍事的・政治的・宗教的な復興の一事業として現れてくる。

カイロで起こったクーデタはフランス王の運命を変えない。トゥーラーンシャーの時期に原則的な合意が成されており、それによれば、ルイの釈放は、エジプトの領土、とくにダミエッタからのフランク全軍の撤退、および、百万ディナールの身代金の支払いと引き換えになる。ウンム・ハリールの即位後間もなくフランス王は実際に釈放されるが、それはエジプト人の交渉相手から次のように説教された後だった。

「なんじのように良識もあり、知恵と教養の持ち主が、どうしてこのように船出して、無数のムスリムが住む地域にやって来たのか。われらが掟によれば、このように海を渡った男は法廷では証言する資格がない」。「それはまた、なぜ」と王は尋ねる。「頭が少し足りない、と思われるからだ」。

フランクの最後の一兵は、五月が過ぎぬうちにエジプトを去った。

アッバース朝の滅亡（一二五八年二月）

もはや二度と西洋人はナイルの国を侵略しようとしないだろう。「金髪禍」はたちまち色あせ、チンギス・ハーンの子孫たちが体現する、もっと恐るべき災禍に取って代えられて行く。大征服者の死後、彼の帝国は相続争いのためいくばくか弱体化したから、ムスリムの中東は思わずもほっとひと息ついたものだ。しかしながら、一二五一年になると、草原の騎士たちはチンギス・ハーンの三人の孫、モンケ、フビライ、フラーグの権力のもとに再び結束した。モンケはモンゴリアのカラコルムを首都に、帝国の不動の宗主に指名され、フビライは北京に君臨し、最後のフラーグはイランに腰を据えたが、彼はムスリムの全中東を地中海の岸辺まで、いやたぶんナイルまで征服しようという野心をもっていた。

フラーグは複雑な性格の人物だ。哲学と科学に熱中し、文芸の世界にあこがれる一方で、戦場では猛獣と化して流血と破壊に飢える。宗教に関する態度もまた同じくらい矛盾していて、母親と愛妻および幕僚の何人かはネストリウス派〔景教〕に属していたから、キリスト教の影響を強く受けてはいるものの、そうかといって、人民の伝統的宗教であるシャーマニズムと絶縁したわけでもない。彼は支配する地域、とくにイランでは、ムスリムに対しおおむね寛容な姿勢を示す。しかし、歯向かう政治勢力はみな踏みつぶしてしまおうという意欲に駆られ、イスラムの最も権威ある大都市に対して全面的な破壊戦争を挑む。

彼の最初の目標はバグダードだった。初期の段階では、フラーグはアッバース朝第三十七代のカリフ、アル＝ムスタアシムに対し、先立つカリフたちがかつてセルジュークの宗主権を受諾したように、今度はモンゴルの宗主権の承認を求める。受けて立った信徒の長は、みずからの威信におごる余り、征服者に向かって答えていわく、ひとたびカリフ朝の都を攻めれば、それがどんな規模のものであれ、インドからマグリブ〔北アフリカ〕に至る全イスラム世界がたちまち決起して迎え撃つであろう、と。

されば、とチンギス・ハーンの孫は意にも介さず、目にもの見せて都を落としてくれようと公言する。一二五七年末、数十万といわれる騎兵を引き連れ、彼はアッバース朝の首都をめざして進軍し、道すがら、アラムートにある暗殺教団の聖域を壊滅させた。この結果、評価を絶する価値をもった図書館は無に帰し、教団の教義および活動について深く究めることは永久に至難のわざになってしまう。

カリフは襲いかかる脅威の規模にようやく気づき、交渉することに決めて、フラーグに対し、彼の名をバグダードのモスクで唱えること、および、彼にスルタンの称号を授けることを提案する。しかし、余りに遅すぎた。モンゴルは断固武力行使を決めている。何週間か勇敢に抵抗したあげく、信徒の長は降伏せざるを得なかった。一二五八年一月十日、彼はみずから勝者の陣営におもむき、住民が武器を置けば彼らの命を助けてくれるかどうか尋ねる。しかし、無益だった。武装を解かれるや、ムスリムの戦士たちは皆殺しにされてしまう。

次いでモンゴルの荒らくれ集団は誇り高き都に乱入、建物を打ち壊し、辻々に火を放って、男女、子どもを容赦なく殺し回ったが、その数は合計約八十万といわれる。このなかで町のキリスト教徒社会だけはハーンの妻の取りなしで助けられた。しかし、信徒の長自身は敗北の数日後、窒息死の刑を受ける。

アッバース朝の悲劇的な滅亡はムスリム世界を驚愕の淵に投げこんだ。以後はもはやひとつの都市、ひとつの国を守るための武力闘争などではなく、イスラムの存続を賭けての絶望的な戦いとなる。

荒らされるシリア

そのあいだにも、タタールはシリアをめざし、勝利の進軍を続けている。一二六〇年一月、フラーグの軍はアレッポを囲み、勇敢な抵抗を受けたものの、さっさと落とす。バグダードと同様、征服者に歯向かった者として、虐殺と破壊がこの古い都に襲いかかる。数週間後、侵略者はダマスカスの城門の前に立つ。アイユーブ家の群小諸侯は依然としてシリアの諸都市を治めていたが、とてものこと、この大波をせきとめることはできないから、その何人かは大ハーンの宗主権を認めることに決め、さらには侵略者と組んでわが家の仇、エジプトのマムルークと戦おうなどと、本気で考えたりする。

一方、東方教会諸派あるいはフランクのキリスト教徒の間では、意見が分かれる。アルメニア人たちは、彼らの王ヘトゥームを中心にモンゴル側に加担し、その娘婿であるアンティオキア公ボエモンも右へならえする。これに反して、アッカのフランクは、むしろムスリムに好意的な中立策をとる。しかし、支配的な考えは、中東および西洋を問わず、モンゴルが行う戦は、フランクの外征が懸案として残した、イスラムに対する一種の聖戦であるというものだった。

この印象は、シリアにおけるフラーグの副将キトブカがネストリウス派キリスト教徒だという事実によって強められる。一二六〇年三月一日、ダマスカスが落ちたとき、勝者として、アラブのごうごうたる非難のなかで入城したのは、これら三人のキリスト教徒、ボエモン、ヘトゥームそしてキトブカだった。

タタールはいったいどこまで行くのか。メッカへ、とある者は断言する。預言者の教えにとどめを刺すために。それはともあれ、もうすぐエルサレムへ行くだろう。全シリアはそう思った。ダマスカスの陥落後、モンゴルの二部隊が急いでパレスティナの二都市を取る。ひとつは中央部のナーブルスで、他は南西部のガザだが、後者はシナイ半島に接しているから、一二六〇年の春、エジプトもまた惨禍を免かれ得ないことは、既定の事実のようであった。

その上フラーグはシリア遠征の終了を待たず、カイロへ特使を送って、ナイルの国の無条件降伏を求めている。だが、この使節は迎えられ、口上を述べさせられた後、首をはねられた。マムルークはふざけているのではない。彼らのやりかたはサラディンとはまったく似つかぬ。十年来カイロを治めているマムルーク・スルタンたちは、四方から攻められるアラブ世界の強硬姿勢と非妥協性を反映している。あらゆる手段に訴えて戦うのだ。ためらわず、おうような身ぶりはせず、また折れ合わず、しかも勇敢に、そして効率的に。

ある講談的事件

いずれにせよ、衆目は彼らにそそがれている。彼らは侵略者の進撃を阻む最後の希望であるからだ。カイロではこの数カ月来、権力はトルコ系の一軍人、クトゥズの手に移っていた。シャジャル・アル＝ドゥッルとその夫アイバクは、七年間の共同統治ののち、刺し違えの形で死んでいる。この主題については以来各人各説で真相は明らかでないが、大道講釈師好みの説では、政治的野心にたっぷり愛と嫉妬の味つけがしてある。

いつもやっているように、スルタナは夫に湯を使わせていた。そのとき、くつろぎと水入らずの時間につけこみ、彼女は、夫が十四歳のかわいい女奴隷を妾にしたことで彼を責めた。「あなたはもうわたしが好きでないの？」。彼女は夫の気を引こうとして尋ねる。しかしアイバクはぶっきらぼうに答えた。「あの子は若いが、おまえはもう、そうでないよ」。シャジャル・アル＝ドゥッルは怒りに震え、夫の目を石けんで覆い、疑念を起こさせまいと言葉の調子を合わせておいて、短剣を引っつかむや、ずぶりと脇腹を突きとおす。アイバクは絶命する。スルタナはしばし茫然としていたが、やがて戸口に出て忠実な奴隷を何人か呼び、死体を片づけさせる。

しかし運悪く、アイバクの十五歳の息子に気づかれる。浴槽の下水が赤いのだ。浴室にとびこんでみると、戸のそばに半裸のシャジャル・アル＝ドゥッルが立ち、血で赤い短剣をまだ手に持っている。急を告げる義子に追われ、彼女は宮殿の廊下伝いに逃げたが、あわやつかまる、というところで引っくり返り、大理石の敷石で頭を激しく打つ。追いつかれたとき、彼女はもう息をしていなかった……。

話としてはまったくよくできている。とはいえ、一二五七年四月、この事件のあとで、実際にカイロの辻々で語られたことを十中八九再現しているという点で、この話は正真正銘、歴史的なおもしろさをもつ。

いずれにせよ、二人の君主が没したのち、アイバクのこの若い息子が即位したが、長くは持たない。モンゴルの脅威がひしひしと迫るにつれ、エジプト軍の首領たちは、近づく決戦の責任を若者などが担ってはならぬと実感する。一二五九年十二月、フラーグの軍団がシリアに猛襲をかけ始めたころ、クーデタがクトゥズを権力の座につける。彼は成熟した、精力的な人間で、ジハードの意義をよくわきまえ、イスラムの敵、侵略者に対する総動員を呼びかける。

歴史上の距離を置いてみても、カイロの新クーデタは真の愛国的奮起とみることができよう。ただちに国は臨戦態勢にはいる。一二六〇年七月、強力なエジプト軍は敵との対決のためパレスティナに出陣した。

アイン・ジャールート（一二六〇年九月）

一方、モンゴル側では大ハーンのモンケが没したため、弟のフラーグは軍を率いて帰国し、おきまりの跡目相続争いに参加しなくてはならぬ。以来モンゴル軍は主力を失っているのだが、クトゥズはそれを知らぬわけではない。事実、ダマスカスの攻略後、チンギス・ハーンの孫はシリアを去り、副将キトブカの指揮する数千の騎兵しかこの国に残しておかなかった。

スルタンのクトゥズは侵略者に痛撃を加えるのはこの時をおいて二度とないことを弁えている。そこでエジプト軍は、まずガザのモンゴル部隊を攻めたが、敵は不意打ちを受け、ほとんど抵抗もしなかった。次いでマムルーク軍団はアッカをめざす。パレスティナのフランクがモンゴルについて、アンティオキアのフランクより控え目であることを知らないわけではなかったからだ。その諸侯たちがイスラムの敗北をまだ喜んでいることは確かであるとはいえ、多くはアジアの征服者の蛮雄ぶりにふるえ上がっている。したがって、クトゥズが同盟を申し入れたとき、答えは否定的ではなかった。すなわち、戦闘に加わる用意はないが、エジプト軍の領内通過に反対せず、食糧補給の便宜を計ろうというものだ。スルタンはこうして、パレスティナの内部へ、さらにはダマスカスへさえも、後衛を守る必要もなく進軍できることになる。

キトブカが決戦にそなえて出撃しようとしたとき、ダマスカスで人民が蜂起する。市内のムスリムは侵略者の不当な要求に我慢できず、またフラーグの出発にも励まされて、通りにバリケードを築き、モンゴルの目こぼしを受けた教会に火を放つ。キトブカは秩序回復に数日間を要し、このためクトゥズはガリラヤにおける態勢を固めることができた。一二六〇年九月三日に両軍が相会したのは、「巨人ゴリアテの泉」を意味するアイン・ジャールート村の郊外である。クトゥズは余裕をもって主力を隠し、戦場には、部将のうちで最も有能なバイバルスが指揮する前衛しか残さない。キトブカは大急ぎで駆けつけたため、情報に暗く、罠に落ちる。全軍を挙げて突撃すると、バイバルスは退却する。しかし、追撃に移るや、モンゴル軍は突如として、自分よりはるか多勢のエジプト軍に、四方を囲まれているのに気づく。

数時間後、モンゴルの騎兵隊は壊滅する。キトブカ自身も捕えられ、直ちに首をはねられた。

九月八日の夕べ、マムルークの騎兵隊は解放者として、狂喜するダマスカスに入城した。

14　神よ、二度と彼らに足を踏み入れざらしめんことを

奴隷《マムルーク》王朝のクーデタ

　ヒッティーンに比べれば劇的の度が弱く、軍事面においても創造性に欠けるとはいえ、アイン・ジャールートは、それでも史上もっとも決定的な合戦のひとつのように見える。この結果ムスリムは滅亡を回避し得たばかりではなく、モンゴルが彼らから奪った土地のすべてを回復することができたからだ。やがて、イランに落ち着いたフラーグの子孫たちは、その権威を安定化させるため、みずからイスラムに帰依していく。

　差し当たり、マムルークの奮起は、侵略者を支持した者全員と決着をつける方向を目ざす。警戒の予告が響き渡った。以後、フランクとタタールとを問わず、敵にしばしの猶予を与えることなど問題外となる。

　マムルークは一二六〇年十月初め、アレッポを奪回した後、フラーグ側の反撃を手もなく退け、モンゴルの主な味方だったアンティオキアのボエモン、およびアルメニアのヘトゥームに対する懲罰戦を行おうとした。しかし、エジプト軍のなかで権力闘争が爆発して

しまう。

バイバルスは半独立の総督として、アレッポに居を定めようと思った。しかしクトゥズは、この副将の野心を恐れて拒否する。彼はシリアに競合する権力が生じるのを望まないのだ。この対立を打ち切ろうと、スルタンは全軍を集結させ、エジプトへの帰途に就く。カイロまであと三日というところで、彼は十月二十三日、兵士に一日の休息を与え、自身も軍の首脳を伴って、好きなスポーツ、野うさぎ狩りをやろうとする。

もっとも、彼はこのとき気を配って、バイバルスも連れて来ていた。不在中につけこんで反乱を起こされては困るからだ。夜明けどき、小部隊は本営を離れ、二時間ほど経ってから、小休止をとるため停止した。一人の部将がクトゥズに近づき、接吻するかのように彼の手をとる。そのとき、バイバルスは剣を引き抜き、スルタンの背に突き刺す。相手は絶命した。

二人の共謀者は寸刻を惜しんで愛馬にとびのり、全速力で本営に戻って、軍の尊敬の的になっている老将アクターイの前に出て告げる。「われらはクトゥズを殺して来た」。アクターイはさして驚いた風も見せずに尋ねる。「して、なんじらのいずれが、われとわが手でスルタンを殺《あや》めたのか」。バイバルスはためらわず答えた。「拙者でござる」。老将は彼に近寄り、スルタンの幕舎に落ち着くよういざない、彼の前で膝を屈して敬意を表した。まもなく、全軍は新スルタンを歓呼して迎える。

バイバルス、スルタンに（一二六〇年十月）

あの輝かしい戦果からまだ二カ月も経たないのに、アイン・ジャールートの勝者に対するこの忘恩的行為は、もちろんマムルークの名誉となるものでない。しかしながら、ここでマムルーク部将の弁護のために一言述べておかなければならないのは、彼らの大部分が久しきにわたり、バイバルスを自分たちの真の指導者と思って来たということだ。一二五〇年、アイユーブ家のトゥーラーンシャーに初太刀を浴びせ、こうして自分たちで権力を握るというマムルークの意思を表明したのは彼であった。また、モンゴルに対する勝利に、決定的役割を演じたのも彼であった。その鋭い政治的着眼、軍事的能力と同じく、並はずれた豪勇ぶりによって、彼は同僚のなかでの第一人者とされていたのである。

一二二三年に生まれたこのマムルーク・スルタンは、シリアで奴隷として人生の第一歩を踏み出す。最初のあるじはハマのアイユーブ家の領主だったが、目つきがどうも気に食わないと、縁起をかついで売り払った。事実、青年バイバルスは赤銅色の巨人で、声はしわがれ、目は青く明るかったが、右目は白内障にかかっていたのだ。こういう未来のスルタンを購入したのはマムルークの一将校で、彼をアル＝サーリフの親衛隊に編入する。ここで彼は生まれながらの資質、とりわけ無類の思い切りのよさのおかげで、まっしぐらに体制内の最高位にまでのし上がる。

一二六〇年十月、バイバルスは勝者としてカイロに戻ったが、その権威は困難もなく承認された。それに反し、シリアの諸都市では、マムルークの他の部将たちがクトゥズの死につけこみ、独立を宣言する。しかし、新スルタンは電撃戦によりダマスカスとアレッポを奪い、自身の権威のもと、かつてのアイユーブ朝の領域を再統一する。

血に飢えた、無教養のこの部将は、ここで偉大な政治家、アラブ世界の真のルネサンスの仕掛け人に変身する。彼の治政下で、エジプト、やや規模では劣るがシリアは、再び輝かしい文芸活動の中心になって行く。バイバルスは生涯をかけて、反抗しかねないフランクのとりでをしらみつぶしにするのだが、その一方でカイロを美化し、全領域に橋や道路を整備するなど、偉大な建設者でもあることを示す。彼は鳩あるいは飛脚による宿駅制度を確立したが、これはヌールッディーンやサラディンのころよりはるかに能率的なものであった。

彼の政府は厳格で飾り気はないが、啓蒙的であって、専制主義のかけらもない。フランクに関しては、彼は権力の座に就くや断固たる姿勢で臨み、その影響力の低下をめざす。しかし、アッカのフランクとアンティオキアのフランクのあいだには差別を設け、前者については弱小化を図るだけだが、後者については、モンゴルの侵略者と共同戦線を張った点で有罪とみる。

一二六一年末、彼はボエモン公とアルメニア王ヘトゥームの地に対する懲罰戦の計画を練る。しかし、タタールという障害にぶつかる。フラーグにはもはやシリアを侵攻する力がないとはいえ、自分の味方に害を加えるのを阻止するに足る兵力を、依然としてイランにもっているからだ。バイバルスは賢明にも、最良の機会の到来を待つことにする。

アルメニア、アンティオキア壊滅す

その機会は一二六五年、フラーグの死とともに訪れた。バイバルスはそこで、モンゴルのお家騒動で現れた分裂につけこみ、まずガリラヤに侵入、現地キリスト教徒住民の加担を受けて、いくつかの要塞を乗っ取る。次いでまっしぐらに北上し、ヘトゥームの領土に侵攻して、全都市を片はしから破壊したが、とくに首都シスでは、住民の大部分を殺し、四千人以上の捕虜を連れ帰った。アルメニア王国が二度と立ち上がることはない。

一二六八年春、バイバルスは再び出陣し、まずアッカの周辺を攻めてボーフォール城を取り、次いで軍を北へ率いて五月一日、トリポリの城下に達した。彼はそこに領主がいるのを突きとめたが、この領主とはほかならぬボエモンで、同時にアンティオキア公も兼ねている。この人物は自分に対するスルタンの怒りを熟知していたから、長期の籠城の準備に入る。そこで、バイバルスは計画を変え、数日後再び進軍して道を北にとり、五月十四日、アンティオキアの前面に達した。そこはフランクの都市を通じて最大で、百七十年にわたりムスリムの君主たちのすべてに抵抗して来たのだが、今度は四日ももたなかった。

五月十八日の夕方、城塞から程遠からぬ壁のなかに割れ目ができ、バイバルスの部隊は市内になだれこむ。この征服は、サラディンの征服とは様相をほとんど一変する。住民は全員殺されるか奴隷にされ、都自身も完全に破壊される。天下に名をとどろかせた大都市も、残るは廃墟が点在する一寒村だけとなり、それも歳月が緑野の下に埋めて行く。ボエモンは自分の都の陥落を、バイバルスから送られた忘れがたい手紙によって、初めて知った。もっとも、実際はスルタンの公式の年代記作者であるエジプト人のイブン・アブドゥルザーヒルがしたためたものであるが。

アンティオキア落城により、公爵から伯爵になり下がりし、高貴かつ勇敢なるボエモン殿へ。

しんらつな調子はとどまるところを知らない。

トリポリでなんじと別れしより、われらはただちにアンティオキアをめざし、めでたきラマダーン〔断食〕月の一日に到着した。われらが到着するや、なんじの部隊は出撃してわれらと一戦交えたが、そのかいもなく敗れた。なんとなれば、彼らはともに助け合ったが、神の助けを欠いていたからである。なんじの騎士たちは馬のひずめのもとに倒れ、なんじのもろもろの宮殿は略奪され、なんじの気高き女性たちは辻々で売りに出され、わずか一ディナールで買われていたが、それもなんじ自身の金によってである。かかること、その目で見ざりしなんじは幸いなるかな！

手紙の受け手に対し、微に入り細をうがってながながと述べた後、スルタンは本題に戻って締めくくる。

なんじはアンティオキアにいなかったのであるから、神はなんじに息災と長命とを与えたもうた。この手紙によってそのことを知り、なんじは心楽しむであろう。なんとなれば、もしそこに居ってみよ。なんじはいま、死ぬか傷つくか、あるいは捕虜になっていたであろう。されど神は恐らく、なんじが降伏し、服従のあかしを立てるためにのみ、なんじの命を助けたもうたのである。

バイバルスの業績

物わかりがよく、そしていまや特に無力な男だから、ボエモンは返書で休戦を提案し、バイバルスはこれを受け入れた。彼にはわかっている。伯爵は厄病神に取りつかれているから全然こわくないし、ヘトゥームといえば、その国が実際に地図から消えてしまったのだから、これまた同様である。一方、パレスティナのフランクはといえば、彼らもまた、しばし猶予を得ることだけで満足している。スルタンは彼らと協定を結ぶため、年代記作者イブン・アブドゥルザーヒルをアッカに送った。

彼らの王は最良の条件を得るため、ああいえばこうと逃げ口上を用いようとしたが、私はスルタンの指示に基づき、がんとして応じなかった。王はいらだって通訳に命じた。「彼にうしろを見よといえ」。振り向いて見ると、フランクの全軍が戦闘隊形をとっている。通訳はつけ加えた。「国王は、この多くの兵士の存在を忘れるな、と仰せじゃ」。私が答えなかったので、国王は通訳をせかした。そこで私は要求した、「思っていることを述べても、命の安全を保障してくれますか」「よろしい」「では申しますが、王にいって下さい。王の軍隊の兵士の数はカイロにいるフランクの捕虜の数より少ないと」。王は茫然自失し、会見を打ち切ったが、間もなくわれわれを迎えて休戦条約を結んだ。

まったくのところ、フランクの騎士たちはもはやバイバルスの悩みの種ではない。アンティオキアの陥落に対する不可避の反応は、彼自身弁えていることだが、彼らからではなく、彼らのあるじ、西洋の国王たちの方からくるだろう。

一二六八年も終わらぬころから、フランス王が強力な軍隊を率い、中東へまたやってくるとのうわさがしきりに立っていた。スルタンは商人や旅行者に何度も確かめる。一二七〇年夏、さる通報がカイロに届き、ルイがチュニスに近いカルタゴの海岸に、六千人の兵士とともに上陸したと告げる。即座にバイバルスは主だったマムルークの部将を集め、みずから強力な軍を率いてはるかアフリカへ出陣する意向を述べた。目的はこの新たなフランクの侵略を排除するため、ムスリムを支援するにある。

しかし、数週間後、チュニスの大守、アル＝ムスタンシルの署名のある新たな通報がスルタンのもとに届く。それによれば、フランス王は陣没し、彼の軍隊は、大部分は戦闘と疫病のため壊滅して、海の向こうに引き揚げたという。

この危険が去ったので、ころやよしと、バイバルスは中東のフランクに対し新たな攻勢に出る。一二七一年三月、彼は西洋ではクラク・デ・シュヴァリエ〔騎士の城〕と呼ばれる難攻不落のヒスヌ・アル＝アクラードを奪取した。これはサラディンでさえ、決して落とすことができなかった城である。

これに続く何年か、フランクは、そして特に、フラーグの息子で継承者のアバーカーが率いるモンゴルは、何度もシリアへの侵攻をたくらむが、その都度撃退される。そして一二七七年七月にバイバルスが毒殺されて死んだとき、中東におけるフランクの所有は、もはや数珠つなぎの形の沿岸都市にすぎず、しかも四方をマムルーク帝国に囲まれている。

彼らの強力な城塞網は完全に破壊されてしまった。彼らがアイユーブ時代に満喫した猶予の期間はまったく終了した。彼らの追放は以後必然のものとなる。

現実主義者カラーウーン

しかしながら、急がせるものは何もない。バイバルスに認められた休戦は一二八三年、マムルークの新スルタン、カラーウーンによって更新される。フランクについて、彼は何ら敵意を示さない。侵略の都度、彼らがイスラムの敵に対し補助的役割をつとめるのをやめれば、中東における彼らの存在と安全を保障してやろう——と彼は思う。アッカ王国に対して彼が提案した条約文は、この円熟し、かつ見識に富んだ行政家の名において、フランクの地位の「正常化」にかかわる独特な試みを示している。

もしフランクの王が西洋を後にし（と条文はしるす）、スルタンあるいはその息子の国を攻めにやってくるならば、王国の摂政およびアッカの総長たちは、到着の二カ月前に、その到来をスルタンに報じなければならない。この二カ月が過ぎた後に、くだんの王がオリエントに上陸したならば、王国の摂政およびアッカの総長たちは、この件にかんする一切の責任を免かれる。

もし敵がモンゴルその他からやって来た場合、条約の両当事者の片方がそのことを先に知ったら、他方に警告する義務を負う。もしかかる敵が——神よ、起こり得ざるように！——シリアに進撃し、スルタンの部隊が敵の前面から退いた場合、アッカの指導者たちは、臣民と領土を救う目的のもとに、この敵と交渉に入る権利をもつ。

一二八三年五月に調印された条約の有効期間は〈十年十カ月十日と十時間〉。この条約に包含されるのは、〈沿岸のフランクの全領土。すなわち、アッカの町についてはその果樹園、畑、水車、ぶどう園および所属する七十三の村落を含む。ハイファの町についてはそのぶどう園、果樹園および隣接七カ村（中略）……サイダに関するものとしては城と町、ぶどう園と郊外、および隣接十五カ村が周辺の平野とともにフランクに属し、その河川、泉、ぶどう園、水車、運河、堤防など、久しく灌漑に使われていたものを含む〉。

このような列挙が長ったらしく、くどいにしても、それはどんな係争も起こらぬようにするためだ。しかしながら、フランクの全領土がまったく取るに足らぬものであることが、これでわかる。細いリボンのような沿岸の回廊だけなのだ。それは以前フランクが樹立した、かつての恐るべき地域勢力とは、およそ似ても似つかぬものである。ティールはアッカ王国から分離していたので、カラーウーンと別個の条約を結ぶ。さらに遠い北方のトリポリ、ラタキアなどの都市は、休戦条約から除外された。

マルカブの城塞の場合も同様である。これはアル＝オスピタル、すなわち、聖ヨハネを守護にいただく「ホスピタル〔慈恵〕騎士団」が守っていた。この修道騎士たちはモンゴルと共同戦線を張り、一二八一年の新たな侵略の試みの際も、彼ら側に立って戦おうとさえしている。そのためカラーウーンは報いを受けさせようと決意する。

一二八五年春、イブン・アブドゥルザーヒルが語るところによれば、〈スルタンはダマスカスで攻城兵器の準備にかかった。彼はエジプトから大量の矢とあらゆる種類の武器を送らせ、諸侯に配った。彼はまた鉄の戦具や火炎投射管などを準備させたが、この種のものはわれらが倉庫やスルタンの兵器庫にしか見られないものだ。花火製造業者も徴集され、マルカブの城は弩《ど》砲の砲列で囲まれたが、そのうち三基は「フランク型」、四基は「悪魔型」であった。五月二十五日、とりでのいくつもの翼が深々と爆破されたので、守り手は降伏した。カラーウーンは城兵が身の回り品とともにトリポリへ無事出発することを認めた〉。

西へ呼びかけるモンゴル

またもやモンゴルの味方は、孤立無援のうちに罰せられた。駆けつけようとしたにせよ、攻囲の期間が五週間では、イランからの援軍を編成する時間が足りないのである。しかしながら、この年一二八五年、実はタタールは、今度こそ対ムスリム戦を再開しようと決心している。彼らの新しい首領、フラーグの孫に当たるイル・ハーンのアルグーンは、祖先たちをいちばんくすぐった夢をよみがえらせた。つまり、西洋と組んでマムルークのスルタン朝をはさみ撃ちすることだ。そこで統合作戦、または少なくとも協力作戦を行うため、タブリーズとローマのあいだに、定期的な接触がもたれる。

一二八九年、カラーウーンは危険が間近なことを予感するが、彼のスパイたちは正確な情報を提供することができない。このころ、アルグーンによってつくられた詳細な作戦計画が、書面によって法王や西洋の主だった国王に送られたところだったが、このことを特に彼は知らない。そのうちの一通、フランス王フィリップ四世に宛てた親書が保存されているが、それによれば、モンゴルの首領は、シリア侵略を一二九一年一月の第一週に始めることを提案している。彼の予想ではダマスカス陥落が二月半ばで、エルサレムの奪取はその少しあと、ということになる。

何がたくらまれているのか、実際に見抜いてはいないのだが、カラーウーンはだんだんと不安になる。彼が恐れるのは、東あるいは西からの侵略者が、シリアのフランク諸都市のなかに、進出を容易にする上陸拠点を見出しはしないかということだ。しかし、フランクの存在がムスリム世界の安全にとって、恒久的な脅威であることを今や確信しても、彼はアッカの連中とシリア北部の連中とを混同しようとはしない。後者はモンゴルの侵略者に公然と好意を見せたのだから。

いずれにせよ、名誉を重んじる男として、スルタンは、まだ五年ある平和条約に守られたアッカを攻めるわけには行かず、トリポリの奪取を決める。百八十年前、サンジルの息子が征服した都の城壁のもと、彼の強力な軍隊は一二八九年三月に集結した。

トリポリの虐殺（一二八九年四月）

幾万ものムスリム軍の戦士のなかに、アブール＝フィダーと呼ぶ十六歳の貴公子がいる。アイユーブ家の血統を引くが、マムルーク朝の家臣となり、数年後には小都市ハマの人守に任ぜられ、彼は後半生を読書と著述に打ち込む。地理学者、また詩人でもあるこの歴史家の著作は、中東におけるフランク在住の最後の日々について提供する資料として、まことに興味深いものがある。というのは、アブール＝フィダーは、眼差《まなざ》しは冷静に、そして剣を手に持ちながら、全戦場に立ち合っているからだ。

トリポリの町は（と彼は観察する）、海に囲まれているから、これを陸から攻めるには、東側から、狭い間道に頼るしかない。そこでスルタンは包囲を終えたあと、正面に向かって多数の、そして大小さまざまの弩砲を据えつけ、厳重に封鎖した。

ひと月を越す戦闘の後、町は四月二十七日、カラーウーンの手に落ちる。

ムスリム部隊は町に押し入った（とアブールフィダーは真実をまったく隠そうとしない）。住民は港へ殺到し、乗船できた者もいたが、男の大部分は殺され、女子どもは捕虜になり、ムスリムは山のような戦利品をかき集めた。

侵略者が殺しと荒らしを終えると、都はスルタンの命によって、徹底的に打ち壊され、姿を消した。

トリポリから程遠からぬ沖合に小島があり、教会が立っていた。都が落ちると、多くのフランクが家族とともにそこへ避難する。しかし、ムスリム部隊は海にとびこみ、その島に泳ぎ着いて、逃げこんでいた男をすべて殺し、戦利品とともに女子どもを連れ戻した。虐殺のあとで、私も船でその島まで行ってみたが、腐臭が強すぎて、とてものこと、いたたまれるものではなかった。

このアイユーブ家の若者は、祖先の偉大さと寛大さとがしみこんでいたから、この無益な殺生を非難することを禁じ得ない。しかし、彼は心得ている。時代は変わったのだ。

ふしぎなことに、フランクの追放は、ほぼ二世紀前、彼らの到着を特徴づけるあの追放を思わせる状況下で過ぎて行く。一二六八年のアンティオキアの虐殺は一〇九八年のほぼ引き写しであり、トリポリに対する情け無用のしわざは、後世のアラブの史家からは、一一〇九年における、バヌ・アンマール家の都の破壊に対する、遅れた反撃として紹介される。しかしながら、実際に、報復がマムルークの宣伝の主なテーマになって行くのは、アッカの合戦、つまり、フランク戦争の大団円をなす合戦の時である。

対アッカ融和策

勝利の直後、カラーウーンは部将たちに攻め立てられる。彼らが強調するには、いかなるフランクの都市もマムルーク軍に歯向かえなくなったことは今や明らかだし、トリポリ陥落におびえた西洋がまたシリアに遠征して来るのを待たず、直ちに攻撃すべきは自明の理なのである。フランクの王国の残滓を今こそ抹殺すべきなのではあるまいか。しかし、カラーウーンは拒絶する。彼は休戦に署名したのだから、断じてその誓いを破るわけには行かない。

それでも、幕僚たちは食い下がる。では、法の博士たちを呼んで、アッカとの条約は無効なりと宣言してもらうことはできないだろうか。この措置はかつてフランクがよく使ったものなのだ。スルタンは不快感を催し、諸侯たちに思い出させる。彼は一二八三年に調印した協定の一環として、法解釈を振りかざして休戦を破るようなことはしないと誓ったのだ。否、とカラーウーンは断言する。自分は条約に保護されないフランクの領土は全部奪うが、それ以上のことはしないと。そして彼はアッカへ特使を送り、フランクの最後の王、「キプロスとエルサレムの宗主」に対し、これまでの誓約を守ることを再確認した。それどころか、彼はこの有名な休戦条約を一二八九年七月から向こう十年間更新することに決め、ムスリム商人がアッカを利用して西洋との貿易を行うことを奨励した。以後このパレスティナの港には、実際に活発な動きが見られる。

何百人も、ダマスカスの商人たちがやって来て、スーク〔市場〕に近い多くの宿屋に腰を据え、ヴェネツィア商人か、あるいは、シリアの主要な金融業者になった裕福な神殿騎士たちと、もうかる商売に精を出す。それどころか、とくにガリラヤからくるのが多いが、何千人ものアラブ農民がこのフランクの都にあふれ、その収穫を売りさばく。そしてこの繁栄が地域国家のすべて、とくにマムルークに利益をもたらす。長年にわたり、東方貿易の流れはモンゴルによって遮断されていたから、その不足分の埋め合わせは、地中海貿易の発展による以外になかったのである。

フランク首脳内の現実主義派にとっては、首都に割り当てられた新たな役割は、両世界の接点になる中継貿易の一大拠点というものだから、この地域に生き残る望外の機会だ。主導的役割を演ずる機会を失ってすでに久しいからなおさらである。

しかしながら、それは全部の意見ではない。ある連中が依然として望んでいるのは、ムスリムに対する新たな軍事遠征を行うに足る宗教的動員を、西洋に引き起こすことだ。トリポリ陥落の翌日、アンリ王は使節をローマに送って援軍を要請するのだが、これが功を奏して、一二九〇年の夏の半ば、相当数の船団がアッカの港に着いて、何千人もの狂信的なフランク戦士を町へはき出す。と、住民は、不信の念にとらわれてこの西洋人たちを見守る。酒をくらって千鳥足の一同といったら、強盗も同然、だれのいうこともきかないのである。

西洋の無頼漢

数時間もたたないうちに、早くも事件が起こる。ダマスカスの商人たちが襲われ、持ち物を奪われた上、殺されたのだ。当局はやっとのことで秩序を回復したが、八月末になると、事態は悪化する。したたか飲んだ宴会がはねてから、この新参者は通りへ繰り出し、ひげを生やした者を片はしからつかまえ、容赦なく殺したのだ。平穏に暮らしていた多くのアラブ商人、あるいは農民は、キリスト教徒であるとムスリムであるとを問わず、こうして非業の死をとげる。難を免かれた者は逃げ出し、いま起こったことを知らせる。

カラーウーンは激怒した。こんなことが起こるためにフランクとの休戦を更新したのか？　諸侯は今すぐ立つべしと彼をせき立てる。しかし責任ある政治家として、彼は怒りにわれを忘れようとはしない。彼はアッカに特使を送って釈明を求め、懲戒のため犯人の引き渡しを要求する。

フランク側は意見が分かれた。少数派はスルタンの条件を受け入れ、新たな戦争を避けようという立場だ。しかし多数派は拒否し、この殺人事件は、そもそもムスリム商人のひとりがフランクの女性を誘惑しようとしたことから起こったのだから、彼ら自身に責任があるのだと、カラーウーンの特使に返答するほどであった。

カラーウーンは、ここまで来たら、もはやためらわない。諸侯を集めて決断を告げる。長すぎたフランクの占領に今度こそとどめを刺すのだと。直ちに準備が始まる。召集令がスルタン帝国のすみずみに発せられた。ジハードの最後の合戦に参加せよと。

部隊がカイロを出発する前、カラーウーンはコーランにかけて、最後のフランクが追放されないうちは武器を手から放さぬと誓う。この誓約はスルタンがそのころ衰弱していただけに、皆の心を打った。彼の年齢はだれにもはっきりわからないのであるが、当時は七十歳を大幅に超えていたと思われる。一二九〇年十一月四日、マムルークの大軍は動き出す。ところが、まさにその翌日、スルタンは病いに倒れる。彼は諸侯を枕もとに呼び、息子ハリールに対する彼らの服従を誓わせ、一方息子に対しては、対フランク戦を成就するまで行うことを求めた。かくてカラーウーンは、臣下から大王のようにあがめられ、その後一週間以内に没する。

アッカ王国消滅す（一二九一年六月）

スルタンの死は、しかし、フランクに対する最後の攻撃を数カ月遅らせたにすぎない。ハリールは一二九一年三月になって、軍の先頭に立ち、パレスティナへの道を進む。五月初めには、多くのシリア部隊がアッカを囲む平野で合流する。当時十八歳のアブール＝フィダーは、父とともにこの戦闘に加わっている。若年にもかかわらず、彼はしかるべき責任を授けられ、「勝者」という別名の恐るべき弩砲一基を任されている。彼はこの兵器を分解して、ヒスヌ・アル＝アクラードからアッカの近辺まで運ばなければならなかった。

牛車は重く、移動には、天候がふつうなら八日で十分なのに、一カ月もかかってしまった。到着すると、引っぱっていた牛のほとんどが、過労と寒さのために死んだ。戦闘は直ちに始まった（とわれらが年代記作者は続ける）。われわれハマの部隊はいつものように最左翼に陣した。われわれは海沿いにいて、フランクの船を攻撃するのだが、その船には板で覆われ、水牛の皮を張った小塔が立ち、敵はそこからわれわれをねらって弓や大弓で射かける。そのためわれわれは、正面にいるアッカ勢と、この船隊に対し、両面作戦を行わざるを得ない。さて、弩砲をのせたフランクの艘の船が、われわれおよび幕舎に岩の塊を撃ちかけ出したので、われわれは大損害を受けた。しかしある夜、強風が起こり、船は縦揺れと横揺れを始め、ついに弩砲は解体し、壊れてしまった。また別の夜には、フランクの一部隊が奇襲をかけて来てわれわれの陣地にまで達したが、何人かは幕舎を張っている綱に引っかかり、またある騎士は厠のための溝にはまったりして殺された。わが部隊は反撃して四方からフランクを攻め、彼らを町へ退却せざるを得なくし、彼らは地上に多くの死体を残した。翌朝、私のいとこ、ハマの領主のアル＝マリク・アル＝ムザッファルは、殺されたフランクの首のいくつかを、捕えた馬の首にくくりつけ、スルタンに献上した。

圧倒的な軍事的優位のもと、包囲された都へムスリム軍がついに突入したのは一二九一年六月十七日、金曜日のことであった。アンリ王と大部分の要人は船にとび乗ってキプロスへ逃げた。その他のフランクはすべて捕虜となり、殺された。町は破壊し尽くされる。

追放の完了

アッカの都は再征服された（とアブール＝フィダーは詳述する）。それはイスラム暦六九〇年ジュマーダー第二の月十七日の正午であった。ところで、フランクがかつてサラーフッディーンからアッカを奪い、城内のムスリム全員を捕え、次いで虐殺したのは、五八七年のまさにこの日、この時間であった。奇妙な符合といわざるを得まい。

西暦の方をみると、この符合は同じく驚くべきものだ。アッカにおけるフランクの勝利は一一九一年のことで、彼らの最後の敗北の、日まで同じ百年前であった。

アッカの征服後（とアブール＝フィダーは続ける）、神は、シリアの沿岸にまだ残っているフランクの心に、激しい恐怖を投げかけたもうた。そこで彼らはサイダ、ベイルート、ティールその他の都市のすべてから、大急ぎで撤退する。スルタンはこのため、だれも味わわなかった幸運に恵まれ、やすやすとこれらの拠点を征服し、直ちに防御施設を打ち壊した。

事実、ハリールは勝利に引き続いて、海岸沿いの全要塞を破壊することに決めたのだった。フランクがまた中東に戻って来ようとするとき、彼らにいつか使われるかも知れないからである。

これらの征服によって（とアブール＝フィダーは結論する）、望外の結果であったが、沿岸の全土が完全にムスリムの手に戻った。かくてフランクは、かつてはダマスカス、エジプトおよびその他の地域の征服を目前にしながら、シリア全土および沿岸地帯から一掃された。神よ、二度と彼らに足を踏み入れざらしめんことを！

終章　アラブのコンプレックス

衰退に向かうアラブ

うわべから見ると、アラブ世界は輝かしい勝利を得たところである。西洋が絶え間ない侵略によってイスラムの進出を押さえこもうとしたにせよ、結果はまさに逆であった。中東のフランク諸国家は、二世紀にわたる植民地化のあとで、根を引き抜かれてしまったばかりか、ムスリムはみごとに立ち直って、オスマン・トルコの旗のもと、ヨーロッパそのものの征服に出かける。一四五三年にはコンスタンティノープルが彼らの手中に帰したし、一五二九年には、その騎兵たちはウィーンの城壁のもとに陣を張ったものだ。

われわれは、このことを、うわべに過ぎないとみる。歴史をひもといてみれば、ひとつの確認された事実が明らかになるからだ。すなわち、十字軍時代において、アラブ世界はスペインからイラクまで、依然として、知的および物質的に、この世で最も進んだ文明の担い手だった。しかしその後、世界の中心は決定的に西へ移る。そこに何か因果関係があるのだろうか。十字軍は、やがて世界を支配して行く西欧に、飛躍のしるしを与え、アラブ文明に弔鐘を鳴らしたのだと、われわれは確言するまで行っていいのだろうか。間違っているとはいえないが、このような判断は、ある程度の修正を必要とする。アラブは十字軍以前から、ある種の「疾患」に悩んでいて、これはフランクの実在によって明らかとなり、たぶん悪化もしたが、ともあれフランクがつくったものではまったくない。

預言者の民は九世紀以来、みずからの運命を制御できなくなっていた。指導者たちはほとんど異国人である。二世紀にわたるフランクの占領時代を通じ、ここに列挙した多くの登場人物のうち、いったいだれがアラブだろうか。年代記作者、カーディー、それからイブン・アンマールやイブン・ムンキズなどの群小諸侯、および無力なカリフたちがいたとしても、権力の真の保持者、およびフランクに対する戦いの主だった英雄たちは、ザンギー、ヌールッディーン、クトゥズ、バイバルス、カラーウーンがトルコで、アル＝アフダル自身はアルメニア、シールクーフとサラディン、アル＝アーディル、アル＝カーミルはクルドである。

もちろん、これら政治家の大部分は教養的にも、また心情的にもアラブ化している。しかし、一一三四年、スルタン・マスウードがカリフのアル＝ムスタルシドと通訳つきで話し合ったことを忘れてはなるまい。なぜならセルジュークは先祖がバグダードを取ってから八十年たっても、アラビア語を一語も話せないからだ。

もっと重要なことがある。相当数の草原の戦士たちが、アラブあるいは地中海の文明とまったく結びつきがないのに、定期的にやって来て、指導階級である軍部に同化する。以来アラブは支配され、抑圧され、ばかにされ、自分の土地に住みながらよそ者になり、七世紀以来始まった自分たちの文化的開花を追求することができなかった。フランクがやって来たとき、彼らはすでに足もとがおかしく、過去の遺産で生きることに満足していた。だから、この新たな侵略者に対し、ほとんどの面でまだ明らかに先進的であったにせよ、彼らの衰退は始まっていたのである。

フランクの法制と人権

アラブの第二の「疾患」は、第一と関係がないわけではないが、安定した法制を組み立てることができなかったことである。フランクは中東にやって来た後、文字どおりの国家をつくることに成功している。エルサレムでは、継承問題は概して大過なく済んでいる。王国の枢密院が王の政治を有効に監督し、聖職者は権力争いのなかで公認された役割を担う。

これに対し、ムスリム国家では、このようなことがまったくない。どの国も君主の死におびえていたから、どんな跡目相続も内乱を引き起こす。相次ぐ侵略がこれら諸国の存在自体を危機に陥れたのだと、このような現象の全責任を侵略の方に転嫁すべきなのか。それとも、アラブ自身であるとトルコあるいはモンゴルであるとを問わず、この地域を支配した人民の遊牧民的血統を告発しなければならないのか。この終章の枠内では、このような複雑な問題は一刀両断で裁くことができない。しかしこの問題は、二十世紀末のアラブ世界においても、ほとんど変わらぬ用語で提起されている——ということを、この際一言述べておくにとどめよう。

安定し、公認された法制が存在しなければ、自由にとって、容易ならざる結果が生じる。西洋においては、十字軍時代、王権は容易に犯しがたしという原則に支配された。またウサーマは、エルサレム王国訪問の際、「ひとたび騎士が判決を下すと、国王もこれを修正し、あるいは破棄することができない」という事実に注目している。さらに意味深長なのは、イブン・ジュバイルが、中東旅行の終わりごろに行った次の証言だ。

ティブニーン〔ティール付近〕を去って、われわれは延々と続く畑と村を通過したが、その土地は上手に耕されていた。住民はみなムスリムだが、彼らはフランク——神よ、われらを誘惑から守りたまえ!——とともに、安楽に暮らしている。彼らの家屋は彼らのものだし、財産も手をつけられることがない。シリアのフランクが管理する全地域はこれと同じ制度下にある。つまり、地所も村も畑もムスリムの所有であるということだ。ところで、彼らの多くが疑念をもつのは、ムスリムの領土に生きる同胞の運命と自分たちの運命を比べるときだ。事実、フランクは平等を旨として行動するのに、この同胞たちは同宗の者が行う不正に苦しんでいるからである。

イブン・ジュバイルが気づかうのはもっともなことだ。彼は現在の南部レバノンの路上で、きわめて重大な現実を発見したところだから。フランクにおける正義についての見解が、ウサーマの指摘のように、「野蛮」と形容できる側面をもっていたにせよ、彼らの社会は「権利の分配者」であるという長所を備えていた。

市民という概念はたしかにまだ存在していないが、封建諸侯、騎士、聖職者、大学、ブルジョワ、そして「不信心の」農民でさえも、十分に確立した権利のすべてをもっている。東アラブでは、裁判過程こそフランクより合理的であったが、領主の専制権力にはいかなる歯止めもない。この結果、商業都市の発達は、思想の進化ともども、遅れて行かざるを得なくなる。

「西」は「東」を学んだが……

イブン・ジュバイルの反応は、もっと注意すべき検討にも値する。彼は「呪うべき敵」のなかに美点を認める正直さをもっているとはいえ、次には呪詛と一体化してしまい、フランクの公正さと健全な行政機構はムスリムに対する致命的な危険になると評価する。事実、彼らムスリムは、フランク社会のなかに安楽を見出すとしても、自分たちと同宗の徒に対し――および自分たちの宗教に対し――背を向けてしまうのではないのか？　どれほど納得できるものであるとはいえ、この著名な旅行家の態度は、やはり、彼の同類がかかった病気の症状を示している。すなわち、十字軍時代を通じ、アラブは西洋から来る思想に心を開こうとしなかったことである。

そして、たぶんこのことこそ、彼らが犠牲者となった侵略のもっとも不幸な結果なのだ。侵略者にとって、征服した民の言葉を学ぶのは器用にこなせる。一方、征服された民にとって征服者の言葉を学ぶのは妥協であり、さらには裏切りでさえある。実際、フランクの多くはアラビア語を学んだのであるが、これに対して現地の住民は、土着のキリスト教徒のいくつかの例外を除き、西洋人の言葉に無関心で通した。

例はいくらでも挙げることができよう。フランクはどの分野でも、シリアやスペインおよびシチリアにあるアラブの学校で学んだからだ。そして学んだことは、彼らのその後の発展になくてはならぬものになる。ギリシア文明の遺産は翻訳者にして後継者であるアラブを介して初めて西ヨーロッパに伝わった。医学、天文学、化学、地理学、数学、建築などにおいて、フランクはアラビア語の著書から知識を汲み取り、それらを同化し、模倣し、そして追い越した。どれほど多くの単語がその証拠としていまなお使われていることであろう。

産業の面においても、ヨーロッパ人は紙のつくりかた、皮のなめしかた、紡績、アルコールや砂糖の蒸溜法などにつき、まずアラブが用いていた方法を取り入れ、それから改良して行った。ヨーロッパ農業もまた、中東との接触によって豊かになったことも忘れてはならない。アンズ、ナス、冬ネギ、オレンジ、スイカなどのヨーロッパ語はアラビア語源であり、まったく枚挙にいとまがないくらいである。

十字軍が残した傷跡

西ヨーロッパにとって、十字軍時代が真の経済的・文化的革命の糸口であったのに対し、オリエントにおいては、これらの聖戦《ジハード》は衰退と反開化主義の長い世紀に通じてしまう。四方から攻められて、ムスリム世界はちぢみあがり、過度に敏感に、守勢的に、狭量に、非生産的になるのだが、このような態度は世界的規模の発展が続くにつれて一層ひどくなり、発展から疎外されていると思いこむ。

以来、進歩とは相手側のものになる。近代化も他人のものだ。西洋の象徴である近代化を拒絶して、その文化的・宗教的アイデンティティを確立せよというのか。それとも反対に、自分のアイデンティティを失う危険を冒しても、近代化の道を断固として歩むべきか。イランも、トルコも、またアラブ世界も、このジレンマの解決に成功していない。そのために今日でも、上からの西洋化という局面と、まったく排外的で極端な教条主義という局面とのあいだに、しばしば急激な交代が続いて見られるのである。

アラブ世界は、野蛮だと思い、打ち負かしてはみたが、その後世界支配に成功したこのフランクに、引きつけられると同時におびやかされ、十字軍は過ぎた昔の一挿話にすぎないのだとみなし兼ねている。西洋にかんするアラブの、そして一般的にはムスリムの態度が、今日でもなお、七百年前に終わったと思われているできごとに、どれほど影響されているかを発見して、われわれはしばしば驚く。

さて今日、二十一世紀の前夜においても、アラブ世界の政治的・宗教的指導者は、相変わらずサラディンやエルサレム陥落およびその奪回を引き合いに出す。イスラエルは、一般大衆の受け取りかたにおいても、またある種の公開演説においても、新たな十字軍国家とされてしまっている。パレスティナ解放軍の三個師団のうち、ひとつの名称はヒッティーンで、もうひとつはアイン・ジャールートを名乗る。ナセル大統領は、栄光の絶頂にあったとき、きまってサラディンに比較された。彼のようにサラディンはシリアとエジプトを、そしてイエメンさえも統合したというわけだ。一九五六年のスエズ戦争についていえば、一一九一年のことと対比し、これは英仏両国が起こした十字軍だと受けとめられている。

似ているのが気がかりなのも事実である。シブト・イブン・アル゠ジャウジが、ダマスカスの住民を前に、よくも聖地に対する敵の主権を認めたものだと、カイロのあるじ、アル゠カーミルを非難するのを聞くとき、サダト大統領のことをどうして思わずにいられようか。ゴラン高原あるいはベカー盆地の支配に対するダマスカス＝エルサレム間の抗争となると、どうしても過去と現在を比較してみたくなる。また、侵略者の軍事的優位についてのウサーマの省察を読むと、どうして夢想にふけらずにおられようか。

恒久的に攻撃されているムスリム世界では、一種の被害者意識が生まれるのを阻止することができず、これはある種の狂信者のなかでは危険な強迫観念の形をとる。一九八一年三月、トルコ人メフメト・アリー・アージャはローマ法王を射殺しようとしたのであったが、手紙のなかで次のように述べている。〈私は十字軍の総大将ヨハネ・パウロ二世を殺すことに決めた〉。この個人的行為を超えて明らかになるのは、中東のアラブは西洋のなかにいつも天敵を見ているということだ。このような敵に対しては、あらゆる敵対行為が、政治的、軍事的、あるいは石油戦略的であろうと、正当な報復となる。そして疑いもなく、この両世界の分裂は十字軍にさかのぼり、アラブは今日でもなお意識の底で、これを一種の強姦《レイプ》のように受けとめている。

地図

フランク諸国の膨張限(1128頃)

ビザンツ帝国
コンスタンティノープル
シヴィトート
ニケーア
エーゲ海
ドリラエウム
キオス
スミルナ(イズミル)
小アジア
サモス
コンヤ
ロードス
キプロス
地中海
アレクサンドリア
ダミエッタ
ペルシウム
エジプト
ナイル川
ビルバイス
カイロ

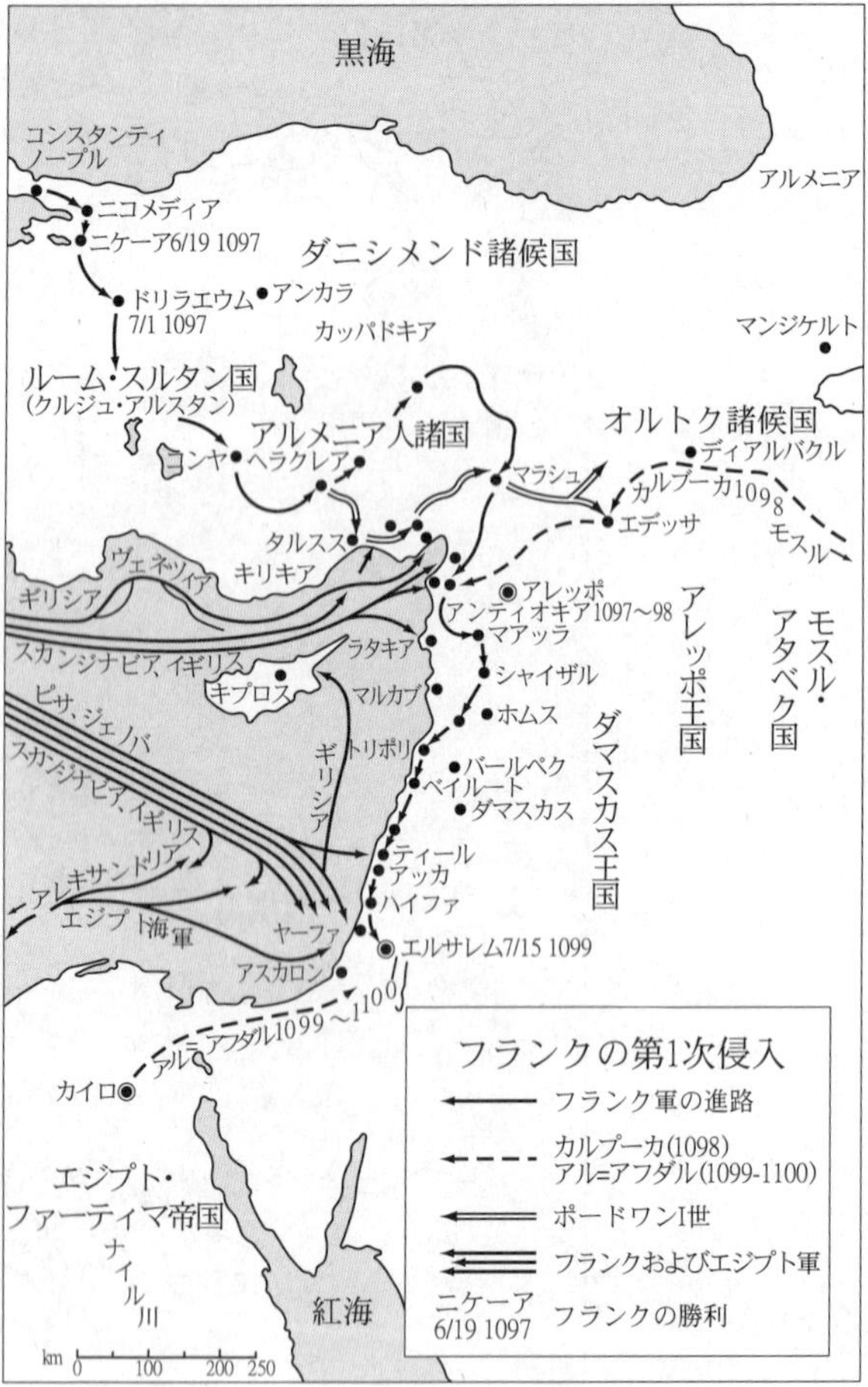
黒海
コンスタンティノープル
ニコメディア
ニケーア6/19 1097
ダニシメンド諸侯国
アルメニア
ドリラエウム 7/1 1097
アンカラ
カッパドキア
マンジケルト
ルーム・スルタン国
(クルジュ・アルスタン)
アルメニア人諸国
オルトク諸侯国
ディアルバクル
コンヤ
ヘラクレア
マラシュ
カルブーカ1098
エデッサ
モスル
タルスス
キリキア
ヴェネツィア
ギリシア
アレッポ
アンティオキア1097~98
アレッポ王国
モスル・アタベク国
スカンジナビア、イギリス
ラタキア
マアッラ
シャイザル
キプロス
マルカブ
ホムス
ピサ、ジェノバ
ダマスカス王国
スカンジナビア、イギリス
ギリシア
トリポリ
バールベク
ベイルート
ダマスカス
アレキサンドリア
ティール
アッカ
ハイファ
エジプト海軍
ヤーファ
エルサレム7/15 1099
アスカロン
アル=アフダル1099~1100
カイロ
エジプト・ファーティマ帝国
ナイル川
紅海
km 0 100 200 250
フランクの第1次侵入
フランク軍の進路
カルブーカ(1098)
アル=アフダル(1099-1100)
ボードワンI世
フランクおよびエジプト軍
ニケーア 6/19 1097 フランクの勝利

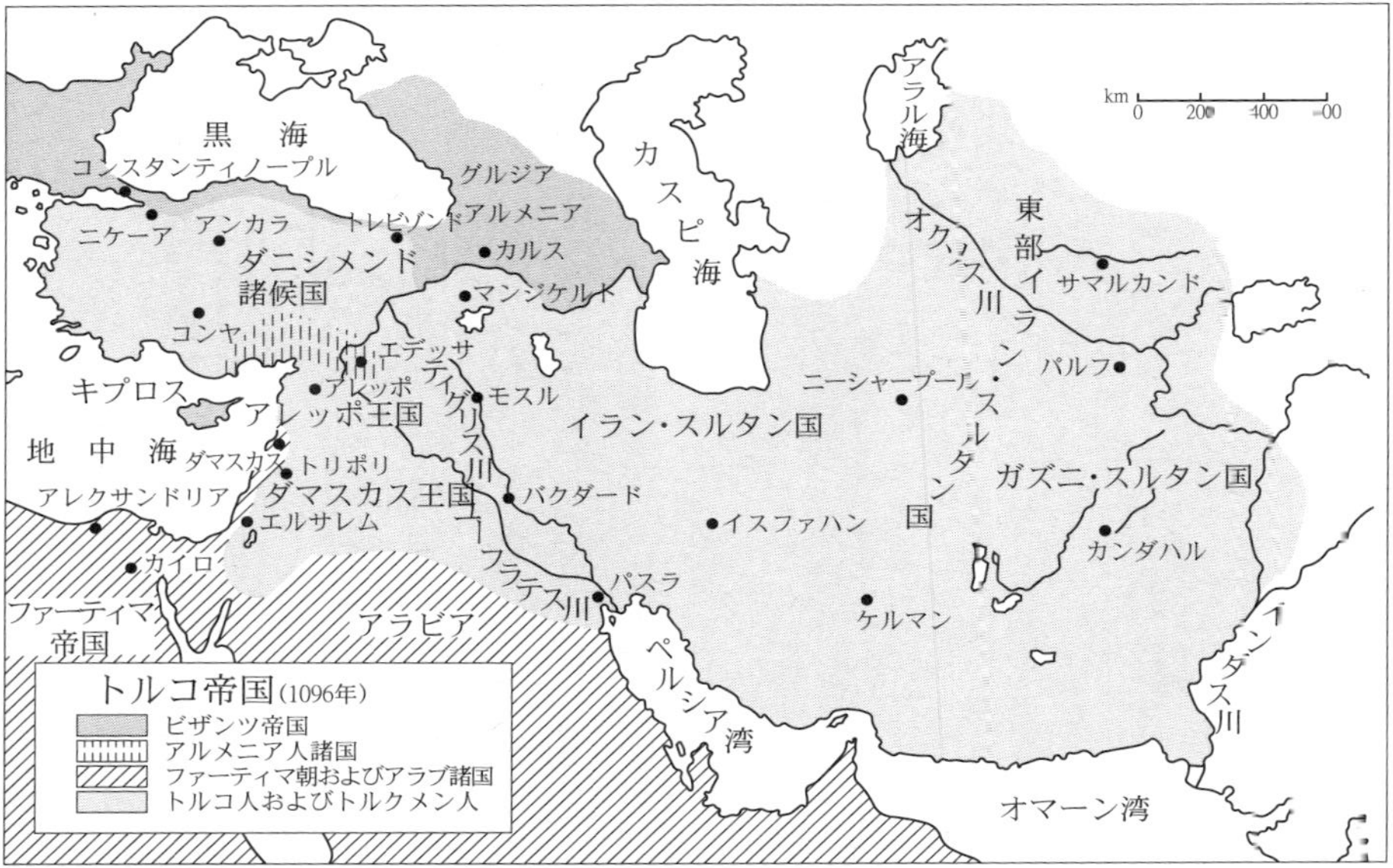
トルコ帝国(1096年)
ビザンツ帝国
アルメニア人諸国
ファーティマ朝およびアラブ諸国
トルコ人およびトルクメン人
km 0 200 400 600
黒海
コンスタンティノープル
ニケーア
アンカラ
トレビゾンド
グルジア
アルメニア
カルス
ダニシメンド諸侯国
コンヤ
マンジケルト
エデッサ
キプロス
アレッポ
アレッポ王国
ティグリス川
モスル
地中海
ダマスカス
トリポリ
ダマスカス王国
アレクサンドリア
エルサレム
カイロ
ファーティマ帝国
アラビア
ユーフラテス川
バクダード
バスラ
ペルシア湾
カスピ海
イラン・スルタン国
イスファハン
ケルマン
ニーシャープール
東部イラン・スルタン国
アラル海
オクサス川
サマルカンド
バルフ
ガズニ・スルタン国
カンダハル
インダス川
オマーン湾

フランク諸国関係図
（1140年頃）

エルサレム1099－フランクによる
占領年

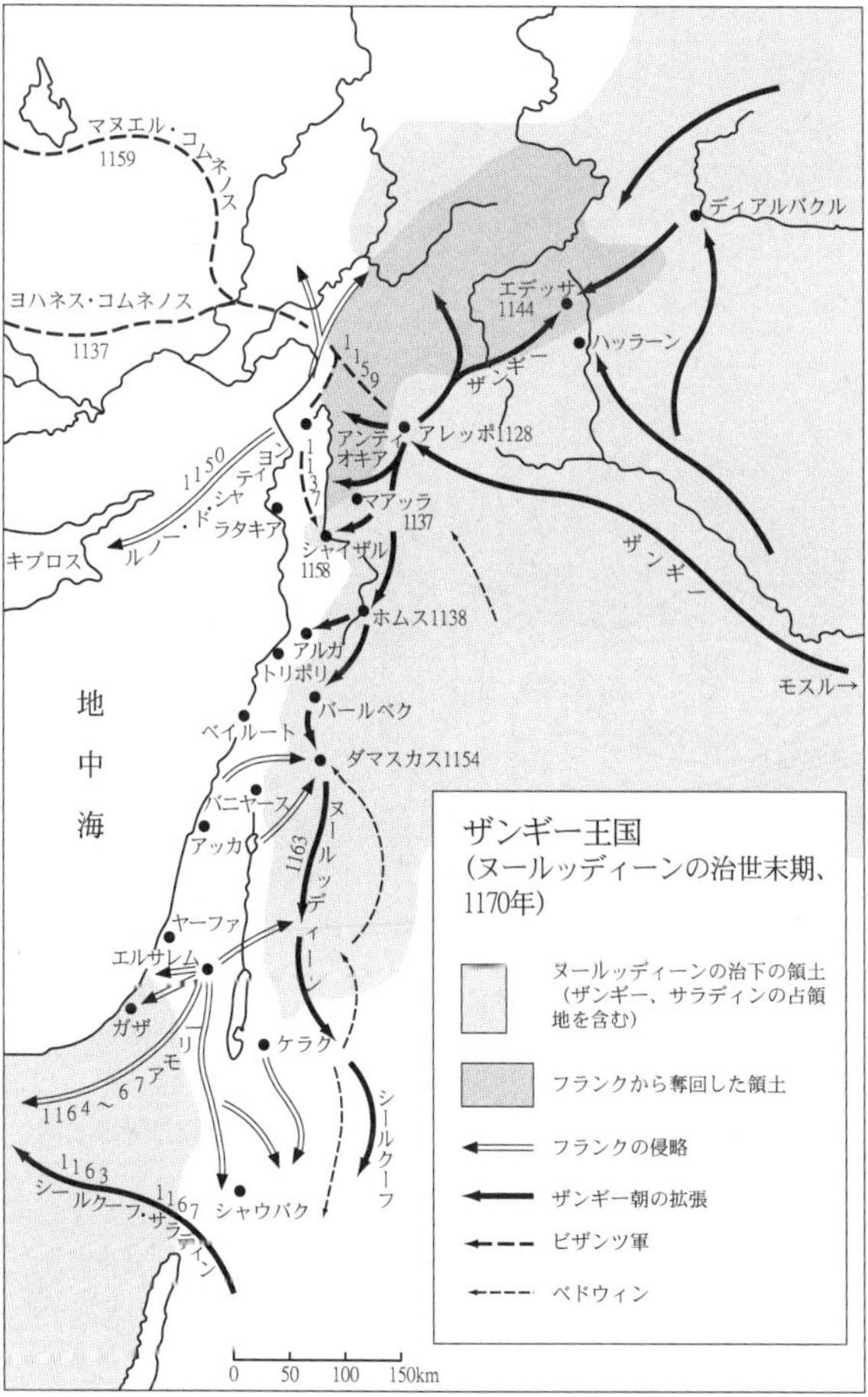

マヌエル・コムネノス
1159
ヨハネス・コムネノス
1137
1159
1137
1150
ヨン・ティ・シャ
ルノー・ド・シャティヨン
キプロス
ラタキア
アンティオキア
アレッポ1128
マアッラ
1137
シャイザル
1158
エデッサ
1144
ハッラーン
ディアルバクル
ザンギー
ホムス1138
アルカ
トリポリ
バールベク
ベイルート
ダマスカス1154
モスル→
地中海
バニヤース
アッカ
1163
ヌールッディーン
ヤーファ
エルサレム
ガザ
アモーリ
1164〜67
ケラク
シールクーフ
1163
シールクーフ・サラディン
1167
シャウバク
0
50
100
150km
ザンギー王国
(ヌールッディーンの治世末期、1170年)
ヌールッディーンの治下の領土(ザンギー、サラディンの占領地を含む)
フランクから奪回した領土
フランクの侵略
ザンギー朝の拡張
ビザンツ軍
ベドウィン

黒　海
コンスタンティノープル
アンカラ
ルーム・スルタン国
（セルジューク）
（クルジュ・アルスランII世）
コンヤ
ヘラクレア
アルメニア諸侯国
ティグリス川
エデッサ
アレッポ
アンティオキア
オロンテス川
ユーフラテス川
ラタキア
シャイザル
マルカブ
ニコシア
リチャードI世1191
フランクの船隊
フィリップII世1191
トリポリ
ジュバイル
ベイルート
ダマスカス
ティール
ハイファ
アッカ
ガリラヤ湖
カエサレア
ヤーファ
ナザレ
エルサレム
フランク王国の国境1192
アスカロン
ダミタッタ
ヘブロン
死海
ケラク
カイロ
シャイバク
（モンレアル）
ナイル川
紅海
0
100
200km
1190〜92のフランク軍
サラディン帝国
フランク諸国
アルメニア諸国
フリードリヒI世の軍
ヤーファ 1191〜92間に、フランクが回復した地域

サラディン時代のカイロ(アル=カーヒラ、1170)

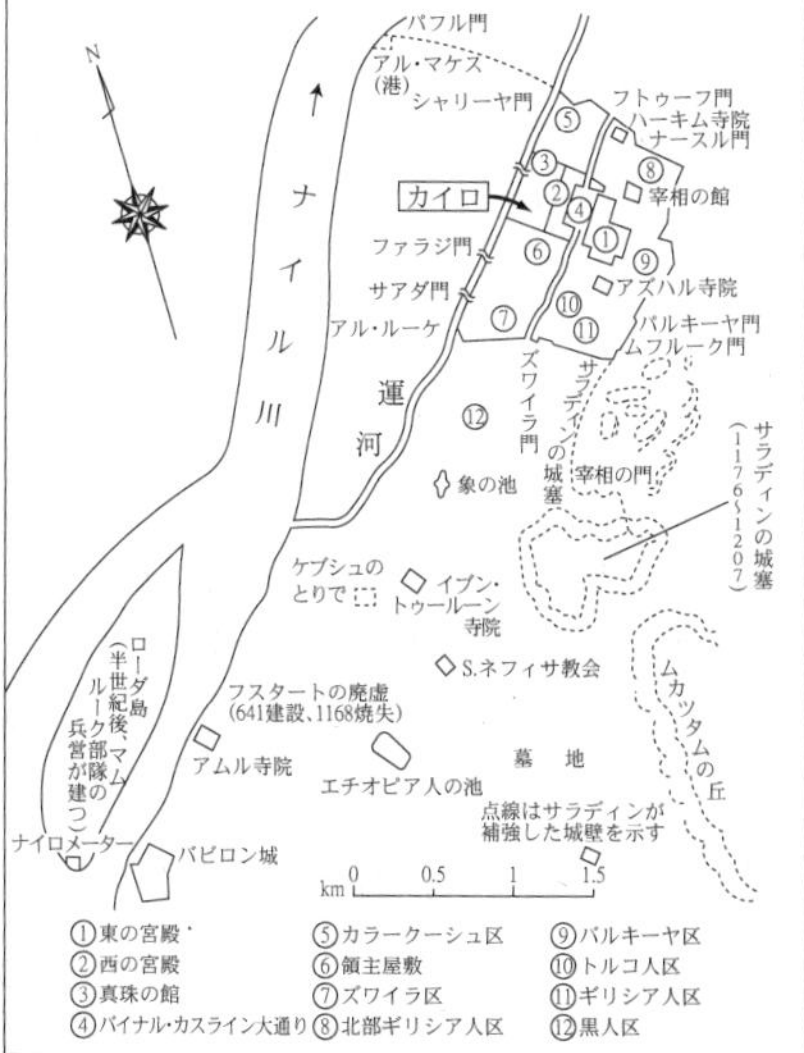

アッカの決戦(1189年10月4日)

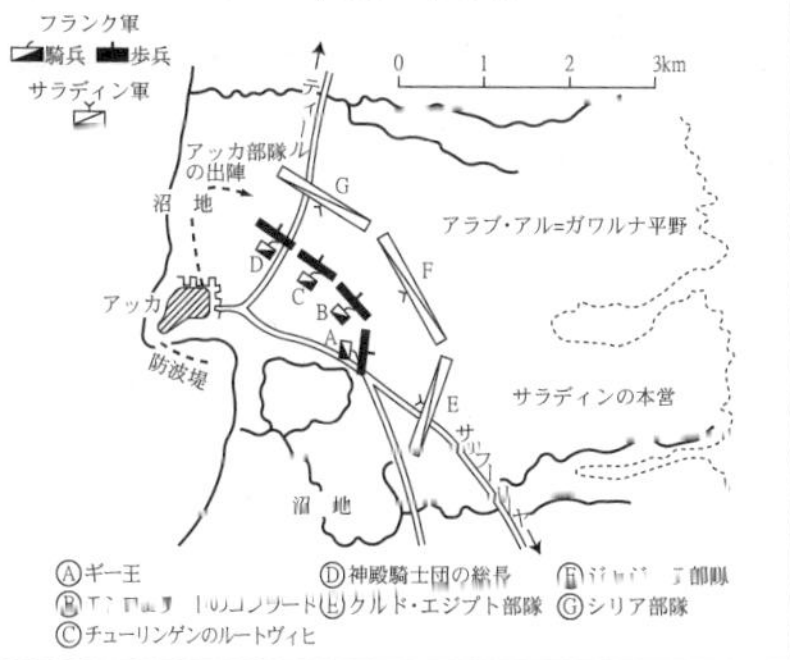

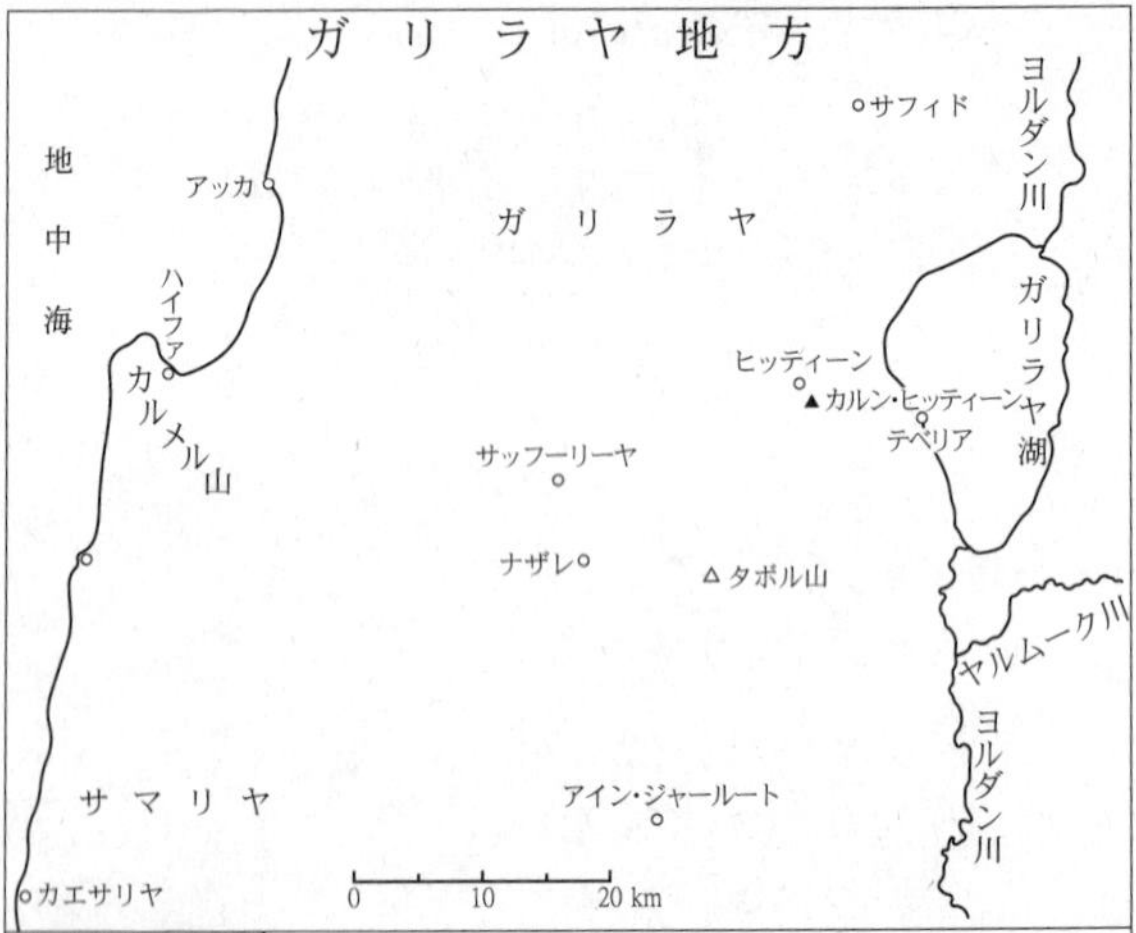
ガリラヤ地方
地中海
アッカ
ハイファ
カルメル山
ガリラヤ
サフィド
ヨルダン川
ガリラヤ湖
ヒッティーン
カルン・ヒッティーン
テベリア
サッフーリーヤ
ナザレ
タボル山
ヤルムーク川
ヨルダン川
サマリヤ
アイン・ジャールート
カエサリヤ
0 10 20 km

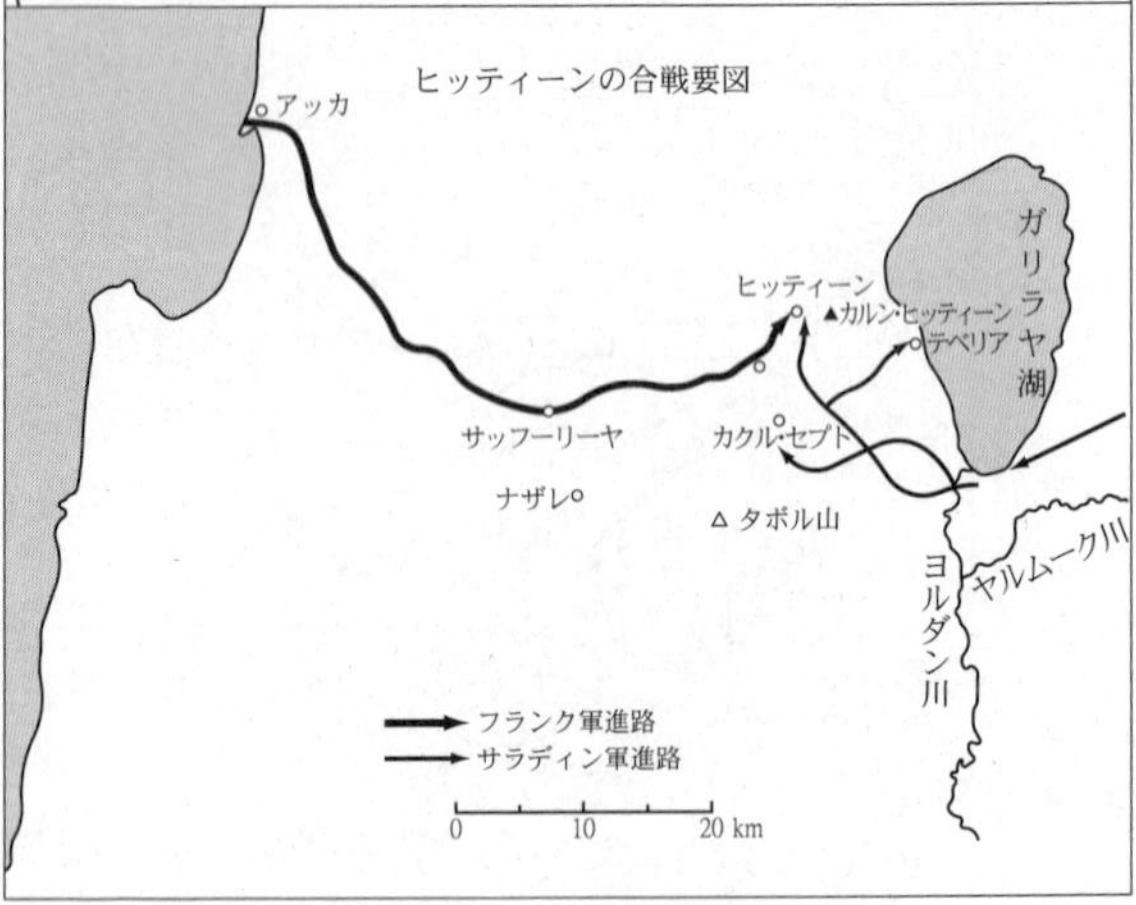
ヒッティーンの合戦要図
アッカ
ガリラヤ湖
ヒッティーン
カルン・ヒッティーン
テベリア
サッフーリーヤ
カクル・セプト
ナザレ
タボル山
ヤルムーク川
ヨルダン川
フランク軍進路
サラディン軍進路
0 10 20 km

原注および出典・参考書

〔訳者から――ここでは当然のことながらフランスの読者が対象になっているので、一部を省略して新情報を加え、訳書のあるものはその旨しるし、また、日本の読者向けの参考書（著訳書、論文）を本書に即したもののなかから選んで併記した〕

十字軍について調べた二年間に、多くの著書または著者に接し、本書作成の上で大きな影響を受けた。全部引用に値するにしても、本書の性質上、厳しい選択が必要だった。したがって、ここでも、十字軍文献をながながと列挙するのでなく、読者が「もうひとつの見方」についての知識を深めることができるような参考書を挙げるにとどめた。

ここで取り上げた文献には三つの型がある。第一はもちろん、アラブの歴史家および年代記作者のもので、フランクの侵略についての証言を残している。これらの著作については各章ごとに、その名の登場に応じて引用した。建て前は原典引用だが、入手できる仏語訳を用いた場合もある。そのためには真っ先に、イタリアの東洋学者 Francesco Gabrieli による、原典からのすぐれた選集を挙げる必要があり、これは次の題名で仏訳が出ている。*Chroniques arabes des croisades*, Sindbad, Paris, 1977.〔訳者注――英訳は *Arab Historians of the Crusades*, Routledge & Kegan Paul, London, 1969.〕

第二の型は、西洋に関係するアラブおよびムスリムの中世史を扱ったもので、主なものは次のとおり。

E. Ashtor : *A social and economic history of the Near East in the Middle Ages*, Collins, London, 1976.
P. Aziz : *La Palestine des croisés*, Famot, Genève, 1977.
C. Cahen : *Les Peuples musulmans dans l'histoire médiévale*, Institut français de Damas, 1977.
M. Hodgson : *The venture of Islam*, University of Chicago, 1974.
R. Palm : *Les Etendards du Prophète*, J.-C. Lattès, Paris, 1981.
J. J. Saunders : *A history of medieval Islam*, RKP, London, 1965.
J. Sauvaget : *Introduction à l'histoire de l'Orient musulman*, Adrien-Maisonneuve,

Paris, 1961.

J. Schacht : *The legacy of Islam*, Oxford university, 1974.

E. Sivan : *L'Islam et la croisade*, Adrien-Maisonneuve, Paris, 1968.

W. Montgomery Watt : *L'Influence de l'islam sur l'Europe médiévale* Geuthner, Paris, 1974.

〔訳者注——右のワットの著書の原典は英語で、これは『地中海世界のイスラム』と題して三木亘訳、筑摩書房刊、一九八四年。ただし、品切れ。また、次の新刊書を追加する必要があろう。C. Cahen : *Orient et Occident au temps des Croisades*, Aubier Montaigne, Paris, 1983.〕

第三の型は、全体的、部分的を問わず、十字軍通史に関するもの。必然的に断片になってはいるが、アラブの証言を集めるには、もちろんこの種の著書を参照しなければならない。ここで挙げておくべきは次の二著でともに全三巻。*Histoire des croisades et du royaume franc de Jérusalem*, René Grousset, Plon, Paris, 1934～1936 ; *A history of the crusades*, Stephen Runciman, Cambridge university, 1951～1954.

序章

ここに引用した演説をアル＝ハラウィに帰することについて、アラブの史家は一致しているわけではない。ダマスカスの年代記作者シブト・イブン・アル＝ジャウジ（第12章参照）の説ではまさにこのカーディーだが、イブン・アル＝アシール（第2章参照）は、アル＝ハラウィの嘆きからヒントを得て、詩人のアル＝アビワルディとする。いずれにせよ、基本的には疑念の余地がない。ここに引用した言葉は、このカーディーを長とする代表団がカリフの宮廷に伝えようとしたメッセージに一致する。

イブン・ジュバイル（一一四五〜一二一七年）はムスリム・スペインのバレンシアを出発し、一一八二年から八五年にかけて東方を旅した。その旅行記はアラビア語版（再版 Sader, Beirut, 1980）と全四巻のフランス語版（Geuthner, Paris, 1949〜65）がある。〔訳者注——第四巻は詳細な索引と注。その後、関西大学東西学術研究所の訳注シリーズ第六巻『旅行記』として一九九一年刊〕

ダマスカスで生まれて死んだイブン・アル＝カラーニシ（一〇七三〜一一六〇年）は町の行政面での高級官吏。Dhayl Tarikh Dimashq（増補・ダマスカス史）という年代記を残す。原典出版は一九〇八年、その仏語部分訳は *Damas de 1075 à 1154* と題し一九五二年、次の二カ所で出版 l'Institut français de Damas, les Editions Adrien-Maisonneuve, Paris.

第1章

イブン・アル＝カラーニシからの引用にある「この年」とはヒジュラ暦（イスラム暦）四九〇年に当たる。当時のアラブの年代記作者および歴史家はみな、概して同じ叙述法を用いる。年ごとのできごとを数え上げ（多少の混乱をよく見かけるが）、次に移るというやりかたである。

ルーム（単数はルーミー）という単語は二十世紀の今日、アラブ世界のある地方では、ギリシア人ではなく、しばしば西洋人全体を指すときに使われる。ギリシア人を指すのはとくに、アラビア半島北部のように、フランクの侵略よりは、ビザンツの存在（九世紀まで）に強く影響された地方においてである。

セルジュークの起源は謎に包まれている。一族の名祖《なおや》であるセルジュークにはミカエルとイスラエルという二人の息子があった。ということは、ムスリムの東方を統一したこの王朝はキリスト教徒もしくはユダヤ教徒起源かも知れないと思わせる。「イスラエル」という名はとくにトルコ語化して「アルスラン」となっている。〔訳者注――「アルスラン」には「ライオン」という意味がある〕

ダニシメンドの武勲については、原典（アラビア語）と仏訳対照の本がある。*La Geste du roi Danishmend*, l'Institut français d'archéologie d'Istanbul, 1960.

第2章

イブン・アル＝アシール（一一六〇〜一二三三年）の主著 *Al-Kāmil fil-Tarīkh*（完史）はフランス語では断片的な翻訳しかない。アラビア語版は全十三巻で一九七九年に再版された（Sader, Beirut）。このうちフランクの侵略に関する部分は第十、十一、十二巻である。「暗殺教団」に関しては第5章参照。

第3章

一〇九八年、マアッラのフランク軍による人肉食いの話は、当時のフランク側の年代記に多く、しかも符合している。十九世紀まで、この事件はヨーロッパの史家のあいだで依然詳しく述べられており、フランスの史家ミショーの『十字軍史』（一八一七〜二二年）はよい例だ（第一巻の三五七頁から三七七頁まで、および「参考文献」四八、七六、一八三、二四八各頁）。これに反し、二十世紀になると、西洋人の教化的使命のしからしめるところか、たいてい姿を消している。グルッセは全三巻の著作のなかで触れもしないし、ランシマンは次のようにほのめかす程度にとどめている。「飢饉がはびこっていたので（中略）、人肉食いが唯一の解決法のようだった」（前掲書第一巻二六一頁）。

ウサーマ・イブン・ムンキズについては第7章参照。

フランクは一〇九九年八月、アスカロンでの戦闘後、アル＝アフダルの幕舎のなかでバシレウスの問題の手紙を見つけている。

第4章

〔訳者注――ナフル・アル＝カルブ（犬の川）の華麗な過去については、フィリップ・K・ヒッティ『レバノンの歴史』小玉新次郎訳、山本書店、一九七二年、および牟田口義郎編集『世界の地理93 レバノン・ヨルダン・イスラエル』中の小山茂樹「東西の十字路、レバノン」、朝日新聞社、一九八五年7／28号参照〕

ヨーロッパに戻った後、ボエモンはビザンツ帝国を侵略しようとする。アレクシオスは撃退するためクルジュ・アルスランに援軍を頼む。ボエモンは敗北して捕われ、条約により、アンティオキアに対するルームの権利を承認せざるを得ない。この屈辱のために彼は二度と中東に戻らなかった。

エデッサは現在トルコ国内にあり、その名をウルファという。

第5章

アレッポの人カマールッディーン・イブン・アル＝アディム（一一九二～一二六二年）は生涯の最初の部分を、故郷の歴史を書くことだけに割いている。政治・外交的活動、およびシリア、イラク、エジプトなど数多くの旅行に振り回され、彼の年代記は一二二三年どまり。その『アレッポ史』の原典は一九六八年、l'Institut français de Damas から出版された。訳書はない。

イルガジとアンティオキア軍の決戦場は資料によりサルマダ、ダルブ・サルマダ、テル・アキブリンなどさまざまで、フランクの方は流血の原を意味するアゲル・サンギニスと呼ぶ。

〔訳者注――暗殺教団についてはバーナード・ルイスの同名の著、加藤和秀訳、新泉社、一九七三年と岩村忍著『暗殺者教団』リブロポート、一九八一年がある〕

第6章

一一五四年ダマスカスに設立された病院は何と一八九九年まで活動を続け、のち学校に転身した。

ザンギーの父アク・スンクルは一〇九四年までアレッポの総督だった。しかし、リドワーンの父であるトゥトゥシュにより、裏切りの罪で斬首された。幼いザンギーはモースルの総督カルブーカに拾われて育てられ、この主君の全戦闘に参加する。

第7章

王妃ズムッルドはモースルの元総督ジャワリの娘だった。

貴族のウサーマ・イブン・ムンキズは、フランクのシリア襲来より二年前の一〇九五年に生まれ、エルサレム解放一年後の一一八八年に死んだ（九十三歳）。彼は十字軍時代のアラブの証人のなかでは特別の地位を占める。著述家、外交官、政治家として、個人的にヌールッディーン、サラディン、ムイーヌッディーン・ウナル、フールク王その他を知る反面、野心家、策士、陰謀家として、ファーティマ朝カリフ、エジプト人宰相各一人を暗殺させようとしたこと、および伯父のスルタン、さらには友人ムイーヌッディーンをさえ倒そうとしたことで非難されている。しかしながら後世に残っているのは、洗練された文人、洞察力に富み、しかもユーモアにあふれた観察者としてのイメージだ。ウサーマの代表作である自伝は一八九三年、パリで日の目を見る。〔訳者注――さらにフィリップ・K・ヒッティの校訂によるアラビア語版を底本とする仏訳が一九八三年、パリで出版された。*Des enseignements de la vie* ―― *Souvenir d'un gentilhomme syrien du temps des croisades*, Collection orientale de l'Imprimerie nationale 訳者はアンドレ・ミケルで四四四頁。うち八七頁はミケル自身による解説。その後、関西大学東西学術研究所の訳注シリーズ第三巻『回想録』として一九八七年刊〕

第8章

ザンギーの息子とその時代をさらに知るための参考書は N. Elisseeff, *Nur-ad-Din, un*

grand prince musulman de Syrie au temps des croisades, Institut français de Damas, 1967.

ヌールッディーンを含む貴族、領主たちの第一の正当な収入源は敵からの分捕り品の分け前であり、それは金銀、馬、奴隷として売られた捕虜などであった。奴隷の値段は、年代記作者たちが明らかにしているが、その数が多すぎるとかなり下落し、男一人を一足のサンダルと交換することもあった。

十字軍時代を通じ、地震はシリアを荒廃させて行く。一一五七年のものが最も劇的であったにせよ、十年間が災害なしで過ぎることはなかった。

第9章

ナイル川の東口は、今日では干上がってしまったが、古代都市ペルシウムを貫流していたので「ペルシウム口」と呼ばれた。

アイユーブ家がタクリートを去ったのは一一三八年で、この地でサラディンが生まれた直後である。それは、シールクーフの言によれば、さる女性が受けた恥をそそぐため男を殺さなければならなかったからだという。

北アフリカ出身のファーティマ朝は、九六六年から一一七一年までエジプトを支配し、「勝者」を意味する都アル＝カーヒラ Al Qâhira を建設した。これが〔英語でいう〕カイロの語源である。

統治者たちは、預言者の娘で、彼のいとこアリーの妻になったファーティマの子孫と名乗る。アリーはシーア派の始祖とされる。

第10章

アレッポ人たちの手紙は、サラディンの大部分の通信とともに、ダマスカスの年代記作者アブー・シャマの著作『二つの庭の書』のなかに収められている。そこには他では見られない多くの公文書も含まれる。

バハーウッディーン・イブン・シャッダード（一一四五～一二三四年）はヒッティーンの会戦の直前からサラディンに仕え、スルタンの死に至るまで、腹心であり助言者だった。彼のサラディン伝は、最近原典と仏訳がベイルートとパリ（Méditerranée, 1981）で再刊された。

カラクの婚礼の際、侠気を示したのはサラディン側の専売ではない。寄せ手もこのお祭り騒ぎに参加できるよう、花婿の母は心をこめて用意した料理を届けたがった。

ヒッティーンの決戦についてのサラディンの息子の証言は、イブン・アル＝アシールから引用した（第九巻）。

イマードゥッディーン・アル＝アスファハーニ（一一二五～一二〇一年）は、サラディンに仕える前はヌールッディーンの協力者であり、歴史と文学にかんする著作が多い。彼の大げさすぎる文体は、みずから渦中にあったできごとの証言の価値をいくぶんか減じている。彼の史書は仏訳が出ている。*Conquête de la Syrie et de la Palestine par Saladin*, l'Académie des Inscriptions et Belles-Lettres, Paris, 1972.
〔訳者注――ヒッティーン（またはハッティーン）の会戦については前嶋信次『民族・戦争』誠文堂新光社、一九八二年（一二六〜一四八頁）参照〕

第11章

ムスリムの信仰によれば、神はある夜預言者をメッカからアル＝アクサーのモスクへ、次いで天国へと、奇跡の旅に導いた。そしてムハンマドはモーセとイエスに会うのだが、このことは「啓典の宗教」の継続性を象徴化している。

アラブ、アルメニア、あるいはギリシアであれ、東方の民にとって、ひげは男らしさのしるし。フランクの騎士の大部分はつるつるの顔なので、これは彼らを面白がらせ、時には眉をひそめさせた。

サラディンにかんする西洋人の著作は数多いが、そのなかで忘れてならないのは *Saladin and the fall of the kingdom of Jerusalem*, S. Lane-Pool, London, 1898. これは幸いベイルートで再版された（Khayats, 1964）。〔訳者注――またイマードゥッディーンとバハーウッディーンの著作を整理した *The Life of Saladin*, Hamilton Gibb, Oxford, At The Clarendon Press, 1973 も有益〕。

第12章

アッシジの聖フランチェスコは、平和を回復させるという空しい希望をもって東方を訪れたが、アル＝カーミルは一二一九年、その彼を謁見したようだ。スルタンは共感の情をもって耳傾け、退出に際しては贈り物を提供し、護衛をつけてフランクの陣営に送り返させたという。しかし、われわれの知る限り、アラブの文献はこのできごとについてまったく触れていない。

ダマスカスの雄弁家で年代記作者のシブト・イブン・アル＝ジャウジ（一一八六～一二五六年）は世界史にかんする大著 Mirāt al-Zamān（時代の鏡）を出したが、後世ではその断片が刊行されたにすぎない。

フリードリヒ二世の驚くべき人物像については次の参考書がある。*Frédéric de Hohenstaufen ou le rêve excommunié*, Benoist-Méchin, Perrin, Paris, 1980.〔訳者注――日本の読者には次の三点。飯塚浩二『東洋史と西洋史とのあいだ』（岩波書店、一九六五年）六三～一七五頁、牟田口義郎『地中海のほとり』（朝日選書、一九七六年）七一～八八頁、および樺山紘一『地中海の誘惑』（中公文庫、一九八五年）一一～四六頁〕

第13章

〔訳者注――モンゴルについてはドーソンの『モンゴル帝国史』全六巻、佐口透訳注、平凡社があり、本章および次章関係では第四、第五巻参照〕ルイ九世とアル＝サーリフの往復書簡はエジプトの年代記作者アル＝マクリージ（一三六四～一四四二年）によって報じられている。

外交官で法曹家のジャマールッディーン・イブン・ワーシル（一二〇七～一二九八年）はアイユーブ朝、およびマムルーク時代初期に関する年代記を残す。われわれの知る限りでは、彼の著書は前掲ミショーとガブリエリのなかに断片的な引用と翻訳が存在するとはいえ、全部が刊行されたことはない。

ここで紹介したアイバクとシャジャル・アル＝ドゥッルの死についての話は中世の講談のひとつ *Sīrat al-Malik al-Zāhir Baybars*, as-Sakafiya, Beirut に依った。

第14章

スルタンのバイバルスおよびカラーウーンの秘書だったエジプト人の年代記作者イブン・アブドゥルザーヒル（一二二三～一二九三年）は運が悪い。その主著『バイバルスの生涯』は無学な甥によって要約されたため、支離滅裂、かつ無味乾燥なテクストしか残っていないのだ。しかし現存する原著の断章は、作家であり歴史家であった彼の無類の才能を示している。

ここで引用したアラブの年代記作者および歴史家を通じ、アブール＝フィダーは国家を統治した唯一の人物である。それはハマ侯国で、ほんの小国なのであるが、ここでアイユーブ家のこの領主は生涯の大半を著述に割くことができた。主著は『人間の歴史抄』でその一部は前出のガブリエリの編著のなかに訳されている。

最後に、さらに三冊挙げておこう。

Z. Oldenbourg : *les Croisades*, Gallimard, Paris, 1965.〔訳者注――英訳あり。*The Crusades*, Weidenfeld and Nicolson, London, 1967.〕

R. Pernoud : *Les Hommes de la Croisade*, Tallandier, Paris. 1977.〔訳者注――邦訳あり。レジーヌ・ペルヌー著『十字軍の男たち』福本秀子訳、白水社、一九八九年〕

J. Sauvaget : *Historiens arabes*, Adrien-Maisonneuve, Paris, 1946.

〔ここで訳者も三冊挙げる〕

橋口倫介『十字軍、その非神話化』岩波新書、一九七四年。

モリソン『十字軍の研究』橋口訳、文庫クセジュ（白水社）、一九七一年。

牟田口義郎編『イスラムの戦争』講談社、一九八五年。

関連年表

侵略以前

六二二　ヒジュラ（またはヘジュラ）メッカからメディナへ預言者ムハンマド（マホメット）の移住。ムスリム（イスラム教徒）暦の始まり。

六三八　第二代正統カリフのウマル、エルサレムを征服。

七～八世紀　アラブ、大帝国を建設し、版図をインダスからピレネーまで広げる。

八〇九　カリフのハールーン・アル＝ラシード没。アラブ帝国の黄金時代。

十世紀　アラブ、その文明は栄え続けていても、政治的衰退が始まる。カリフはイラン人、トルコ人の軍閥のため権力を失う。

一〇五五　セルジューク・トルコ、バグダードのあるじとなる。

一〇七一　セルジューク、マンジケルト（マラズゲルド）の戦いでビザンツを破り、小アジアを奪う。やがて、エジプトを除く中東全域のムスリム世界を支配下に置く。

侵略

一〇九六　クルジュ・アルスラン（ニケーアのスルタン）、隠者ピエールが指揮するフランク侵略軍を破る。

一〇九七　フランクの最初の大遠征。ニケーアの陥落と、ドリュラエウムにおけるクルジュ・アルスランの敗退。

一〇九八　フランク、エデッサとアンティオキアを取り、モースルのあるじ、カルブーカが率いるムスリムの援軍を破る。マアッラでの人肉食い事件。

一〇九九　エルサレムの陥落と引き続く虐殺、略奪。エジプト援軍の敗走。ダマスカスの法官アル＝ハラウィ、難民の代表を率いてバグダードへ赴き、侵略に対するムスリム指導者の無活動を非難する。

占領

一一〇〇　エデッサ伯ボードワン、ベイルート近郊での待ち伏せ攻撃を免かれ、エルサレム王となる。

一一〇四　ハッラーンにおけるムスリム軍の勝利がフランク軍の東への進出を食い止める。

一一〇八　テル・バーシル近郊で二つのムスリム＝キリスト教徒同盟軍が戦う。

一一〇九　二千日の籠城の果てにトリポリ陥落す。
一一一〇　ベイルートとサイダ（シドン）陥落。
一一一一　アレッポの法官イブン・アル＝ハシャーブ、バグダードで、フランクの侵略に対する介入を求めて、反カリフの暴動を組織する。
一一一二　ティール（スール）の勇敢な抵抗。
一一一五　スルタンからの派遣軍に対し、シリアのムスリムとフランクの君侯が同盟。
一一一九　イルガジ（アレッポの領主）、サルマダでフランクを破る。
一一二四　フランク、ティールを奪い、アスカロンを除く沿岸全土を占領す。
一一二五　イブン・アル＝ハシャーブ、暗殺教団に殺さる。

反撃

一一二八　ダマスカスに対するフランクの強引策が失敗。ザンギー、アレッポのあるじとなる。
一一三五　ザンギー、ダマスカス奪取を企てるが失敗。
一一三七　ザンギー、エルサレム王フールクを捕え、のち釈放する。
一一三八　ザンギー、フランク＝ビザンツ同盟を失敗させる。シャイザルの戦い。
一一四〇　ザンギーに対するダマスカスとエルサレムの同盟。

一一四四　ザンギー、エデッサを奪い、中東にできた四つのフランク諸国のうち、最初にできた国を滅ぼす。
一一四六　ザンギー暗殺され、息子のヌールッディーンがアレッポを継ぐ。

勝利

一一四八　ドイツ皇帝コンラート、フランス王ルイ七世が率いるフランクの新たな遠征軍、ダマスカスを前にして敗走。
一一五四　ヌールッディーン、ダマスカスに入城し、ムスリム＝シリアを統一。
一一六三～六九　エジプトの争奪戦はヌールッディーンの副将シールクーフの勝利に終わる。宰相となるが二カ月後に急死して、甥のサラディンが後を継ぐ。
一一七一　サラディン、ファーティマ・カリフ朝の廃絶を宣言。エジプトの唯一のあるじとして、ヌールッディーンとの紛争が始まる。
一一七四　ヌールッディーンの死。サラディン、ダマスカスを奪う。
一一八三　サラディン、アレッポを奪う。以後エジプトとシリアは彼の旗の下に統一される。
一一八七　勝利の年。サラディン、ヒッティーン（ハッティーン）の会戦でフランク軍を撃破、エルサレムおよびフランク領の大部分を回復する。やがて占領者はティール、トリポリおよびアンティオキアしか保持しなくなる。

猶予

一一九〇　アッカを前にサラディンの失敗。イギリス王リチャードの介入で、フランクは

〜九二　サラディンからエルサレムを除く数都市を回復。

一一九三　サラディン、ダマスカスで死す。五十五歳。数年間の内紛の後、帝国は弟のアル＝アーディルの下に再統一される。

一二〇四　フランク、コンスタンティノープルを奪い、略奪する。

一二一八　フランクのエジプト侵略。ダミエッタを奪ってカイロを目ざしたが、アル＝ア

〜二一　ーディルの息子アル＝カーミルが撃退に成功。

一二二九　アル＝カーミル、エルサレムをホーエンシュタウフェン家のフリードリヒ二世に引き渡し、アラブ世界に憤激の嵐を巻き起こす。

追放

一二四四　フランク、ついにエルサレムを失う。

一二四八　フランス王ルイ九世、エジプトを侵略したが、敗れて捕虜となる。サラディン

〜五〇　が建てたアイユーブ朝滅亡し、マムルークと代わる。

一二五八　モンゴルの長フラーグ（チンギス・ハーンの孫）、バグダードを破壊し、住民を虐殺した上、アッバース朝最後のカリフを殺す。
一二六〇　モンゴル軍、アレッポ、ダマスカスを相次いで奪ったが、アイン・ジャールートの合戦で敗退。バイバルス、マムルーク朝の指導者に。
一二六八　バイバルス、モンゴルの同盟国アンティオキアを奪う。破壊と虐殺。
一二七〇　ルイ九世、侵略に失敗してチュニス近郊で死す。
一二八九　マムルークのスルタン、カラーウーン、トリポリを奪う。
一二九一　スルタンのハリール・アル＝アシュラフ（カラーウーンの息子）、アッカを奪い、中東におけるフランクの二世紀にわたる存在に終止符を打つ。

訳者あとがき

十字軍戦争についてのヨーロッパ側とアラブ側の叙述には共通するところがほとんどないという。ヨーロッパ人が自分たちの立場から書く一方で、アラブ側も自分たちの側から書くからだ。戦争とは、戦う相手があって初めて成立する。ところで、これまでに出た十字軍関係の史書あるいは物語はおびただしい量になるが、手に入るのは西洋人側からの、つまり、仕掛けた方から書かれたものばかりで、日本で出ている本もこの西洋史観に多分に「毒されている」ようだ。私個人の読書記憶でもそうだった。

本書はそのような一方的な不均衡を是正する目的で、アラブの著名なジャーナリストがフランス語で書いた「アラブが見た十字軍」すなわち「反十字軍」の通史であり、少なくともわが国には類書がない。著者アミン・マアルーフはまる二年かけた史料収集の末、当時の年代記作者、史家、目撃者、時には事件の参加者自身ら約二十人の記録を渉猟し、さすがにヴェテラン・ジャーナリストだけあって、この激動の二世紀の歴史を手際よくまとめている。著者は本書を「史談」と呼んでいるが、この手ごろな史書の特色は、題名、まえがき、および総括的な終章を除いて、「十字軍」なる語が一度も登場しないことだ。著者の姿勢がここにはっきりと出ている。

したがって、一般の史書には必ず出てくる法王ウルバヌス二世の第一回十字軍宣布とか、キリスト教精神の高揚などは全くない。そこで、十字軍に代わる用語は、アラブ側の史書のなかでは、当時の西洋人の代名詞だったフランク、次いで侵略者、不信心者、もしくは蛮族、時には人食い人種となる。当時の文化水準では、侵略されたアラブ世界の方がはるかに高度の文明社会を維持していたからだ。驚くことに西洋の史料で「十字軍」なる用語が登場するのは、二百年にわたる歴史の末期二、三十年来のことにすぎないのである。本書には「ヨーロッパ」なる語も出てこない。それはヨーロッパ成立以前のできごとだった。

セルジューク・トルコとファーティマ朝エジプトの支配下にあったアラブ世界は、西洋からの蛮族の突然の侵略のため動転し、さらに分裂を深め、敗北した。この屈辱から立ち直るのに約百年（サラディンのエルサレム解放まで）、決定的勝利を収めるにはさらに百年を要した。フランクの悪虐ぶりは本書に紹介されたアラブ側史料のとおりだが、全体を見通す著者の目は常に澄んでいて、侵略初期の五十年間におけるムスリム指導者たちの無能、腰抜け、目先の暗さ、内紛などへの目くばりも忘れていない。それだけに、サラディンの業績はまことの偉業として、不自然なく読者に受け入れられよう。

ただし、勝利への困難な歩みの跡についての叙述は、著者による史料の巧みな引用のため、また、あたかも年代記作者のような著者の冷静な文体のため、かえって、われわれが現場の目撃者になっているような臨場感を帯びる。「史談」としてみごとな出来栄えである。しかし、本書は単なる「めでたし、めでたし」ではなくて、終章がつく。一言でいえば「それでは、ついに勝ったアラブが、今ではどうして負けてしまっているのか」という点の考察だ。著者の答えを要約すれば、西洋は十字軍を含む東西交渉を通じ、東の栄養分をたっぷり吸収して近代ヨーロッパをつくったが、アラブはオスマン・トルコに征服されてしまい、イスラム世界のチャンピオンになったトルコ人も、そういう西洋の先進性に対して拒絶反応を起こし、幻惑されながらも閉鎖的になって行ったという。西は東を学んだが、東はそれをしなかった。この違いが近世以降、両文明圏の決定的な較差を生んだ主な原因であると著者はみる。本書はこうして、すぐれた文明批評の書ともなっている。

＊

著者アミン・マアルーフは、レバノンを代表する日刊紙『アン＝ナハル』(an-Nahar「きょう」という意味)の国際版週刊紙『アン＝ナハル・インタナショナル』の責任者、次いでパリで発行されているフランス語の週刊誌『ジュヌ・アフリク』(Jeune Afrique「若いアフリカ」という意味)の主筆を勤め、現在では同誌の論説委員。長いジャーナリストの経歴を通じ、彼はアラブ世界、および西洋と中東との関係の専門家として知られている。ほかにムスリム同胞団およびレバノン内乱について分析した論文があるが、著作としては本書が最初のようだ。

彼は一九七五年、レバノンで内乱が発生したため、翌年故郷のベイルートを去り、以来パリに住んでいる。

最後に、訳者からひとこと――。私はマアルーフに面識はないが、同じジャーナリストとして、彼の論文からしばしば貴重な示唆を受けた思い出をもっている。現在の私は、これまでの中東体験を生かし、中東の、中世ではなく、近現代史を専攻している者で、中東を勉強するとき、西洋の帝国主義史観を世界史観と思うまいぞと、かねがね注意させられて来た。近世以降の中東は帝国主義の狩猟場のように扱われて来たからだ。そこで私は搾取される側の視角から中東史を見直そうとしている。

そういう私にとって本書はまことに有益であった。そこで私は「この史書はぜひ日本の読者に伝えなければ」という一種の使命感に燃え、長年の友人・新川雅子さんの協力を得て訳業に励んだ。本書の読者もまた、この「十字軍のアンチテーゼ」に共感の念を抱かれることを願いつつ――。

一九八六年二月

牟田口　義郎

本書は一九八六年八月一日、リブロポートより刊行された。

王の二つの身体(上)
E・H・カントーロヴィチ
小林公訳

王の可死の身体は、いかにして不可死の身体へと変容するのか。異貌の亡命歴史家による最もラディカルな「王権の解剖学」。待望の文庫化。

王の二つの身体(下)
E・H・カントーロヴィチ
小林公訳

王朝、王冠、王の威厳。権力の自己荘厳のメカニズムを冷徹に分析する中世政治神学研究の金字塔。必読の問題作。全2巻。

世界システム論講義
川北稔

近代の世界史を有機的な展開過程として捉える見方、それが〈世界システム論〉にほかならない。第一人者が豊富なトピックとともにこの理論を解説する。

裁判官と歴史家
カルロ・ギンズブルグ
上村忠男／堤康徳訳

一九七〇年代、左翼闘争の中で起きた謎の殺人事件。冤罪とも騒がれるその裁判記録の分析に著者が挑み、歴史家のとるべき態度と使命を鮮やかに示す。

中国の歴史
岸本美緒

中国とは何か。独特の道筋をたどった中国社会の変遷を、東アジアとの関係に留意して解説。初期王朝から現代に至る通史を簡明かつダイナミックに描く。

共産主義黒書〈ソ連篇〉
ステファヌ・クルトワ／ニコラ・ヴェルト
外川継男訳

史上初の共産主義国家〈ソ連〉は、大量殺人・テロル・強制収容所を統治形態にまで高めた。レーニン以来行われてきた犯罪を赤裸々に暴いた衝撃の書。

共産主義黒書〈アジア篇〉
ステファヌ・クルトワ／ジャン＝ルイ・マルゴラン
高橋武智訳

アジアの共産主義国家は抑圧政策においてソ連以上の悲惨を生んだ。中国、北朝鮮、カンボジアなどでの実態は我々に歴史の重さを突き付けてやまない。

ヨーロッパの帝国主義
アルフレッド・W・クロスビー
佐々木昭夫訳

15世紀末の新大陸発見以降、ヨーロッパ人はなぜ次々と植民地を獲得できたのか。病気や動植物に着目して帝国主義の謎を解き明かす。（川北稔）

民のモラル
近藤和彦

統治者といえど時代の約束事に従わざるをえなかった18世紀イギリス。新聞記事や裁判記録、ホーガースの風刺画などから騒擾と制裁の歴史をひもとく。

売春の社会史(上)

バーン&ボニー・ブーロー
香川檀/家本清美/岩倉桂子訳

売春の歴史を性と社会的な男女関係の歴史としてとらえた初の本格的通史。図版多数。「売春の起源」から「宗教改革と梅毒」までを収録。

売春の社会史(下)

バーン&ボニー・ブーロー
香川檀/家本清美/岩倉桂子訳

様々な時代や文化的背景における売春の全体像を十全に描き、社会政策への展開を探る。「王侯と平民」から「変わりゆく二重規範」までを収録。

ルーベンス回想

ヤーコプ・ブルクハルト
新井靖一訳

19世紀ヨーロッパを代表する歴史家ブルクハルトが、「最大の絵画的物語作者」ルーベンスの絵画の本質を、作品テーマに即して解説する。新訳。

はじめてわかる ルネサンス

ジェリー・ブロトン
高山芳樹訳

ルネサンスは芸術だけじゃない! 東洋との出会い、科学と哲学、宗教改革など、さまざまな角度から光をあてて真のルネサンス像に迫る入門書。

匪賊の社会史

エリック・ホブズボーム
船山榮一訳

抑圧的権力から民衆を守るヒーローと讃えられてきた善きアウトローたち。その系譜や生き方を追い、暴力と権力のからくりに迫る幻の名著。

アラブが見た十字軍

アミン・マアルーフ
牟田口義郎/新川雅子訳

十字軍とはアラブにとって何だったのか? 豊富な史料を渉猟し、激動の12、13世紀をあざやかに、しかも手際よくまとめた反十字軍史。

ディスコルシ

ニッコロ・マキァヴェッリ
永井三明訳

ローマ帝国はなぜあれほどまでに繁栄しえたのか。その鍵は〝ヴィルトゥ〟。パワー・ポリティクスの教祖が、したたかに歴史を解読する。

戦争の技術

ニッコロ・マキァヴェッリ
服部文彦訳

出版されるや否や各国語に翻訳された最強にして安全な軍隊の作り方。この理念により創設された新生フィレンツェ軍は一五〇九年、ピサを奪回する。

マクニール世界史講義

ウィリアム・H・マクニール
北川知子訳

ベストセラー『世界史』の著者が人類の歴史を読み解くための三つの視点を易しく語る白熱の入門講義。本物の歴史感覚を学べます。文庫オリジナル。

アレクサンドロスとオリュンピアス　森谷公俊

彼女は怪しい密儀に没頭し、残忍に邪魔者を殺す悪女なのか、息子を陰で支え続けた賢母なのか。大王母の激動の生涯を追う。（澤田典子）

古代地中海世界の歴史　本村凌二／中村るい

メソポタミア、エジプト、ギリシア、ローマ——古代に花開き、密接な交流や抗争をくり広げた文明を一望に見渡し、歴史の躍動を大きくつかむ！

増補　十字軍の思想　山内進

欧米社会にいまなお色濃く影を落とす「十字軍」の思想。人々を聖なる戦争へと駆り立てるものとは？　その歴史を辿り、キリスト教世界の深層に迫る。

向う岸からの世界史　良知力

「歴史なき民」こそが歴史の担い手であり、革命の主体であった。著者の思想史から社会史への転換点を示す記念碑的作品。（阿部謹也）

増補　魔都上海　劉建輝

摩天楼、租界、アヘン。近代日本が耽溺し利用し侵略した街。驚異的発展の後なお郷愁をかき立ててやまない上海の歴史の魔力に迫る。（海野弘）

子どもたちに語るヨーロッパ史　ジャック・ル・ゴフ　前田耕作監訳　川崎万里訳

歴史学の泰斗が若い人に贈る、とびきりの入門書。地理的要件や歴史、とくに中世史を、たくさんのエピソードとともに語った魅力あふれる一冊。

法然の衝撃　阿満利麿

法然こそ日本仏教を代表する巨人であり、ラディカルな革命家だった。鎮魂慰霊を超えて救済の原理を指し示した思想の本質に迫る。

親鸞・普遍への道　阿満利麿

絶対他力の思想はなぜ、どのように誕生したのか。日本の精神風土と切り結びつつ普遍的救済への回路を開いた親鸞の思想の本質に迫る。（西谷修）

歎異抄　阿満利麿訳／注／解説

没後七五〇年を経てなお私たちの心を捉える、親鸞の言葉。わかりやすい注と現代語訳、今どう読んだらよいか道標を示す懇切な解説付きの決定版。

ちくま学芸文庫

アラブが見《み》た十字軍《じゅうじぐん》

二〇〇一年二月七日　第一刷発行
二〇一八年四月二十日　第十六刷発行

著者　アミン・マアルーフ
訳者　牟田口　義郎（むたぐち・よしろう）
　　　新川雅子（しんかわ・まさこ）
発行者　山野浩一
発行所　株式会社　筑摩書房
　　東京都台東区蔵前二―五―三　〒一一一―八七五五
　　振替〇〇一六〇―八―四一二三
装幀者　安野光雅
印刷所　三松堂印刷株式会社
製本所　三松堂印刷株式会社

乱丁・落丁本の場合は、左記宛にご送付下さい。
送料小社負担でお取り替えいたします。
ご注文・お問い合わせも左記へお願いします。
筑摩書房サービスセンター
埼玉県さいたま市北区櫛引町二―六〇四　〒三三一―八五〇七
電話番号　〇四八―六五一―〇〇五三

ISBN4-480-08615-3 C0122